于之伟 李鹏 ◎ 主编

赵爽 ◎ 著

帝国的归宿

明朝卷

中国华侨出版社
·北京·

图书在版编目（CIP）数据

帝国的归宿．明朝卷／赵爽著．—北京：中国华侨出版社，2017.12

ISBN 978-7-5113-7245-1

Ⅰ．①帝… Ⅱ．①赵… Ⅲ．①中国历史—明代—通俗读物 Ⅳ．① K209

中国版本图书馆 CIP 数据核字（2017）第 297400 号

帝国的归宿．明朝卷

著　　者／赵　爽
责任编辑／高文喆　王　委
责任校对／高晓华
经　　销／新华书店
开　　本／880 毫米 ×1230 毫米　1/32　印张／9　字数／232 千字
印　　刷／北京溢漾印刷有限公司
版　　次／2018 年 5 月第 1 版　2018 年 5 月第 1 次印刷
书　　号／ISBN 978-7-5113-7245-1
定　　价／36.00 元

中国华侨出版社　北京市朝阳区静安里 26 号通成达大厦 3 层　邮编：100028
法律顾问：陈鹰律师事务所
编辑部：（010）64443056　　64443979
发行部：（010）64443051　　传真：（010）64439708
网　　址：www.oveaschin.com
E-mail：oveaschin@sina.com

序

钱穆先生说到中华文化的三个特点,一是历史悠久,二是不间断,三是记载详密。环顾全球,恐怕没有哪个民族如中华民族这样重视历史。中国可以说是世界上历史最为完备的国家。

学习历史的意义何在?我理解应该有三个层次:第一,了解我们的先人是如何生活、如何思考的;第二,了解我们的民族是如何发展、繁衍至今的;第三,从中摸索出一些规律,以推动和促进我们当下的生活。很多人在学生时代或多或少对历史都有一点恐惧心理,枯燥的时间地点,乏味的典章制度,为了应付各种考试,不得不死记硬背。但是,当我们积累了一些社会经验,增长了一些人生阅历之后,却会发现,生活中时时处处都有历史的影子在摇曳,那感觉似是而又非、真切而又恍惚,今天好像是昨天的重现,但却又与昨天有着完全不同的意义。这一切,驱动着你想去探寻,是什么造成了昨与今之间的同与不同,是什么导致了今与昨之进步与反动。这就是历史的魅力所在。

前辈学者阐释学习历史的态度时，特别指出，对于本国历史应该持有一种温情与敬意，应该有一种理解之同情。只有满怀温情与敬意、抱着理解之同情，才能同时摒弃妄自菲薄与狂妄自大，以一颗平常心去面对我们民族五千年的文明史，并从中有所收获。

新中国成立以前，人民受教育程度普遍偏低，普罗大众的历史知识主要来自两种通俗文艺形式——评书和戏剧。义务教育普及的今天，历史仍然是大众读物乃至大众娱乐的重要内容。充斥银幕的热播剧、各大图书排行榜上的畅销书，许多都是以历史为题材。另外，学者皓首穷经的研究成果，则很少有人问津。冷静一想，这种现象不仅发生在我们大陆，即便在今日之美国、日本以及中国的台湾、香港，也无不如此。在世界华人社会里，是陈寅恪的《柳如是别传》，还是金庸的《鹿鼎记》发行量大？同是"三国"，读《三国志》的有几人，《三国演义》却是家喻户晓。小说《三国演义》《鹿鼎记》乃至电视剧《三国演义》《鹿鼎记》等对培养青少年历史兴趣的功能不容忽视。回想我们这一代历史学者，有多少人是因为读《三国演义》《水浒传》而喜欢上历史并走上专业研究道路，又有多少人一开始就是捧读《史记》《资治通鉴》的？显然是前者。

因此，不必鄙视大众读物，不必轻视大众读物乃至影视作品对于唤起人们对历史、对历史学产生兴趣的作用。同时，不可否认的是，有些大众读物、影视作品粗制滥造，闹了很多令人啼笑皆非的笑话，造成了不良影响。

《帝国的归宿》丛书出版在即，中国华侨出版社的年轻朋友嘱我为这套通俗历史读物写一篇序言。丛书将"以史为鉴，可以知兴衰"作为选题宗旨，详述秦汉隋唐宋元明清等主要朝代的兴亡过程。粗读全稿，与一般历史读物相比似乎并无特别之处。细读之下，却感受到了其中的与众不同。丛书作者都是在科研、教育一线的青年史学工作者，他们秉持史学研究的科学方法，带着一份学术的尊严，投身大众读物创作，其热情与严谨洋溢于字里行间。全稿宏大叙事与历史细节并重，在正确的史学理论之下，从史料出发，切实做到了言必有据。特别难能可贵的是，不少作者将学界的新成果融会贯通，以普通读者喜闻乐见的方式进行传播和推广，这就是我们通常所说的科学普及工作。这一点在丛书的唐朝卷、元朝卷、明朝卷中都有很好的体现。

相信，这套丛书能够在众多大众历史读物中脱颖而出，得到广大读者的认可。

是为序。

方志远 丁酉秋九月望日

目 录

开篇　写在前面的话

上篇　万象新——大明定鼎隐患生
　　辛勤成患 ... 013
　　继往开来 ... 064
　　中兴隐忧 ... 092

中篇　天过午——盛世之名蕴危机
　　平地风波 ... 111
　　山雨欲来 ... 147

下篇　大厦倾——大罗金仙难救世
　　危机已显 ... 177
　　回光返照 ... 231
　　无力回天 ... 251

参考文献 ... 279

开篇 / 写在前面的话

开篇 写在前面的话

大明崇祯十七年三月十八日（1644年4月24日）夜，这是一个令当时很多人彻夜不眠的日子，也是一个注定要被后世永远记住的日子。就在这天夜里，伴随着由远及近的火光和人喊马嘶等各种噪音，崇祯皇帝朱由检在景山寿皇亭将头伸进那个他自己亲自打好的绳圈，一个王朝的休止符随之划下。在那一刻，他的真实心情，后人已经永远无法得知了。他可能对这个结局心知肚明，却无力回天；也可能作为父亲、作为帝国的最高统治者，从内心祈盼着自己的诸皇子能够逃出生天，希望他们能克绍箕裘，踵武赓续，重振江山社稷。当然他内心再怎么祈求天地，也不可能知道和改变他和家族的残酷结局，那就是和他一起走到历史终点永久谢幕的，还有他的王朝——历时277年的大明王朝，都永远地定格在了这个历史时刻——大明崇祯十七年（1644年）三月十八日。在此之后，虽有余波起伏不断，但作为一个大一统的中央王朝，则是永远地被历史画上了句号。而他，无论内心有多么的不甘心，也将不得不永远以大明王朝的末代皇帝这一身份和形

象留在历史的记忆中等待千秋万代的评价了。

朱元璋建立的大明王朝历史在今天绝对属于比较热议的话题（另一个是宋朝），之所以能够被热议，大概有这么几方面的因素：一是民族情绪上升。之所以说民族情绪不说民族主义是感觉这部分内容还没有到那么高远的程度。目前汉服在部分人群中还是比较受欢迎的，如果仅仅是穿个衣服跳个舞啥的也确实没什么问题的。问题是这个东西会不断地发酵，从汉服，慢慢就开始汉家衣冠，再然后就是汉家王朝，到这步了就得回望一下历史，回顾一下大汉族王朝们的荣光了，然后就郁闷地发现宋、明两朝的关注度有点低，这就必须要仗义执言了。这就是某些"皇汉"群体的典型性思维，其影响是多方面的，首先反映在有关宋、明历史作品的质量上，当然宋、明的历史作品数量因此发展起来了。二是对以往历史及影视作品的情绪反弹。平心而论，这种情绪不能算是无理取闹，没事找事。因为首先清朝对于明朝的记述确实是不客观的，而且实事求是地说，中国古代各个王朝对于前朝的态度没有客观的，基本态度都是成王败寇，只是程度和手法的区别而已。清朝对明朝的说法引起反弹也是一种矫枉过正的正常反应而已。另外一个关键之处是清朝自身在官场吏治等方面也存在不小的问题，特别是鸦片战争以后，其形象基本上是沿线崩溃。广大群众在怒其不争的同时对于被其抹黑的明王朝产生哀其不幸的感情也是顺理成章的事情了。目前的影视作品在古装剧领域清宫戏过多也是让人反感的缘故之一，就算是精品，满屏幕长时间轰炸也会审美疲劳的,何况辫子、马蹄袖之类也未必能产生多少美感。可以理解影视界编导人员,清朝距离近,服装、制度等都比较容易了解,不容易被人挑错(其实错误率一点儿都不低)是客观原因,可这么干引起反感是迟早的事儿。学校的历史教育也是一个存在隐患的地方。实事求是地说,中学历史教育获得的重视程度从社会到家庭均属于边缘化状态,以至于业内教师历史专业素养良莠不齐,较差者读书不够,只能给学生死记硬背的结论,甚至直接讲错的也未必是个别人。这就会引发一个比较严重的后果,当学生走向社会接触到一些真假混杂的史实时,他不仅难以分辨真假,甚至会在一些看起来似是而非的结论误导下连原本学过的正确结论也一并逆反颠覆了。所以综上所述,由于各种因素的影响,目前的历史科普作品在数量喜人的大前提下也是存在不够尊重历史的随意化和戏说现象的,尤其是宋、明两朝的作品,以感情代替历史分析的欠严谨倾向还是比较明显的,这也是本书力图避免的倾向。看了上面的文字,有些读者大概要暗自忖度了,这该不会是一部明黑作品吧?其实这种想法多虑了,作为历史专业院校毕业生,又一直从事中学历史教学工作,笔者最反感的就是把个人感情色彩带入历史叙述当中,因为历史是社会科学学科之一,应该像叙述勾股定理一样直接叙述,这样才不会因为个人的好恶而影响对于历史的客观性评价,因为毕竟以何种感情色彩叙述历史史实都是改变不了已经发生过的历史史实的。当然笔者也知道这样的要求难度非常大,人毕竟是感情动物,但是这就应该是专业和业余的分水岭之一,作为业余爱好者,无论怎么去解读历史都是可以的,只要不触及法律即可。但是专业人员如果以自己的感情好恶去随意解读历史,误导社会民众,这就已经不是单纯的道德范畴问题了,即便不触及法律,也是触及专业底线和职业操守的问题,这个范畴应该是专业群体个人自律和国家有关部门同时介入干预的,并不是单纯的学术争论问题可以进行掩盖和淡化的。

具体到明朝自身历史的问题,笔者个人一直认为明朝是中国古代各个王朝当中比较复杂和有争议的朝代之一。说它有争议,这个非常好理解,也非常直观,只要稍加留意就会发现,互联网上一旦涉及明朝的话题,立刻就是板砖与口水齐飞,硝烟弥漫天一色……其实这就恰恰体现出了明朝历史富有争议性的特点,因为明朝不像宋朝,虽然不断有人否认其积贫,但也不能不承认其确实存在入不敷出、财政紧张的事实;有人听到别人说宋朝积弱就不高兴,但却无法否认宋朝基本无力抵抗北方政权的事实。明朝就不一样了,从存在时间说,明朝享国 277 年,虽然没有超过唐朝,但是在单一的王朝里也算是出类拔萃的了(汉、宋时间虽然都超过了明朝,但是都有重建的历史,两汉和两宋不属于单一的王朝)。从领土面积说,这个争议更明显,主要在于明朝的实际控制面积(古代王朝不同于近现代国家,没有明确的国界线概念,都是实际控制范围)变化非常大,从全盛时期的 1100 余万平方公里到衰退时期 400 余万平方公里,这个变化度其实和历史上的汉唐等王朝相比也不是那么夸张,关键就是它之后的清王朝领土面积达到了1300余万平方公里,而且相对比较稳定(奠定了今天国家的版图基础)。这就造成围绕明清版图大小问题上一些观点的冲突。从内政方面说,则是争议比较大的又一方面,为君之道,反对者强调明皇的残忍、怠政,支持者赞颂其刚猛、智慧;吏治也是一样,反对者论严嵩,支持者谈海瑞;经济生活,反对者称其为人间地狱加百姓易子相食,支持者则认为富足惬意加资本主义萌芽;语言环境,反对者言必称厂卫,支持者论必谈谏净;凡此林林总总,不胜枚举……外交上更加热闹,反对者直接就谈倭寇骚扰加海禁,支持者则论郑和下西洋加抗日援朝战争。文化科技上反对者认为思想僵化加科技落后,支持者认为大明火器加造船无敌于天下;你来我往,热闹非常,如果再加上和清朝对比,那火热程度一定会再加若干个数量级……其实以上种种多是立场不同导致的结果,实际也反映了大明王朝的多侧面多角度的复杂形象。有明一代立国近300年,且国土广袤,人口众多,其从兴到盛至衰,不可能完全停滞不前和一成不变,所以出现各种丰富多彩的甚至于相互矛盾的现象完全属于常态,如果执拗纠结于一时一地一人一事,那出现上述的争论丝毫不奇怪,也不会有任何有益的争论结果。所以笔者还是认为要用历史唯物主义的观点来辩证分析明朝的人和事,既不求全责备于古人,也不落入旧史家为尊者讳的俗套,这样才能以史为鉴,前事不忘后事之师。

明清两朝关系是书写明朝历史的又一个绕不过去的节点,因为只要明清放一起就必然互相比较，只要比较就会有捧清贬明和捧明贬清，其实在笔者看来这两种倾向均不可取也无任何必要，更何况都存在难以自圆其说的尴尬窘境。因为明清两朝虽然在时间上属于前后更替关系，但是两朝却实际同属于一个时代——中国古代农业文明的最高峰和总结时代。从各种情况来看，清朝更像是明朝的继承者而不是新朝代的开创者，"清承明制"并不是一句单纯的形容词，而是在当时社会的各个方面实实在在地体现着的。从政治上看，明朝的都城和宫殿都被清朝完好地继承了，只是宫殿改了名字而已；明朝的内阁和六部九卿以及各地的督抚官制基本上也都是完整继承，甚至于连明朝的官服标志"补服"——文鸟武兽图案体系都是全面模仿，只是补服图案做了局部的修改。经济上，明朝有一条鞭法，清朝就有"地丁银"和"摊丁入亩"。文化上，明朝有《永乐大典》，清朝就有《康熙字典》和《四库全书》，明朝有《三国演义》《水浒传》和《西游记》，清朝就有《红楼梦》《儒林外史》。民族关系上，明朝有"改土归流"和"乌斯藏"，清朝就有继续推行"改土归流"和册封活佛、驻藏大臣、"金瓶掣签制度"。清朝在模仿明朝方面，属于全面学习，不仅有这些积极方面，而且连一些消极方面也同样是一脉相承，如对外关系方面，明朝有"海禁"政策，清朝就照猫画虎地有"闭关锁国"政策；钳制言论上，明朝有"文字狱"，清朝就有样学样地把"文字狱"发扬光大；明朝有厂卫特务机构，清朝就有"粘杆处"和"密折奏事"制度；科举制度，明朝实行"八股取士",清朝也是照葫芦画瓢,一般无二;不仅如此,实际上就连明清两朝的帝王陵寝形制,都是一个体系的,只不过是在局部细节处有区别而已,这一点不仅从十三陵和清东西陵能够明显地体现出来,甚至于清朝早期修建的关外三陵在重新整修的时候也是受到明陵形制的影响的,所以从上述这些情况看,清朝从某种程度上可以说是明朝的修正补丁版而非升级版。之所以明清两朝有着如此众多的相似之处,究其根源,还是因为清王朝的落后,毕竟满族地处东北一隅,游牧民族于骑射方面固然是具有得天独厚的优势,但是在社会发展的过程中,其政治、经济、文化方面较之中原民族和政权的差异就不是一个数量级了。所以清王朝在入关后以明朝为全面学习模仿(在关外的时候就已经开始了)对象,也是非常顺理成章的事情。而明朝自身,也确实在继承和发扬中原上千年文化的基础上,修炼出了自己独特的一套政治经济文化体系,具备独树一帜的魅力。别的不用说,我们只要来看看明朝留下来的那些文化宝藏,就可以管中窥豹地见识一下这个400年前庞大帝国的风采:气势恢宏的北京城,富丽堂皇的紫禁城,巍峨雄伟的明长城……还有《本草纲目》《天工开物》《农政全书》《徐霞客游记》……都是字字珠玑的人类文化瑰宝,还有那一串长长的名单,那都是那个时代的各路精英:徐达、刘伯温、姚广孝、郑和、张居正、海瑞、戚继光、袁崇焕、郑成功、潘季驯、徐光启、宋应星、李时珍、徐霞客、王阳明、李贽、黄宗羲、顾炎武、王夫之、罗贯中、施耐庵、吴承恩、唐伯虎、朱耷……

可谓是群星璀璨。他们代表着那个时代东方的大明王朝在世界上的点点光芒。但是，就是这样一个人才辈出，经济繁荣，已经走过了200多年的大明王朝却也没能逃脱历代王朝的兴衰更替，短短十几年就被崛起于白山黑水之间的游牧民族建立的清王朝所取代，这不能不让一些人感觉到匪夷所思、心有不甘，这种心态完全是可以理解的，那么堂堂大明王朝究竟是什么原因导致最终的崩溃？是旧史家口中的天命转移？还是时人口中的气数已尽？还是一些新的研究成果所称的小冰河时期气候异常所致？一个国家的崩溃看起来是一瞬间的事情，但实际是多种内部和外部不利因素的总爆发而已，而且就历史的规律而言，应该是早有征兆，正是由于那种种的不利征兆被有意无意地忽略与无视，最终各种矛盾的集合总爆发毁掉了整个政权，正所谓"千里之堤，毁于蚁穴"。本书就尝试以梳理整个明朝的历史发展脉络来侧重探讨导致明朝覆亡的种种不利因素的产生、积累到突变，乃至恶化爆发的过程，从而完成一个理性思考，尊重回望历史的探索思考过程。

上篇 / 万象新——大明定鼎隐患生

辛勤成患

"朕膺天命三十有一年,忧危积心,日勤不怠,务有益于民。奈起自寒微,无古人之博知,好善恶恶,不及远矣。今得万物自然之理,其奚哀念之有。皇太孙允炆仁明孝友,天下归心,宜登大位。内外文武臣僚同心辅政,以安吾民。丧祭仪物,毋用金玉。孝陵山川因其故,毋改作。天下臣民,哭临三日,皆释服,毋妨嫁娶。诸王临国中,毋至京师。诸不在令中者,推此令从事。"

大明洪武三十一年(1398年)闰五月初十,这样的一份诏书出现在了当时明朝的首都应天府(今江苏南京),更准确地说,这是一份遗诏。就在这一天,朱元璋作为大明王朝的开国皇帝、一代雄主撒手归西,结束了他轰轰烈烈的一生。后世记述明代历史的历史学家则用以下简练的文字记载了一个时代的结束:"大明洪武三十一年闰五月初十,明太祖朱元璋崩,年七十一。"至此,这位曾经叱咤风云的老人走完了自己七十一年的人生旅程。从现

存的资料来看,多数都倾向于认为朱元璋走得很安详很踏实。这种说法应该是比较靠谱的,因为朱元璋从进闰五月身体就开始不好了,作为已经年过七旬的老人,而且又是久经沙场、看惯了生死的政治家,对于这种情况应是早有思想准备。从其遗诏看也不像是仓促草就,从自述寒微的出身到立国后的昼夜辛劳,再到身后继承人的问题,甚至于连自己的丧葬仪式都一一安排妥当。这就是朱元璋的行事风格,喜欢事必躬亲,严谨细致,井然有序。在遗诏中人们看到的不像是一位高高在上、威严冷酷的皇帝,倒更像是一位邻家慈祥的祖父,在辛苦操劳一生后,正在尽自己最后的心力,给儿孙们把偌大的家业安顿完,自己再安心地告别这个世界。人们仿佛看到,就在这一刻,皇帝和农民的形象渐渐重合了,而且显得是那么和谐。其实事实也就是如此,在我们这个古老的东方农业国家里,农民们已经这样度过了千年的岁月,这种生活已经深深地浸润在了他们的骨子里。地主不过是发迹后的农民而已,皇帝也就是最大的地主而已,两者构成了社会的基本群体,他们的状态也将影响和左右着社会的总体状态。喜欢把一切都安排得井井有条的朱元璋并没有意识到,他的殚精竭虑、辛苦劳作在留给子孙和臣民一座蒸蒸日上、一统江山的同时,也亲手给他们挖下了一个个在未来将会置大明江山于死地的隐患,至于能否躲过和填平这些隐患,就要看他朱家子孙的聪明才智和人品运气了。

这第一个隐患的责任其实是不应该由朱元璋来担的,因为它的名字叫作"土地兼并"。而且它也不是一项政策,而是一项政策的衍生物,而这项政策有个鼎鼎大名——土地私有制,它的版权所有者是同样鼎鼎大名的商鞅。自商鞅变法开始,土地私有制开始推行,到朱元璋告别这个世界,这个制度已经运行了一千多年,而它的衍生物"土地兼并"也差不多伴生了同样长的时间,其间的每次发作,都埋葬了一个又一个的王朝,明朝既不是它的第一个也不是最后一个牺牲品。从商鞅定制,历朝沿用,就从法律层面确认了土地私有的合理合法性,土地作为商品可以自由买卖与转让,继承也是完全没有问题的,这就使地主追求土地数量的行为具有了来自法理层面的支持,而如果这种行为具有了巧取豪夺的色彩,最多也不过是违背了道德准则而已,事实上能够起到制约因素的只有地主的财力程度。从理论上分析,商鞅所制定的制度并没有什么太大的问题,但是在实际上,这种制度存在的隐患非常严重:它可以直接引发土地兼并问题,这个问题严重到一定程度就可以直接颠覆一个王朝。

这是什么原因呢?主要是地主和农民这两个群体的权利、义务以及数量大为不同,地主阶级在封建王朝中属于统治阶级,处于社会上层,从政权高层到乡间基层,都在他们的掌控之下,但是他们的总体数量属于少数。同时,作为特权阶层,他们又享有不当差(服劳役)、不纳粮(纳税)、不下跪(见基层地方官的时候)的超国民待遇(考中举人就差不多都可以享受了,秀才只是不跪而已),因此他们占有土地付出的代价是相对比较小的,所以他

们占有土地的数量(不论相对和绝对)都是比较巨大的。

再看农民就不一样了,完全是进入了另一个世界的感觉。因为农民的总体数量属于绝对多数,但是具体到个人基本上都没有什么文化和话语权。所以他们在封建王朝处于政治上被重视(按照士农工商排列,士基本上可以看作是地主了,至少也是候补地主了),经济上被依赖(因为当差、纳粮都是他们的事儿),实际上被轻视(看称呼就是:布衣、黔首……)的矛盾纠结状态。

同时农民活得很艰难,抛开农活的各种辛苦不论,那个时代的农民负担是非常重的,不要相信什么十五税一(1/15)、三十税一(1/30)的时候农民如何幸福的冠冕堂皇的说法,那是骗人的。因为这个多少税一的税率指的仅仅是官府的正税而已,除了秦以外,历朝历代的正税都不是很高的,但是农民负担最重的恰恰不是正税,而是各种苛捐杂税,那个才是多如牛毛,甚至于连统一的征收标准有时候都是没有的。

农民除了应付各种税租,还得随时准备听从朝廷的各种调遣和征发:劳役、兵役、河工……而且古代社会并没有现代社会的保障制度等社会福利概念,农民们全家的吃喝用度都得自己保障,依靠的就是那一块不大的土地。如此境况还是风调雨顺的时候,如果再遇到天灾人祸降临,小自耕农们除了卖儿卖女卖地逃荒恐怕也别无出路了。而农民们的卖地行为既有法律的支持也有地主们对土地的渴望需求(实际的财富体现)相呼应,农民也只有配合一下的份了(也没有更实际的办法)。况且农民如果失地逃荒,也未必一定比守着地更惨（天灾人祸的时期，官府加捐加税属于常态做法）。而且不仅失地不用承担国家的义务了，万一遇到"五斗米教"一类的组织还能吃饭了（饭后的事儿再说了）。这就是开启了农民→流民→暴民的模式了。

中国古代的农民还有更省事的办法，那就是直接把地挂靠到某大地主名下，也不用发愁国家的义务了，如果这个大地主是皇亲国戚就更好使了。这个看起来似乎两全其美的事情引起的是朝廷的强烈不安和不满。一个王朝能够运行和存在的基础就是钱粮，而承担着提供钱粮任务的就是广大农民，如果农民们都脱离了户籍，不是逃荒就是依附于地主了，那朝廷的钱粮找谁要去？没有了钱粮，王朝关门就是指日可待的事情。所以在土地私有制确立以后，历朝历代都必须做的一件事情就是抑制土地兼并，也就是要限制地主们对于土地的占有数量。

但实事求是地说，这样一件关系着历朝历代命脉的事情，各个王朝做得都很辛苦，但效果都不好，而且还都是按照一种方式循环：开国拼命抑制兼并，中期兼并开始反弹，晚期兼并恶性泛滥。而且土地兼并问题都差不多是在开国百年左右的时候发生，这已经形成了一个模式，也就表明了这是中国古代封建王朝的不治之症。那为什么中国古代那么多的明君贤臣都解决不了这个与王朝命运攸关的问题呢？因为这不是某个人、某些人能够解决的问题，这是真正的体制问题。平心而论，历朝历代在解决这个问题的时候，不管是用行政手段（直接规定限额），还是用经济手段（按实际占田数纳税），都显得非常缺乏底气和彻底性，反而是那些地主们或是明目张胆，或是阳奉阴违的抵抗手段更能达到目的。

究其根源，就是抑制兼并这件事情，朝廷做得其实既不合法（土地私有属于基本国策），也不合情（土地买卖属于正规交易），只是合理（符合国家利益和长远利益）。所以，只能是依靠少数地主，依靠朝廷的法令，依靠教化和道德感召，不过这些都难以形成持久的力量，无法从根本上改变地主阶级整体对于土地的狂热觊觎，因此土地兼并和抑制土地兼并的斗争，就这样在历朝历代的更替中循环往复，形成了一个永远也走不出去的怪圈。

以上关于土地兼并的有关问题基本上已经说清楚了，那在这个问题上，关于朱元璋的相关责任是什么呢？首先必须实事求是地说，不能把没有找到中国古代王朝土地兼并问题根源并治好这个不治之症的责任推给朱元璋，那是极其违背历史唯物主义思想的错误认识。其次，更要实事求是地承认，朱元璋作为开国之君，还是非常兢兢业业地和土地兼并现象做了斗争的。在经历了元末战乱的洗礼以后，明初的社会经济到了一个需要用"不堪"来形容的地步。朱元璋执政以后一方面采取措施恢复经济，另一方面就开始对付那些兼并土地逃避赋税的地主们，他派人清丈土地，查实田亩，并编造被称为"鱼鳞图册"的土地清册，保证了明朝初年政府财政收入的稳定。如果就按照这个节奏进行下去，朱元璋就不应该有什么责任需要担负了，因为他的上述做法与一般比较正常的开国之君并没有太大的区别。但是，就在推行这个比较积极的做法向全国开展的同时，朱元璋留下了一个将来会令他的子孙们对于土地兼并感到无计可施的隐患，那就是分封诸王。

这次的分封规模很大，朱元璋共有皇子20多人，除一子（朱标）立为皇太子，一子（朱杞）及幼子早亡，其余20多个儿子及他的一个侄孙（朱文正之子）全部被封为藩王。除了规模大，这次的分封持续时间也很长，从洪武三年（1370年）一直持续到洪武二十四年（1391年），期间共三次封王。从规模和时间来分析，明显不可能是一时心血来潮的行动，而是有计划有步骤有准备有章法的实施。关于此举的目的性，朱元璋自己在旨意里已经说得非常明确：天下之大，必建藩屏，上卫国家，下安生民，今诸子既长，宜各有爵封，分镇诸国。朕非私其亲，乃遵古先哲王之制，为久安长治之计。就是让朱氏子孙成为拱卫皇室的中坚力量。为此朱元璋还特地下令分封诸王"列爵而不临民，分藩而不锡土"。即使就藩拥有王爵，但藩府以外没有封地和臣民，只是享受朝廷所发放的"宗禄"（禄米万石）。

这个安排从朱元璋来看，是合理的也是完美的，所以他才会把对此提出质疑的叶伯巨以"离间骨肉"的罪名打入大牢置于死地。朱元璋的愤怒是可以理解的，一边是外姓的文臣武将，一边是自己的亲生骨肉，作为最高统治者，更加信任哪方是一个不需要选择和考虑的问题，更何况自己穷其心智设计出的平衡方案直接被一个地位低微的臣子与"七国之乱、八王之乱"相类比，给予了否定，从感情上和现实他都难以接受。作为皇帝，朱元璋有

着足够自信的资本,他觉得他是掌握真理的,但是他不可能意识到,他已经开始给自己的王朝和子孙后代留下隐患了。

因为朱元璋所看到的完美秩序是有个重要前提的,那就是皇帝必须像朱元璋当时一样,精力充沛、明察秋毫,那这些藩王也才一定会安分守己、护国保民。如果这个前提不具备了,哪怕是朱元璋自己还在位,只要一旦精力不济,有失察查,那些藩王立刻会变成土地兼并的大鳄,足以令朱元璋和其后代抑制土地兼并所付出的努力全部付诸东流。这个很好理解,作为藩王,皇位太远,土地太近,造反做皇帝的成本太高,但是兼并土地对于这些皇子皇孙而言实在只是小意思。作为藩王,不谋反、不作乱,只是兼并土地,作为皇帝通常都不会太认真计较的,朱元璋那样的皇帝属于少数。皇帝不计较,地方官敢去惹这些藩王吗?基本是不了了之。但就土地兼并问题来说,这些藩王所起到的影响和示范作用是非常恶劣的,其他地主们会有样学样、心安理得地效仿,久而久之就会形成风气,法不责众,以至于积重难返,最终酿成大祸。

其实刺激土地兼并加剧已经算是分封诸王带来的伤害里面最轻的了。分封制盛行于西周王朝,自秦建立郡县制以后,作为地方行政制度,分封制已经正式退出了历史舞台。但是这一制度始终没有被彻底消除,明朝的分封藩王就是它的一种复苏形态。这种制度之所以在秦以后被终结,是因为其地方独立王国的状态对于中央集权和国家的统一是严重的威胁,虽然这种制度的弊端在汉以后已经被普遍认识到,但是在父子相袭家天下的封建王朝那里，似乎也找不到比封王更好更合理的方式来安置诸多不能问津皇位的皇子们了。封王是必须的，但是拱卫皇帝而不能造成威胁也是必须的，所以汉朝以后的皇帝们普遍在这个问题上寻求一种平衡；一方面在物质上保障藩王们安享荣华富贵，另一方面在政治权力上则保持高度警觉，绝不允许藩王们染指这个领域。削弱藩王们的地盘以及各种扈从势力几乎成为众多帝王的共识。

朱元璋在给诸皇子封王的同时，也作了这方面的考虑和规定，还在洪武六年（1373年）编成《昭鉴录》和《祖训录》，并亲自作序，颁赐诸王，用汉唐以来藩王的善恶事例对他们进行教育、告诫。按照规定明朝藩王的人身自由是有限制的，是不可以随意离开王府的，同时，他们身边有根据朝廷规定设置的相、傅和各种属官，护军是王府的保卫力量，各王的待遇不一样，其数量从三千人到一万九千人不等，再加上各色的杂役人等，这其中当然也不乏朝廷的各种眼线。就这些规定而言，朱元璋对藩王的防范也还是有效的。但是皇权的排他性促使朱元璋又作出了如下的规定：诸王有为朝廷处置奸臣和举兵清君侧的"靖难"之权。家族利益再次凌驾于国家利益之上。可是藩王那点儿护军兵力也不够和中央政府抗衡的，有可能举兵吗？完全有可能！

凡事都会有例外，朱元璋所封诸王中，有一组被称为"塞王"，顾名思义，就藩于塞北一线诸王的统称，包括：晋、燕、宁、秦、代、肃、辽、庆、谷各王，大体分布于东北至西北的边防线上，例如其中的晋、燕二王，曾经直接节制指挥冯胜、傅友德这样

的大将,军中之事,二王得直接奏闻。而宁王,史称"带甲八万,革车六千",可以感觉到也是一支不能小觑的武装力量。其他北方诸王也都拥有比较强的武装力量。而且宁王本人也属于是沙场猛将一类的人物。燕王也是一样,属于足智多谋、久经战阵的宿将。

朱元璋这么部署安排是有他的道理的。主要的原因还是在于蒙古方面,朱元璋建立明朝推翻了元朝,但是不等于把蒙古民族给消灭了,蒙古人只是慑于明朝的武力不敢轻易南下而已,只要机会合适,南下劫掠对于蒙古人而言还是很希望的,有明一代,防范蒙古都是基本的国防任务,否则就不会有明长城了。所以朱元璋把以燕王、宁王为代表的一批能征善战的皇子封在这里,明显是为了震慑蒙古人,令其不能也不敢觊觎中原。再加入其他封于各地的皇子,在朱元璋看来,"外卫边陲,内资夹辅",有效控制各地,防止其他官员成为权臣威胁皇帝,这个目的是足以达成了。实现了目的的朱元璋绝对有理由自豪一下,但是他不可能知道的是,分封诸王这个行动的结尾是个悲剧,因为这个藩王集团的实力过于强大了,准确地说是集团中某些个体过于强大,强大到足以反噬皇帝本身的地步了……关键那个皇帝宝座坐的人已经不是朱元璋本人了,跟自己的老爹他们当然不敢造次了,即便是他们的兄长,他们也未必敢起不臣之心,但是,那居然只是他们的侄子,而且还已经在不经意间被朱元璋给解除了所有的进攻与防御的武装了。

熟悉明朝历史的读者一定会明白,这说的就是朱元璋穷治开国大案，屠戮开国功臣的事情，这是朱元璋给自己的皇孙埋下的一个巨大隐患，尽管这绝非他的本意，但是和分封诸王这个隐患搭配在一起之后，危害子孙和国家的效果不是一般的显著。

　　屠戮开国功臣这个事情的消极后果不仅仅是造成了统治集团整体实力的削弱，这也给后来明王朝皇位更替提供了条件，给明王朝带来了四年的战乱涂炭，其实就连朱元璋本人的名声都因为这件事情而一落千丈。可以说这件属于明朝统治集团内讧的事件没有给任何一个当事人带来好处，除了让皇帝朱元璋感到了皇权的巩固和加强，以及对于自己子孙后代安全感的提高之外。但是这些也只不过是朱元璋自己的感觉而已。就连当时的马皇后，太子朱标，太孙朱允炆都对此事不同程度地表达了不同的见解。那么朱元璋究竟为什么要执意做这样一件看起来感觉并不是很好的事情呢？

　　在探讨朱元璋屠戮功臣之前，笔者想表明一个基本态度，那就是要认定朱元璋属于一个心智成熟、智谋过人、眼光过人的政治家。那些拿朱元璋当变态的言论，实在和骂街没什么区别。不能拿朱元璋和所有的皇帝以及大臣当普通人，用普通人的私德标准来要求他们，那就属于缘木求鱼且完全没有必要。普通人所要具有的诚实、正直、善良等私德，政治家们如果有是更好，没有也不用因此质疑他们的政治能力。而且朱元璋是皇帝，生活的时代没有什么人权、博爱的概念，没有必要为了特别表现出对那些遇害大臣们的同情，就拿这些现代标准对于朱元璋大肆批判一番，

我们只重点分析他做的这件事情从目的到结果对于明王朝有什么影响就好了。

朱元璋这么做的目的性是非常明确的,就是为了给明王朝消除隐患,巩固他和子孙后代们作为皇帝的权力和地位。这个目的既不卑劣也不可耻,相反是非常正常的。皇帝制度从诞生那天起,就一直有着一个与生俱来的属性叫作排他性。皇权至高无上,皇帝家族世袭,皇位不可转移这些是最基本的规定。没有了这些规定,皇帝也就不再称其为皇帝了,直接变成普通人了。所以任何一个皇帝对于任何试图靠近皇位、染指皇权、威胁皇帝的行为、集体或者个人,都会本能地采取行动,消除威胁,哪怕只是疑似的行为,对于皇帝来说,也是不能够容忍的。至于反击的行动力度是急是缓,是宽是严,并不完全取决于皇帝的个人性格,对手的种类、数量、威胁度,以及行动当时的社会大环境这一系列因素的决定力度,都会超过个人性格因素的影响力。从这个角度分析,朱元璋屠戮功臣的行为从本质上与某些皇帝那种相对温和的举动并无区别,都是以让对方退出政治舞台,交出全部权力、资源为终极目的。

事实上,朱元璋并不认为他自己的行为属于"不教而诛"。因为早在明王朝建立之初,他就让李善长、刘基等人着手创律例,至洪武七年(1374年)《大明律》成,颁行天下。但这并不是朱元璋警告臣下的开始,他早在明朝刚刚立国的洪武五年(1372年)就颁布了《铁榜文》,后又于洪武八年(1375年)编成《资世通录》,

分别对群臣进行"勿欺、勿蔽"的申诫、告诫。《大明律》中的《吏律》更是明确将官员"交结朋党""交结近侍""专擅选官"等具有明显的威胁皇权表现的罪名直接定为死罪。而且《大明律》中"八议"一项,明确规定涉及皇族、贵戚、官绅犯罪,有司不准擅拘擅问,须实封奏闻,取自上裁。明确将对于高官显宦们的生杀予夺之权握于皇帝手中,具有明显的加强皇权之意。

在《大明律》成前后,他又让人分别在洪武十三年(1380年)和洪武十九年(1386年)编写了《臣戒录》和《志戒录》,纂录了前朝各种为臣(包括诸侯宗戚)悖逆之事,对群臣进行各种宣讲教育,以儆效尤。

朱元璋之所以这样高频率地对臣下进行反复的忠君教育活动,并不是心理变态或者被迫害妄想症。恰恰相反,他是以一种相当冷静的态度和近乎冷酷的手法在组织着一切。朱元璋是正儿八经的马上皇帝,见识过尸山血海,他的江山不是禅让得来,是他率领着部下们一刀一枪打出来的,他作为领导者当然也清醒地知道自己的臣下都是一些什么样的人物。这一路走来,先后倒在他们面前的陈友谅、张士诚,还有元朝……其他的就不列举了,哪个不是棘手的对手?那么朱元璋集团的战斗力恐怖程度是可以想见的。这种力量当年是宝贵的财富,那是因为君臣有着一致的目标,但是天下平定统一以后呢?

作为皇帝的朱元璋不能不面对的现实情况就是,没有了共同的敌人,也就没有了共同的目标。文臣武将们当中,最善良的追求是过好日子,至于那些已经一呼百应,位极人臣,赏无可赏的呢?也许可以和朱元璋相安无事,但是嗣皇帝确定也可以让他们心甘情愿地俯首帖耳?朱元璋很愿意相信这个美好的结局,但是很不幸,他是一个非常现实的政治家,他很快就看到了令他不能熟视无睹的情况。

就在洪武二年(1369年),中书省左丞杨宪和右丞汪广洋彼此不和,开始争斗。这场斗争的双方结果是一死(杨宪于次年被杀)一贬(汪广洋,后被召还),按理说事情不大,而且朱元璋处理得也算是快刀斩乱麻了。但是,朱元璋不打算放过这个事情,因为第一是国家初创,中书省官员之间就相互倾轧,这不是新朝应该有的气象。第二也是更加令他警觉的是,这两个小人物的争斗无关紧要,关键是他们的后面站着两个大人物——李善长和刘伯温。

他俩是什么人物?李善长,开国六公爵里唯一的文官,时任中书省左丞相,文官第一人;刘伯温,朱元璋第一谋士,计谋过人。更严重的问题是刘伯温已经在洪武元年(1368年)申请从御史中丞的位置上退休了。退休的刘伯温居然还能有如此大的影响力,而且两个明王朝开国功臣,文官集团里数一数二的人物居然卷入了俩小人物的争斗……那一刻,朱元璋的心情应该非常不好,对于文武群臣,他还能选择信任吗?而且他作为开国君主还健在,这些大臣就已经开始结党营私,全然没有把皇权放在眼里,那未来的嗣皇帝如果即位,能驾驭得了这些位高权重的臣下吗?接下来就有了前文所述洪武三年的开始分封诸王,洪武五年、洪武八年对于群臣发出的那些警告……

不过中书省左丞相李善长很快也选择了退休，历史记载是"洪武四年（1371年），李善长因病辞官"。当然他后来又曾经复出了，所以按照有一种说法认为他是以退为进也是有可能的，作为朱元璋一直的左膀右臂，他不可能意识不到朱元璋的不满，选择避开锋芒也是情理之中的事情。同时在这个过程中，他推荐了一个继承者，洪武六年（1373年），朱元璋任命了胡惟庸做中书省左丞相，而且不管李善长是不是自愿的，他的所有利益甚至于生命，都已经和胡惟庸绑定为一体了。不仅是因为他是胡惟庸的欣赏者和推荐者，负有领导责任，双方还是儿女亲家的关系，胡惟庸的侄女是李善长弟弟的儿媳妇。这虽然不能和真正的政治姻亲关系相比，但是这两个人的结果已经可以是一损俱损的了。

让李善长不可能高兴的是，就在朱元璋对于群臣的警告发出以后并不算太长的时间里，胡惟庸终于触及朱元璋的底线了，罪名是"擅权植党"，说通俗了就是结党挑战皇权。正式罪名是"谋反"，这在《大明律》里是死罪，朱元璋不打算给胡惟庸留余地了，当然也没打算给李善长留余地。一直以来，都有认为胡惟庸是冤死的声音，认为胡惟庸谋反证据不足，朱元璋是滥杀无辜。这实在是一种政治上幼稚，历史上缺乏专业素养的认识。朱元璋和胡惟庸包括其他官员都没有私仇，他们是围绕皇权在进行政治斗争。

威胁皇权和谋反没有什么本质上的区别，只是说法不同而已。而且政治斗争只有胜负之分，没有无辜的角色。做臣子的也不都是天生小白兔的属性，否则"挟天子以令诸侯"的典故从何而来？胡惟庸的问题关键不在于他是否谋反，还是是否做了什么事情威胁到了皇权，这是一个被很多人都误判的标准，问题的关键在于朱元璋自己的感受，如果朱元璋认为自己的权威受到了威胁或者挑战，那他就会做出反击的行动，就有如当年消灭陈友谅和张士诚他们一样，消灭任何现实的或者潜在的对手。其实人们往往忽略了朱元璋当初"勿欺、勿蔽"的申诫，那是身为皇帝的他向臣下传递了皇权至高无上所要体现出的最基本要求，如果高高在上的皇帝处于被欺骗和蒙蔽状态，那是皇帝还是傀儡呢？这是一个没有选择项的问题，欺君的含义也包括欺瞒。

朱元璋不是个怠政懒惰的皇帝，他给胡惟庸的罪名已经说明一切了。其实胡惟庸还是有机会让自己活下来的，而且不需要他出卖什么利益或者人来证明自己的忠诚，只需要他摆正自己的位置，做好自己的本职工作就好。这就是发生在洪武九年（1376年）的"空印案"。什么是"空印案"？说起来简单，就是明朝官员预先在空白公文上盖好印章，然后再填写内容的行为被朱元璋发现以后定罪的案件。平心而论，明朝的官员不是故意要营私舞弊，他们是为了避免出错以后的各种涂改奔波之苦，所以也算是情有可原。但是实事求是地说，这种行为在今天叫作私盖公章，起码也是得行政处分的吧？而在当时，问题的性质一下升级的原因是因为事情是朱元璋考校钱粮册书的时候无意发现的，而且一个基层官员郑士利还上书为他获罪的哥哥辩护："自立国之初未尝有空印之律，有司相承，不知其罪。"结果是与其兄一起拘役流放。

这个官员的话确实没说错，这个事情确实是从元朝继承的，元朝的中书省官员还在空白文书上预盖玉玺呢，然后上行下效，各级官员都这么干习惯了。明朝建立了，大家也这么沿袭旧的做法，所以不知道有罪。朱元璋真正的愤怒并不在于什么空印有可能营私舞弊这个现象本身，而是在于这个事情只有他这个皇帝不知道，几乎所有的官员都知道而且习以为常。不管有意无意，他这个皇帝被蒙蔽了。现在回过头来看朱元璋发出的警告，大家就应该明白官员们集体踩到了皇帝的红线了。

自始至终都没有一个官员去请示一下朱元璋关于这件事情的态度，包括左丞相胡惟庸在内，当然前左丞相李善长也在内。皇帝的两个股肱之臣，居然把请示皇帝当成是额外的和可有可无的事情，皇权至高无上和裁决一切变成了一句空话，这才是朱元璋最大的不满和不安。胡惟庸和李善长的命运在那一刻就已经基本定局了，剩下的无非就是动手的时机而已。在朱元璋已经发出了警告之后仍然犯了同样的错误，朱元璋还会以博大的胸怀接纳他俩吗？更何况他俩也根本就没意识到自己错在何处，这在皇帝朱元璋眼里只能是离心离德的表现。

洪武十三年（1380年），朱元璋下令处死了胡惟庸，并且掀起株连之势，前后被杀官员达15000人之多。这是朱元璋对于胡惟庸罪名中"结党"的实际回应。但是这么多人当中并没有包括李善长，这本身就已经不科学了，这也许是朱元璋给李善长的最后一次机会，但是李善长并没有抓住这个机会改变自己和家族的危机，进而让皇帝改变最终的决定。从洪武十三年（1380年）胡惟庸被杀到洪武二十三年（1390年）李善长遇难，朱元璋实际还是给了李善长十年时间的，而且不是毫无征兆的等待。

洪武十八年（1385年），李善长的弟弟被告发属于胡惟庸一党，朱元璋并没有直接杀掉，而是下旨免死流放崇明安置。这是一个颇有意思的处置方式，谋反属于十恶不赦的大罪，不管胡惟庸是否谋反，朱元璋已经按照这个罪名杀了他和15000多人，并不会在乎再多杀一个李善长和他的家族，而且按照李善长和胡惟庸的关系，这样并不算是殃及无辜。但是朱元璋居然又等了五年才跟李善长算账，朱元璋最后清算李善长的罪名是"知逆谋不发举，狐疑观望，怀两端，大逆不道"。这是一个让人觉得很值得琢磨的罪名，重点在于李善长知逆不举，首鼠两端，所以定性大逆不道。最终处理结果是赐死李善长，并夷三族。

朱元璋相当的精明冷酷，在政治斗争中尤其表现得淋漓尽致，他自始至终将对手置于不利境地，直到消耗完其最后的资本。十年的等待，李善长再想说自己不知逆都不可能，对其弟的从轻发落，实为欲擒故纵，要知道任何免死铁券都是不免十恶之罪的，而谋反名列十恶之首，居然只是流放，明显是皇帝要抢占舆论高地，坐实李善长与皇帝离心离德的表现，从而为最终铲除他做好铺垫。因为李善长毕竟曾经是朱元璋的左膀右臂，文官第一的角色，随意处置他会引起朝局动荡，于舆论上对皇帝也不利，所以还是颇花了一番心思和时间的。

相比较于李善长，三年后对于武将蓝玉一案的处理就显然没有那么谨慎了，直接就是谋反论处，结果是洪武二十六年（1393年）蓝玉剐，夷三族。因为此人属于武将，还不是徐达那种一流的统帅角色，猛将而已，而且他还曾经在被加封太傅（从高到低按照师、傅、保排列）之时吵闹，对没有被封太师非常不满，跋扈之态尽人皆知。对这种明显不服管而且也没心机的角色，朱元璋选择了直接清除，而且一样是拔出萝卜带出泥似的株连，被杀近两万人。

至此明初三大案落幕，文臣武将被牵连遭屠戮近四万人。其他未被整肃的功臣宿将在这种肃杀紧张的政治气氛中也是精神高度紧张，身心俱疲，因此包括徐达等多名功臣也在这个阶段前后辞世而去，至于亡故原因那就见仁见智了。跟随朱元璋打天下的一班能臣就此基本凋零殆尽，朱元璋留给他的继承人的，是一个既无颠覆天下之心，也无颠覆天下之力的政治班子。但同时，这一干臣子便有忠君之心，却也无护主之力，这就是朱元璋统治后期明朝统治集团力量削弱后的结果和现实。

不过如果按照朱元璋的设想，其实问题也没有那么严重，因为他的皇太子朱标和他相反，属于以宽和仁慈理念治理天下的类型，他若即位，在匡补其父过于刚猛的同时，以和缓的手段安抚统治集团内部，也是可以收到宽严相济的效果的，大明王朝未必不能平稳地发展。俗话说福无双至祸不单行，不利的局面通常是结伴出现的，就在朱元璋处置完李善长，已经开始对蓝玉下手但还没有最后决定其命运的时刻，洪武二十五年（1392年），皇太子朱标病逝。他的过世无论对于朱元璋本人还是对于大明王朝都是无法估量的损失。他是朱元璋穷尽一生心血培养的接班人，如无意外，即位时正是年富力强的年龄，再加上长子的身份，众多藩王没有能与之相提并论的，政治环境会好很多。随着他的离世，风云突变，朱元璋所有的设想都化为了泡影，在白发人送黑发人的悲痛中，老皇帝做出了极其匪夷所思的决定，立朱标之子朱允炆为皇太孙。从宗法制的角度朱元璋这属于废长立幼之举。长子亡故有次子，难道他众多的皇子里除朱标就再无可继位人选？朱元璋的决定只有他自己能够解释清楚，后人无法妄加揣测其心理，但是很清楚的就是此举再加屠戮功臣的后果，除非朱允炆是朱元璋再世，否则他绝无安宁日子可享了，历史果然给了朱允炆那个最残酷的叔侄相残之结局。

很多人简单认为朱元璋屠戮功臣的直接目的是为了即位的嗣皇帝，其真正深远的目的却不止这么简单，这从他诛杀胡惟庸的过程和结果就可以发现，朱元璋之所以在处置胡惟庸和李善长的过程中节奏相对比较和缓，时间拖得也相对比较长，不是因为个人感情因素的缘故，而是因为朱元璋的真正目标是制度不是个人，他计划要对运行了千年的制度做一个大手术，这两个人是这个过程中的两个牺牲品。他要变革的制度就是丞相制度。

丞相制度是和皇帝制度共生的，皇权至高无上，不受制约的基本原则使皇帝独裁一切成为可能，但是有限的个人精力与智力却也实际制约着皇帝们，他们不得不寻找能干的人来帮他们处理大量的事务性工作，这就是丞相制度的出现原因以及它能够运行千年的合理性所在。丞相要想能够帮助皇帝处理朝政，就必须获得足够的地位和权限，否则无法制约群臣和开展正常工作。这就有点类似现代企业集团的董事长（皇帝）和总经理（丞相）的关系，丞相是皇帝聘请的职业经理人，为皇帝打点一切事物，从皇帝本人，到文武群臣，都必须得给丞相几分面子，所以丞相才能拥有开衙建府的资格，一人之下、万人之上的地位，相权也就自然而然地产生了。但是当丞相开始工作，相权开始运行以后，相权和皇权的矛盾就开始产生了。

　　皇帝和丞相都是人而不是神，两者都有自己的想法，想法可能完全不同甚至对立，但是这对于皇权而言就不能接受了，因为皇权至上是基本原则，皇权不受制约，相权必须服从皇权。按照原则的确如此，但在实际当中，皇帝也会犯错，很多时候，丞相如果不把皇帝的错误纠正过来，不把皇帝的错误决定否决，可能会产生灾难性后果。从国家利益角度，丞相是对的，但是从皇帝个人角度，丞相是他的敌人，至少是障碍。所以在皇权面前，相权的运行是受制约的。但是也有特殊的情况发生，当皇帝个体过于弱势的时候，丞相就显得过于强势，相权会反过来制约皇权，甚至于丞相取而代之，相权直接变成了皇权。就是因为相权对于皇权有着制约的作用，所以皇帝们对于丞相一直是委以重任加严加提防的基本态度，从汉到唐至宋的历朝历代，皇权对于相权的生存、运行空间一直进行挤压，对于相权本身则是进行各种牵制和削弱，直到元朝才发生了不同的节奏变化。

元朝属于中国历史上比较另类的王朝，这里的另类指的是它是第一个少数民族建立的中央王朝，蒙古族在社会发展程度上肯定是落后于汉族的，他们也从来没有过什么皇权至上的概念，所以对于皇权相权矛盾斗争之类的问题也缺乏实际感受，同时元朝的实际控制区域又远大于前代的王朝，那么对各地区实现有力的控制的现实问题就变得非常突出了，因此元朝的行政制度就没有延续唐宋以来对相权分散、牵制乃至削弱的一贯思路，而是呈现相反的集中加强趋势。当然由于汉族官僚和知识分子的存在，元朝统治者还是能够了解关于加强皇权、分散相权的重要性的，所以最终既没有退回到秦汉时代独相掌权的三公九卿制，也没有恢复唐宋的制度，而是搞了个折中的全新制度——中书省，名称虽然不是新的，但制度内容是全新的了。

元朝中书省设中书令为最高长官，但是由皇太子兼任，故形同虚设，实际政事由右、左两丞相分担，元制以右为尊。右左两相分权，以防丞相专权，然实际当中常只设右相，故元代丞相之权极大，后期已能左右皇帝之废立，因此元代相权与唐宋以来逐渐削弱的总体趋势相比较，出现了明显的反弹之势。

朱元璋立国建制之初，实行的是现成的元朝制度，而且虽然两相配齐，但右相徐达长年领兵作战，基本上不在朝堂主政，而且他身为武将，于政务上较左相李善长相去甚远，故不能有牵制之效，时间稍长，已渐呈独相执政之态，李善长的逐渐坐大之势，朱元璋自然是看在眼里的，对此，他并非是无动于衷的。他和臣下讨论元朝灭亡教训时提到："元之大弊：人君不能躬览庶政，故大臣得以专权自恣。"这就已经旗帜鲜明地表态了，新建的大明王朝绝不能像元朝一样，任凭丞相恣意坐大，玩弄皇帝于掌股之间。但是朱元璋虽然明确表了态，到具体操作阶段还是相当谨慎的，毕竟是运行了千年之久的制度，仓促废黜是容易造成意外之祸的，而且还牵涉到李善长等重臣的安置问题，所以朱元璋采取了迂回战术。

洪武元年（1368年），朱元璋登基当年，即下旨设南京应天府，废江浙行中书省，直隶中书省，次年六月又改各地行中书省为承宣布政使司，其长官品级为正二品，与六部尚书平级。此举意在削弱中书省权力，令行省直属皇帝。同时废除元朝奏事必经中书省的旧制，在中央机构中增设通政使司，管理百官奏章和其他上报。这可以看作是朱元璋对相权下手削弱的开始。虽然朱元璋对于丞相制度已经是欲除之而后快，但是从李善长到胡惟庸，也包括曾经在职的其他丞相们，谁都没有主动交权走人的意思，朱元璋就一直在等待中寻找机会，终于，朱元璋在杀了胡惟庸之后，一并对丞相制度动手了。

洪武十三年（1380年）朱元璋下旨废除了中书省及丞相制度。至此，在中国历史上存在了一千六百多年的丞相制度彻底被画上了句号。大明王朝的皇帝第一次过上了"至尊之位，操可致之权，赏罚予夺，得以自专"的日子，再也没有什么人可以"代天子理万机"了。皇权至高无上，皇帝独裁一切从理想状态变成了现实状态，朱元璋为皇权赢得了胜利。

当然朱元璋并没有意识到，他辛辛苦苦废掉了丞相制度，给他自己和子孙后代都带来了很大的麻烦。这些麻烦很快就显现出来了，首先遇到麻烦的就是朱元璋自己，有统计数字表明：在废除了丞相之后的八天里，朝廷内外诸司的各种奏折即有一千六百六十件，涉事达三千三百九十一件，如果折合到日平均公文量是近二百零八件，按照十二小时工作时间折算，每个小时要处理将近十八件公文，每件公文平均耗时大约三分钟左右。这当然不是朱元璋的真正工作节奏，也不能算是精确的科学统计数据，只是想用平均数字让读者直观体会一下而已。平心而论，其实各种公务奏事平时也是这么多，肯定不是井喷式突然出现的。之所以被很正式地记载进了《明太祖实录》，是因为皇帝本人的表现让大家颇为吃惊了，朱元璋以五十岁知天命的年龄，在八天内能够处理分发如此大量的奏折公文，其精力体力也堪称过人了。但在创造奇迹的同时，也是一种无奈，因为这一次再也不会有人帮助天子分担这副重担了。

朱元璋咬牙把这副重担从正月挑到了秋天，终于挑不动了，洪武十三年（1380年）九月，他决定设置四辅官制度，具体做法为，在全国范围挑选"高年笃厚，学问渊博，德行敦厚、善属文，勤慎好学、精通经籍"的"耆儒""宿儒"（七八十岁的民间知识分子，且不具备实际政治经验而又无足够的政治资历）。具体职责为协助皇帝复核具体事务性工作，承担文书处理业务，参与研究一些指定的问题，偶尔"讲论治道"，但无权直接处理任何重大的政务。敕谕中称四辅官为"辅臣"，"位列公侯都督之次"，秩正三品。基本人数六人。四辅官按时令命名为春夏秋冬官，按时序轮流当值，春夏两时官各选三人，每月按照上中下三旬轮流辅佐皇帝处理政务。秋冬两时官不专设，由春夏两时官兼理，如设，参照春夏官例运行。这一制度设置的结果就是虽无任何侵扰到皇权的事情发生，但也不能有效地起到辅理政务的作用。从以上关于四辅官设置的基本情况不难发现，朱元璋实际是给自己配备了一个高级秘书班子，来分担自己的事务性工作，同时仍然把最高决策与批准权牢牢把握在自己的手里。从思路上他是对的，找帮自己干活的人而不是分享自己权力的人，算盘打得很精明。但在实践当中却是一塌糊涂，之所以有这么大的反差，根本在于他忽略了人这个关键因素，没有能力来分享权力的人，其能力差到不能完成最基本的事务性工作也并不奇怪，何况他所选择的还都是一些风烛残年的乡间知识分子。并不是歧视他们，只是在那样一个文化不普及的年代，有文化有才学，只要能力不是实在太不堪，都不会落到终老林下的结果的，再加上实际的体力、精力不济的因素，这个最终的结果是不会让人意外的。

朱元璋倒也没有过于为难这些精力不济的老年人，除了有个别的撤职了，多数都以老病辞官了，他也没有过多地挽留，因为他已经想出了一个新的解决方案了。洪武十五年（1382年），朱元璋下旨依仿宋朝制度，设立殿阁大学士。以礼部尚书刘仲质为华盖殿大学士、翰林学士宋纳为文渊阁大学士，翰林院检讨吴伯宗为武英殿大学士，典籍吴沉为东阁大学士。据历史记载：大学士为皇帝的侍从文臣，兼备咨询，由文官兼任。但终洪武一朝，殿阁之职，对国家事务"鲜所参决"，仅备顾问而已。从历史的记载来看，朱元璋确实调整了一下思路，他实际是把高级秘书班子的人员配置进行了调整和变动，终于放弃使用那些民间高龄知识分子了，因为就算是高级秘书，除了学识渊博以外，也是需要精明强干还有体力充沛再加耳聪目明的。

朱元璋自己并没有意识到他的举措将会产生的影响，从历史整体来看，至此，在明清两朝沿袭500多年的内阁制度的雏形已经在明太祖朱元璋的手中开始萌芽了。这就一举改变了在中国已经运行了千年之久的君相体制，而开始转为皇权独大不受制约的体制，同时就在这个体制内，那个被称为内阁的机构就会在不久的将来出现，并会逐渐发展而且对大明王朝的历史进程产生重大影响，而这些都将是始作俑者朱元璋所不可能预计和看到的了。

实事求是地说，朱元璋建立的殿阁大学士制度，也就是这新一批高级秘书班子在洪武统治的时间段里还是达到了他本人的预期的。因为在洪武十五年后的时间里，鲜见朱元璋与这个班子不睦的记载，说明他的皇权受到了臣下的绝对尊重和拥护，同时这个班子也还算尽职尽责地分担了他的事务性工作，这让年事渐高的老皇帝多少有一点儿欣慰和成就感。故而在洪武二十八年（1395年），已经年近古稀的朱元璋在为新编成的《皇明祖训》作序时，明确要求其子孙"钦承朕命，毋作聪明，乱我已成之法"。显然这些"已成之法"中就包括废中书省及丞相，设殿阁大学士制度这一重要政治体制的变革内容，而且他进一步非常清楚地强调以后子孙做皇帝时，不许立丞相，臣下敢有奏请设立者，文武群臣即时劾奏，将犯人凌迟，全家处死。至此，丞相制度被朱元璋以近乎残酷的方式永久终结了。

这个决定背后的底气应该是源于殿阁大学士制度十几年来基本稳定的运行，其对于皇权基本上无干扰的辅佐方式让朱元璋确信他找到了彻底破解君相矛盾的钥匙，彻底解开了这个缠绕了千年之久的死结。所以才会自信满满地给子孙留下了这样一个斩钉截铁的决定。但是，朱元璋没有也不可能想到，他打开的不是一个千年的死结，而是一个"潘多拉魔盒"，从此，他的子孙后代将陷于新的困扰中无法解脱。

为什么这么说呢？殿阁大学士制度运行比较顺畅的关键决定因素是人而不是制度，那些兢兢业业辅政而从不越位的殿阁大学士们不是圣人，也不是说这种制度辅政就不会发生越权谋政的情况，最重要的是朝廷还持续笼罩在胡、李、蓝三大案的恐怖气氛之下，在这种氛围下哪个臣子敢越雷池一步？权力当然诱人，但是生命同样宝贵，更何况朱元璋自己本身就属于明察秋毫、法不容情的类型。大臣们这个阶段谁也不敢拿自己的生命和朱元璋这样的皇帝玩这种致命游戏,所以在朱元璋统治时期表面一片太平景象,实际是一片肃杀之象。把这种非常态当作常态,而且信心满满地作为成熟制度留给子孙,并要求子孙奉为圭臬,不可动摇,这就是朱元璋过于自信和失误的地方。

实际上要想让这种制度长期保持洪武年间的状况是不可能的,因为首先震慑群臣的恐怖状态在任何朝代都是不可能长时间持续的,只要恢复了常态,那人的各种(包括权欲在内的)私心杂念也就会纷纷故态复萌了,再想让群臣保持那种如履薄冰的状态就很难了。其次洪武年间群臣的勤勉谨慎状态是建立在朱元璋自己精力旺盛、机敏过人的前提之下的,他曾写诗自嘲:百僚未起朕先起,百僚已睡朕未睡。不如江南富足翁,日高丈五犹拥被。这就说明朱元璋并不是属于不知疲倦的工作狂人,他也是正常人,更要逐渐面对年事已高精力不济的现实,但是他毕竟是白手起家,一路建国经历了太多的九死一生,疲劳与生死相比较,已经是太轻松的事情了,同时那种对王朝,对儿孙,对未来的高度责任感,也在时刻鞭策他自己,必须在有生之年安排好一切的紧迫感督促着朱元璋不得不以饱满的工作热情去面对一切人和事。但问题是朱元璋的子孙后代再也不可能有他那样的传奇经历,也就不可能按照那样的标准要求他的子孙们,问题在于,长在深宫里,含着金汤匙出生的他们,又能用什么来保证他们对皇帝职业的热情和责任感长盛不衰呢?而如果一旦嗣皇帝怠政,轻则上行下效,群臣效法，国家轻则易陷于瘫痪，重则很容易大权旁落，有着改朝换代的可能，那时朱元璋可谓是白费心血。所以朱元璋把殿阁大学士制度运行正常的基础建立在政治的高压气氛和皇帝的勤勉过人这两个变数极大的因素上，无形中给这个制度的前景投下了黯淡的阴影，也同时留给了子孙后代很大的心理压力。

且单就朱元璋所创建的这个新的殿阁大学士制度来说，与运行了上千年的丞相制度相比较，其本身是不够成熟的，也是有缺陷的。这主要的问题就出在了一个名实不符上。前文我们分析过，丞相制度作为皇帝制度的辅助角色，它的存在是必须的，无论那个位置是否被称为丞相，同时由于君相双方已经磨合了上千年，无形之中，双方也逐渐形成了一种默契，双方对于各自的角色和权限也都大体心中有数，尽可能不去越界破坏这种平衡，以免给自己惹出不必要的麻烦，也危及整个统治阶层。

应该说在元朝出现以前，甚至于到元朝前期为止，君相之间大体还是能够保持这种平衡的。但是从元朝中期开始，这种本身就非常微妙的平衡被当时的弱君强相们给打破了，相权出现了不正常的膨胀和反弹，到了元朝后期，丞相甚至于已经开始左右皇帝的废立，这就一定会招致皇权的强力反制，但是没有等到这种反制在元朝发生，已经病入膏肓的元朝就被淹没在了元末红巾军起义的浪潮中，而前文我们已经分析过，对于元朝丞相制度的得失朱元璋是有一定的感悟的，所以这也是促成他做出要从制度本身进行改革的原因之一。

由于明朝废除了丞相的名分，所以也就造成了新建的这个高级秘书班子和皇帝是不可能有这种君相默契的，因为他们等于是以秘书坐在总理的位置上，干着总理的一部分事务性工作，所以明显存在着"名不正，言不顺"的尴尬。因为没有"名分"的保护，因为没有皇帝给他们划出权力的边界，他们的权力不会得到尊重和保障，哪怕他们当中有人多说一句话，多做一件事，在皇帝和群臣看来，就都有越权干政的嫌疑。他们坐在现实中辅政的位置上，却不能拿到名正言顺辅政的名分和权力，这就是这一班人的悲哀，因为皇帝把那个名分和权力收到自己手中了，皇帝统领六部九卿，相权自此并入了皇权。但也正因为没有皇帝给他们划出权力的边界，所以等到日后，等这个高级秘书班子正式发展成内阁，等朱元璋的子孙后代不再像先祖那样勤勉于朝政，开始表现出职业倦怠，从朱元璋时代所划定的皇权范围开始表现出后退的趋势之时，这些非正式的"丞相"们就要拿回属于自己的权力了，而且事实上他们拿回来的是更多的权力。

历史记载充分表明，明朝这些无名分的"丞相"们所管的事情，要比有名分的丞相们管的更多，甚至涉及皇帝自身和他们的私人生活，包括后宫生活，这些"丞相"们都要表示关注和过问，朱元璋的子孙们随时随地都会受到这些人的影响甚至约束，通常他们还会抢占道德制高点，打着"心忧天下，为天地立心，为生民立命，为往圣继绝学，为万世开太平"的旗号，让皇帝无言以对，无法反驳。而且由于他们和皇帝之间没有传统君相之间的那种权力边界作为约束，这让皇帝和群臣还无法用传统的"越权干政"的罪名来惩处他们，最终对于这些人也是无能为力的，因为诛杀某一个人不但无法解决这个群体的问题，还很可能造成那个个人扬名于天下，进而青史留名，这样明显损人不利己的事情皇帝一般都不乐意做。

就这样，朱元璋废除相权的努力随着时间的流逝最终不但失去了效果，而且有走向反面的趋势，这实际是朱元璋完全不可能想到的，也是与他的主观目的背道而驰的。

事实上，朱元璋在废除丞相、组建高级秘书班子辅政的时候，也不是仅仅通过约束其权力、打压其名分的措施来制约这些人的，制度上也是有未雨绸缪的相应措施的。那就是朱元璋同时放出了另一批人，让这批人去代替皇帝盯着包括这个高级秘书班子在内的群臣，让皇帝可以通过这些人来达到掌控所有人的境界。这是朱元璋的一个美好的愿望，但是从前文的叙述就已经可以比较明显地看出来一个问题了，那就是朱元璋的众多决策，会随着时间的流逝最终失去其本来的效果或者会与其主观目的背道而驰。废除相权的努力这件事就是其中相当明显的一件。但其实在朱元璋的众多类似效果的决策中，这既不是第一件也不是最后一件，这听起来让人有一种匪夷所思、瞠目结舌的感觉，但是这就是已经发生过的残酷的历史事实。朱元璋所放出来的那"另一批人"就是另一个很好的例证，当初以整顿吏治、监察官员为目的放出来，但是放出来以后，随着时间的流逝和各种因素的影响，到了后世就变成兴风作浪、作妖闹事的一个团体，他们将会成为未来影响皇帝决策，影响国家大政方针，影响大明王朝稳定繁荣发展的重要的不安定因素之一。

这"另一批人"，在历史上有个响亮的名头——"御史言官"。准确地说，这是由两部分人所组成的一个群体。第一部分人和他们的组织机构：洪武十三年（1380年），也就是朱元璋下旨废除丞相制度的那一年，罢御史台，置谏院官。洪武十五年（1382年）始设都察院，关于都察院这个机构，首先一看设置时间，几乎可以毫不费力地得出结论：该机构一定属于朱元璋废除丞相制度，变革政府体制工程的组成部分，不出意外，一定是配套工程之一。

大明王朝制度规定：都察院设左、右都御史为正长官，正二品，与六部尚书同列九卿之位。设左、右副都御史为副长官，正三品。设左、右佥都御史，正四品。同时规定都御史的职责是：纠劾百司，辩明冤枉，提督各道，为天子耳目风纪之司。凡大臣奸邪、小人构党、作威福乱政者，劾。凡百官猥茸贪冒坏官纪者，劾。凡学术不正、上书陈言变乱成宪希进用者，劾。从以上对于都察院职责的介绍我们不难发现，它属于国家专职监察机关，其监察权力覆盖范围之广，从军政要务到寻常小事，从大臣结党到廉政肃贪，包括官员的考核任免，几乎无所不包，文武百官，人人均在其中，这就反映了朱元璋设置此机构对官员们全面监控的核心目的和要求。

都察院作为国家监察机关不能一共就那六位主管官员包打天

下，负责一切，还得有机构的基干力量支撑，所以还设十二道监察御史一百一十人，正七品，职责为察纠内外官吏。在京师巡视京营、仓场、内库，监临乡会试。外出巡按地方，清勾军伍，提督学校，巡查盐政、茶马、漕政、屯政等务。后于明朝中期增设第十三道御史，遂为定制。其实通过分析可以发现，最能反映出该机构为皇帝的"耳目风纪之司"的本质属性和其威慑力之处，并不在于都察院主官左右都御史品级之高，权限之大，而是在于都察院的基础力量构成，也就是那一百一十位正七品的监察御史。

首先他们人数众多，人数多也就意味着监察强度的提高，大事小情想从这两百二十只眼睛下溜过去，难度不是一般的大。其次就是涉及面广，从京师到地方，没有什么地方和事务是御史们无权过问的，连军队都是可以去巡查的。再次就是权力单一直接，监察御史有权过问朝廷的任何地方任何人负责的任何工作，感觉有什么不对就可以"告状"。那个工作职责的标准化说法是"风闻奏事"。意思是御史们不负责查证，觉得有什么不对了，听说什么消息了就可以上奏皇帝，如果与事实有出入，则事件当事人自己向皇帝去解释，自证清白。"风闻奏事"是皇帝给予御史的权力，所以最后即便是奏报并不属实，御史也并不需要担心因为要负诬陷的责任而被治罪。至于御史得罪的当事官员是不是还有机会报复御史，那得首先看皇帝能不能放过他了。最后是其品级之低与权力之大，反差何其强烈，恰恰体现出设计者朱元璋的独具匠心，力图避免出现官官相护，结党营私，其心思缜密令人叹服。

一般来说，人类确实是会根据自己的社会层级抱团取暖的，所以朱元璋认为，都察院的主管官员是完全有可能对于同级别的高级行政官员给予一定的谅解和同情的，但是这种情况在于那些监察御史则是不可能发生的，他们与那些尚书级别的高官在各方面差距都太大了，双方非但没有交集，而且相互敌视和交恶的可能性则是更大的，因此这些御史们一定会以超级饱满的工作热情去找这些高官的麻烦的，一旦成功，将会给御史个人和这个工作团队带来极大的满足感和荣誉感，他们就会以更大的自觉性和主观能动性去进行新的挑战，完成这项光荣而艰巨的使命。

随着监察御史逐步履行和坚持自己的职责，对于整个官员群体的压力和震慑效果就会慢慢形成，皇帝作为终审裁决者的身份可以使自己置身事外，静观事态发展，无形之中皇帝的地位和权力都可以得到进一步的加强。但是朱元璋明显属于那种追求万事尽善尽美、滴水不漏的类型，都察院开始运转的同时，他就放出了另一批人来使这个监察系统更加完善。至于原因还是很容易分析清楚的，一是都察院权力很大，但是却没有监察都察院的机构，长此以往容易形成对群臣的压制，如果有人利用这个机构，反而对皇帝不利。二是都察院的监察范围广泛，但是不够精确，特别是对于皇帝直接领导的六部，缺乏特别针对其行政业务的具体监察举措。所以在各种因素的综合作用下，朱元璋在都察院这个国家正规监察机关之外又另行组建了一个监察机构，名字被称为六科给事中。这就是这个监察系统里的另一部分人和他们的组织机构的出现。

这个机构也是洪武十五年（1382年）建立的。分设六科，其名字对应六部，也称为吏、户、礼、兵、刑、工。每科各设都给事中一人，正七品。左右给事中各一人，从七品。给事中若干人，各科人数不等，兵科略多，约为十二人，其他各科均不超过十人。给事中具有封驳权，可以封还执奏，驳正章奏违误，规谏君主，参与朝中大事的会议。其具体职权记载为：掌侍从、规谏、补阙、拾遗、稽查六部百司之事。从记载的情况来分析，六科给事中这个机构和都察院相比较还是具有相似性的，从职权来看，两者有相似之处，都负有监察之责，从性质上都属于监察机关。给事中和都察院御史们共享的权力是可以参加朝会，这个最关键之处在于他们参加的一般都是考核、任命官员的廷推（推选官员），而且他们还握有提名权和否决权，这对于广大官员实在不是一般的重要。但是六科给事中和都察院两个机构只是工作性质相似而已，它们的差异性实际也是比较明显的，首先就是从规模和人数来看，六科给事中比都察院要精简，两者就规模而言，基本上完全不是一个数量级的，都察院的规模和地位类似现代国家的监察部，而六科给事中则更像是一个廉政办公室。

之所以会有这样的差异，直接的原因就是六科给事中在编制上属于皇帝的近侍之臣，直接隶属于皇帝，同时直接为皇帝控制六部行政服务，具有皇帝耳目的功效。皇家的直属机构，办公地点就在皇帝附近，自然突出办事简捷高效，同时存在以低调简朴

为宜。其次从编制上，两者也不完全一样，六科给事中以"科"为编制单位，反映了它的监察工作方向主要是按照部门进行，而都察院的御史们以"道"为编制单位，反映了它的监察工作方向主要是按照地区进行，这就是后世就把给事中与御史们合称为"科道官"或"言官"的来历。最后分析两者的权限，不难得出结论，六科给事中的权限较之都察院要更精确一些，同时也要大一些。

从历史对两者权限的记载可以比较清楚地看出，都察院的监察范围主要是围绕官员的工作作风以及是否存在贪污腐化问题，纠正手段就是弹劾，也就是上奏折告状，最多也就是"风闻奏事"，至于直接干预的手段基本是没有的。当时官员们怕都察院主要是怕那些监察御史们人多眼杂嘴快，再加上都察院管的事情比较宽泛，保不齐哪件事情就"上达天听"了，然后就可能"闭门家中坐，祸从天上来"了。但六科给事中就不太一样了，它通常不太引起六部以外其他官员的注意，因为它首先针对六部，可是它的第一权限不是弹劾，是封驳，意思就是六部发往朝廷的内外奏章需要给事中们负责抄录，同时得能通过它的六科检查，否则会被退回重写。这个事情就比较尴尬了，堂堂的二品尚书级高官，奏章让一个七品官给退回来，丢面子事小，耽误了皇帝的公事这责罚可是轻不了，弄不好就有丢官丢命的危险了。

尚书作为主管堂官尚且如此，下面那些部属官员一般也就更不敢招惹给事中们了。而且执行的事情他们也管登记，逾期会参奏有司官员的。给事中们还可以"掌侍从、规谏、补阙、拾遗"，意思就是他们随侍在皇帝身边，给皇帝随时提着醒的方式就把要说的话给说了，这还就是他们的本职工作，权限以内的事情。这就厉害了，同样是上奏章参人，御史们得专门打报告，给事中们可能跟皇帝聊着天就把事情办了。当然这就是个比喻。至于给事中们汇报什么事情，这就是六科给事中相对容易被忽略的地方，也是它厉害的地方了，因为职责范围是"稽查六部百司之事"。从它的名称大家通常只会注意六部，实际还有个"百司"呢，说得再明确一些，也就是说文武百官，包括都察院，实际都在六科给事中的稽查范围之内。

这就很清楚地看明白朱元璋的目的了，六科给事中实际上是能够负责监督都察院的机构。那么都察院和六科给事中的关系会如何呢？首先应该是都察院系统感受到了压力，在和六科给事中分担监察工作的状态下，要更好地完成监察工作，才不至于被六科给事中给抢了所有的风头，不至于被皇帝认定是无能甚至是同流合污，才能一直生存下去。而这种努力工作所带来的压力，将会很快传递到文武群臣那里，这将会是朱元璋乐见其成的一个结果。其次双方应该都能意识到，对方还是很有资格为自己补充的，毕竟双方的监察重点和工作范围还是各有侧重的。当然都察院也更可以清醒地意识到，最好不要去招惹六科给事中，更不要落什么把柄在六科给事中那里。当然六科给事中也清楚都察院的监察御史们也是一群成天没事到处找碴挑刺的角色，既然双方都是那种整天找别人麻烦过日子的人，除非万不得已，否则没必要自己

先打得你死我活的。双方维持一个相安无事的状态，各自都谨言慎行一点于双方都有利。这两家能够相对老老实实地干活，才是朱元璋作为皇帝感觉最惬意的状态。

但是有一个问题还是要弄清楚的，否则就不好理解朱元璋炮制的这套监察制度了。那就是如何避免监察机关滥用权力，为所欲为，贪赃枉法，欺上瞒下等不法行为的出现。毕竟朱元璋赋予监察系统的权力是比较大的，所以如何保证权力能够按照设计正常运作而不遭反噬就很考验统治能力了。为此，朱元璋可以说是进行了独具匠心的设计。

首先就是我们前文所分析的，他采取人盯人的策略，先让都察院盯着文武群臣，然后再让六科给事中盯着都察院，当然都察院也可以盯着六科给事中，大臣们集体进入互相监督的状态了，当然也就有必要收敛自己的言行了，而更重要的是皇帝坐在终审裁决者的位置上，监察系统找事不一定就会有事，关键是皇帝是不是拿事当事。这样朱元璋就能控制住包括监察系统在内的群臣了。

其次朱元璋为了避免监察系统出现势力坐大反噬的问题，刻意运用了中国历代政治中用近侍制外臣、小吏治大臣的策略。他有意把监察系统的官员品级压到不能再低，这样这些人就很难开衙建府，起居八座，拉帮结派地形成团伙势力，而同时又授予他们很大的话语权。这就出现了监察御史们在政治上掌握着很大的话语权，却没有一个自己的势力的尴尬局面。在这种情况下，如果在对抗高官的时候不能够得到皇帝坚定不移的支持，被官僚集团消灭是轻而易举的事情。所以这些御史们的话语权就必须要依附于皇权才能发挥其作用。

朱元璋这种制度安排还会造成一个结果，那就是监察系统的中下级官员一旦开始弹劾其他文武官员，尤其是高级官员，并且双方出现正面对抗的时候，基本上不太可能有双方和解的情况发生。因为和那些高级官员相比，除了皇帝给予的话语权，普通御史和给事中们没有任何可以用来进行交换的利益和资源，所以除了和对方纠缠到底没有其他的选择，而只要赢得了皇帝支持，万一被对方暗算了，就算死了还能留个好名声，如果被对方给收买了，那可就连名声都剩不下了，连后人都会受牵连。

反过来那些高官其实也很为难，虽然自己掌握的资源和势力是那些御史言官所不能比的，真要围攻灭掉他们也没有那么费力，但是所谓胜之不武，调集力量就为灭掉那么一个小小的七品官，然后再去善后，弄不好就可能暴露整个集团势力，再被舆论所攻击，从什么角度分析都显得那么不值，如果万一还没斗过御史言官，简直就是奇耻大辱了。而失败的可能绝不是小概率事件，因为御史言官的后台是皇帝。所以对三品以上的朝廷大员而言，和御史言官正面斗争是非常不值的事情，输赢都会成全御史言官们的名声，与其这样，不如以躲为上，尽可能不要让御史言官盯上是最明智的选择了，这也就让朱元璋达到了自己的目的。

朱元璋并不完全依靠从制度层面来保证御史言官们纠查到底，同时还要保证不能徇私枉法。他同时更从人的层面予以保证

这种效果的达成。这就要说到对御史言官的选拔标准了。他选御史言官的标准比较特殊，说通俗了，就是专门挑做人重视道德感的、做事情比较认真偏执的，这样的人一旦让他们做了御史言官，基本上是上了双保险的。因为读着儒家经典长大的知识分子基本都知道"修身、齐家、治国、平天下"这一套思想，这已经浸润到中国古代相当一批知识分子骨子里了，他们已经非常认同"穷则独善其身，达则兼济天下"的理念。先做好人，再做好事，成了他们信奉的金科玉律。朱元璋又刻意去挑选他们当中那些道学先生(理想主义者，不是那种道貌岸然的伪君子)，那么这样的理想主义者被朱元璋选拔到御史言官的位置上，当他们一旦面对贪腐等恶行，那种厌恶感会从心底里激发他们的道德洁癖，立刻就会产生与恶势力不共戴天的勇气和战斗力，而做人做事的那种认真和偏执，则无形中让这种勇气和战斗力翻倍，那接下来的就是变身战士一往无前的战斗了。他们觉得自己为理想而奋斗，死亡的恐怖对他们没用，他们觉得死得其所，收买对于他们属于最大的侮辱和挑衅，只能更激发他们的战斗力而已，如果不留神把他们的执着给激发了，他们甚至于连皇帝也是敢犯颜直谏的。

朱元璋很快就发现了这些御史言官的特点，也可以说是弱点，那就是只讲道德，不通人情世故，律己严，律人也严，甚至于是天理至上。不会做事，不会变通，基本上完全生活在自己的世界里。但是朱元璋没有对这一切做出什么改变，虽然他自己也遭受到了御史言官们的犯颜直谏，但是他忍了。他不能不忍，因为他是规矩的创立者，他不能亲手破坏自己煞费苦心为子孙后代立下的规矩，何况这还是为了让大明王朝长治久安的规矩。更重要的是，对于朱元璋来说，忍受这种所谓的规矩，对他来说还不算是多么痛苦的事情，无非就是作为皇帝，少一点娱乐，多一点勤奋，这对于从小苦出身，长大经磨难，工作最快乐的朱元璋而言也没什么大不了的，所以他不觉得有什么问题。

朱元璋觉得没问题是不是就真的没问题了呢？绝对不是的！这里面大有问题。首先最大的问题会出在嗣皇帝身上，根本就不可能有一个嗣皇帝能够做到朱元璋那样，他们做皇帝首先就是必须得快乐，否则还做皇帝干什么？所以后世的那些御史言官拿对付朱元璋的那套要求对付后世的皇帝，结果一定是会把皇帝惹火了，然后两败俱伤，造成朝廷乌烟瘴气的半瘫痪状态。其次，一个巴掌拍不响，问题不光是皇帝造成的，御史言官们也必须要负相应的责任。他们的自视正确，他们的偏执过分，他们的不知变通……种种只知有己、不知有人的狂傲和自大，在朱元璋的容忍庇护，嗣皇帝的忍让宽容，群臣的妥协退缩中会逐渐发酵膨胀。朱元璋容忍这些道学先生是因为觉得他们单纯、廉洁、不会贪墨，但是他不知道世界上除了贪财、恋权还有一种贪婪叫作追名。

有一部分知识分子贪的是自己的虚名，为了这个虚名，可以以一死博清名，可以不择手段以道德制高点绑架皇帝和群臣，甚至于可以置国家利益于不顾。当时朱元璋并没有能够意识到他的容忍将会助长隐藏在那些御史言官们心中的虚荣和贪婪，而这种

虚荣、贪婪和偏执、狂傲相结合，将会在未来逐渐把这个群体带向一条邪路，进而形成一股难以制约的破坏性力量，从而给大明王朝带来无法估量的损失，朱元璋的子孙后代也会为他此时的这一决策付出极其惨重的代价。

御史言官们构成的监察制度虽然会让文武群臣感觉头疼，但是就杀伤力而言，这还不是朱元璋的撒手锏。真正的终极"大杀器"与监察制度几乎同时登上历史舞台，甚至于是更早一些的。洪武十五年（1382年）夏四月乙未（5月29日），朱元璋下旨"改仪鸾司为锦衣卫"。这看似不起眼的一道旨意却宣告了一个在未来两百多年岁月里，在大明王朝令人闻之色变的特务机构——锦衣卫的横空出世。锦衣卫前身仪鸾司的历史乍一看上去既简单又清白，它就是皇帝朱元璋的一支亲军卫队，地位也并不特别突出显赫，只不过是皇帝十二卫之一，它的职能就和其名字一样，主要就是负责皇家仪仗以及皇帝的出巡保卫工作。至于锦衣卫这个名字，还是很贴切的，因为这确实是一个衣着非常华丽的群体。但是历史就是在那一刻发生了转折，这支衣着华丽的仪仗队兼保镖随着朱元璋的旨意，开始完全走上了一条不同的道路，它自身的命运和大明王朝两百多年的国运也将发生历史性的改变，甚至对于未来都将产生深远的影响。而这种变化，就连作为当事人的朱元璋也是不可能意识到的。他大概觉得自己也就是给这个机关改个名字，稍微扩展了一下其职责，这些对于一个皇帝来说，也不算什么大事。

记载于《明实录》中洪武十五年（1382年）的旨意是这样的：改仪鸾司为锦衣卫，秩从三品，其属有御椅、扇手、擎盖、幡幢、斧钺、銮舆、驯马七司，秩皆正六品。看起来其主要职能还是仪仗队，其实这个时候锦衣卫的职责已经变成了"直驾侍卫、巡察缉捕"。很快，《明实录》里就出现了这样的记载：洪武十九年（1386年）五月甲申，处州丽水县民有卖卜者，尝干谒富室，不应所求，乃诣阙告大姓陈公望等五十七人聚众谋乱，命锦衣卫千户周原往捕之。历史记载的情况是朱元璋派锦衣卫前往地方，侦察办理一桩涉及谋反案件的情况。

这个案件的发生及其处理情况就是一个值得人们重视和琢磨的细节。首先在任何国家，威胁政权稳定和社会秩序的案件一定是作为大案要案处理的，也就是一定要调派精锐力量出动并及时处置的。其次联系前文所述背景，不难发现这个阶段正是朱元璋废中书省废相权、强化皇权的重要时期，而且朝廷也正处于"胡惟庸案"余波尚未完全平息，"李善长案"即将兴起的当口。作为皇帝，一定是希望对于此类案件的真实情况必须完全掌握的，如果是这样，那皇帝就要有把握对派出人员及力量处于绝对的掌控之下，换言之，这支派出力量要对皇帝绝对忠诚。

那我们继续分析就可以发现问题了，此时此刻，无论是皇帝的高级秘书班子，还是御史言官所组成的监察系统都已经开始建立并投入运转了，但是在遇到这种真正涉及国家安全的政治案件的时候，皇帝却压根没有打算让那些属于行政系统、监察系统以

及司法系统的官员们介入，而是直接调派了与这几个机构几乎同时建立的侍卫亲军锦衣卫来处理此事，在皇帝的心中，关键时刻哪个机构才是真正维护和支持皇权的力量，已经很清楚了。事实也是如此，锦衣卫才是那支直接受皇帝指挥，完全凌驾于所有朝臣和机构之上的神秘力量。

从开始废相权等一系列行动都可以感觉到，朱元璋显然也没有对监察制度最终感觉满意。这种人盯人的办法固然可以用，但是如何能够使这些执行盯人任务的人能够无条件地服从皇帝也是一个问题，而且这当中还有一个发现问题以后能够迅速解决的问题呢。这两个问题单纯依靠监察系统都很难解决，第一监察系统只有话语权，这个权力用于常规监督官员作风还是不错的，但是对于谋反这种威胁皇权的政治案件来说，也就是御史言官们的"风闻奏事"能给皇帝起到提醒和防微杜渐的作用，而大规模的弹劾这种舆论压力非但不会使谋反者收手回头，反而容易暴露皇帝意图或者逼其直接铤而走险。至于执行侦察乃至于逮捕谋反者，这种行动能力根本就不是监察系统所具备的，那是司法系统的能力和执行范围。但是就司法系统那个三推六问的流程在解决谋反这类关系国家安全大案的时候也是有着相当的局限性的。司法系统在审理常规案件时保持谨慎态度，坚持疑罪从无那无疑是意识的进步。但是谋反类案件不属于常规案件，甚至于很多直接源于统治集团内部的政治斗争，这种特殊问题根本就不能用常规的政府部门以常规的思路来解决。所以从实际出发，就当时的情况而言，朱元璋也确实需要有一个特殊的强力部门来为他执行保卫皇权的重要使命，因此他选择了自己的侍卫亲军锦衣卫来充当这个角色，所以锦衣卫也才能够脱颖而出。

锦衣卫确实不是一个普通的政府部门，也不再是那个简单的皇家仪仗队或者御林军的角色，甚至于特殊到在中国古典王朝的政府部门里都没有它的对应角色。近代西方国家倒是有这种部门可以参照理解，那就是情报部门。如果再加上行动能力，那就是秘密警察部门，通俗说就是特务部门。中国古代，使用特务手段，朱元璋不能算是首创者，以前的帝王们也很多都用过。但是把特务行动系统化、组织化，把特务部门公开化、常态化，朱元璋差不多算是第一人了，他这个举动实际等于开创了特务政治的先河。作为地位特殊的锦衣卫，自然比较与众不同。

首先，锦衣卫衙门不像其他亲军衙门那样散落在京城的坊巷中，而是靠近皇城（清朝改名天安门）位于明代核心权力机构的驻地。从驻地就凸显其特殊地位。其次，锦衣卫凌驾于司法系统之上，表现为它拥有自成体系的司法及监狱部门，并不接受刑部、大理寺为代表的司法系统的领导与监督，而是直属于皇帝朱元璋本人。锦衣卫的监狱分别称为南、北镇抚司，其中最先设置的是南镇抚司，北镇抚司是洪武十五年（1382年）后增设的。两个镇抚司的职权范围并不相同，南镇抚司负责审理锦衣卫内部的人员相关案件，其部门和工作性质有点类似于现代社会单位的保卫部门。而北镇抚司则完全不同于前者，真正让锦衣卫名满天下，令人闻之色变的就是这个北镇抚司。因为它负责"专理诏狱"（皇帝钦定的案件），而且可以自行（当然皇帝肯定是要批准的，至少也是要默许的）逮捕、侦讯、行刑、处决，不必经过一般司法机构。死于酷刑之下者不计其数，胡惟庸案的株连上万人应该就是其第一次的"成果"。而从胡惟庸被杀到株连整个过程，正是锦衣卫逐渐形成和发展的时期，在这场株连大案中，从侦察、逮捕、侦讯、行刑到处决，各个流程都不可能离开锦衣卫的积极活动。

锦衣卫是依附皇权生存与活动的，皇权与生俱来的特点就是至高无上且不受任何制约，所以锦衣卫也不可避免地带上了皇权的部分特点，滥用严刑拷打就是其中之一的表现，目的当然是为了口供，结果自然是不可避免地造成了屈打成招，株连甚广。很快，朱元璋就以他独特的方式表达了对锦衣卫这种滥用权力行为的强烈不满。《明实录》里出现了下列的记载：洪武二十年（1387年）春正月……焚锦衣卫刑具。先是，天下官民有犯者，俱命属法司，其有重罪逮至京者，或令收系锦衣卫审其情辞，用事者因而非法凌虐。上闻之，怒曰："讯鞫者，法司事也，凡负重罪来者，或令锦衣卫审之，欲先付其情耳，岂令其煅炼耶？而乃非法如是。"命取其刑具悉焚之，以所系囚送刑部审理。以上这段记载很多人会把它解读为朱元璋对于设立锦衣卫的后悔之举。事情经过是这样的，锦衣卫人员对犯有重罪者进行了"非法凌虐"，朱元璋知道后，下令焚毁了锦衣卫的刑具，并且进行了愤怒的训斥。我们只要稍微一分析就可以弄明白，朱元璋并未后悔。首先他承认审理案件就应该是司法部门的职责所在，然后话锋一转，开始批评锦衣卫，说把犯重罪的人交给锦衣卫负责审理，是让他们尽快审清问明情况，不是让他们用酷刑折磨犯人的。接着他明确表态：锦衣卫所为非法，最终结果以把犯人移交刑部审理而结束。所以一看朱元璋的说法及态度就很容易发现其中的奥妙。尽管从一开始就认定审理案件是司法部门的职责，但是朱元璋自始至终都并没有责怪锦衣卫是属于凌驾于法律之上非法行事的意思，而是在强调，锦衣卫的职责是要赶快审清楚重罪犯，而不是严刑拷打罪犯，刑讯逼供还没有取得口供这才是属于锦衣卫真正的失职。同时也要向朝臣们表明一个态度，皇帝只是让锦衣卫迅速审案结案，至于非刑拷打、刑讯逼供绝不是皇帝的本意，是锦衣卫自行其是、无事生非。至于下令将犯人移交刑部审理，并不是打算要废除锦衣卫特别审案权力之举，而只是要对已经闹得满城风雨的这个事件作一个了结，平息群臣之议而已。

如果说这个事件中朱元璋的处理手法让人没有完全弄清楚他的心思的话，那么下面《明实录》里的记载就非常能够说明问题了，还是洪武二十年（1387年），时间距离上面的事件也就刚刚过去了半年左右。六月……降广西都指挥使耿良为驯象卫指挥佥事。初，良在任多不法，军士薛原桂诉之，既而镇抚张原复言其不法二十余事，上命锦衣卫廉问得实，故贬之。是不是看起来让人感觉非常惊讶？皇帝还是继续让锦衣卫负责审理案件。所以说朱元璋之前焚毁刑具、斥责锦衣卫不过是事出有因，缘于他们的

工作没有做好而已,意思是要给锦衣卫一个严重警告,同时也给满朝文武一个交代罢了。所以才会在仅仅过了不长的时间,一旦发生涉及官员违法违规事件的时候,朱元璋照样还是命锦衣卫负责审查,并根据锦衣卫的审理结果对于涉案官员给予了贬官的处分。这就说明在锦衣卫建立以后,他们的活动一直是受到朱元璋高度关注甚至是亲自指挥布置的。但是在《明实录》这类官方史书有关洪武年间的历史记载内容里,涉及锦衣卫的记录并不很多,而且多数都是参与皇家仪仗的活动,剩下少量的是有关出征作战的,像关于审案内容的就只有这两段了。

有关锦衣卫的侦察抓捕活动基本上都只能在非官方历史记载里看到,在这些记载里,锦衣卫的行动是相当高效、雷厉风行甚至于差不多是嚣张的,这种记录上的反差令人感到匪夷所思。其实出现这种情况是相当正常的,这与锦衣卫的机构性质以及官方记录的任务都有关系。锦衣卫是个秘密机构,执行的大都是具有特殊背景的秘密使命,这种情况就决定了锦衣卫的行动绝大部分只能秘而不宣。即便是今天,信息资讯已经如此发达,也没有哪个国家大书特书情报机构这类特殊部门的。同时,《明实录》选择锦衣卫这两段行动记载是有其目的的,说得直白一些,就是为写朱元璋而写锦衣卫。原因也很简单,自古以来没有哪个皇帝是靠阴谋诡计治理国家的,天子行阳谋而远阴谋,崇王道而弃霸道,这是帝王一贯公开正确的政治形象。而朱元璋建立和信用锦衣卫这种特务机构实际已经对其政治形象构成一定的影响了,这是客观存在的事实，不管他自己是否愿意承认。所以在《明实录》的记载里，朱元璋对于锦衣卫的训斥和打击行动，从视觉效果上就和锦衣卫拉开了距离，这对于树立他作为皇帝的正面形象无疑是有好处的，至于锦衣卫，本来就是替皇帝处理脏活累活的特务机构，也谈不上什么正面形象，也不必在乎替皇帝多背一个黑锅。反正锦衣卫就算是背再多的黑锅，也不会影响朱元璋对他们的信任和使用，特别是在接下来的清算李善长和蓝玉的两场重大行动中，我们会看到朱元璋仍然会一如既往地重视发挥锦衣卫的作用。关于这一点已经不需要什么特别的证明了，《明实录》的记载已经完全可以说明这个问题了，试想连一个地方的小小都指挥使的疑似不法行为都需要锦衣卫负责审理明白，而后皇帝才做出裁决，那么如果对付像李善长、蓝玉这样的重量级人物，还有什么机构比锦衣卫更能够让皇帝感觉到那种得心应手、如臂使指的感觉呢？

上述种种已经充分的表明，朱元璋对于锦衣卫是给予了充分信任的，而且他对自己开创的这个制度也是有着充分信心的。就当时的情况来说，朱元璋的这种感觉也不能说是错的。但是问题和前面的制度一样，锦衣卫制度完全是为高度集权的皇权服务的，并且也是完全依附于这个高度集权的皇权的，锦衣卫与其他诸如藩王制度、阁臣制度、言官制度一样，其作用和走向是受到皇权非常大的制约和影响力量的，同时，它们也在对于皇权和皇帝产生着一定的影响力，但是这个影响力的效果也是具体要看人的。朱元璋驾驭臣下和处理纷繁的国事可以说是达到了游刃有余

和驾轻就熟的状态，除了年龄、精力这一无法逆转的自然规律之外，已经没有什么因素能够成为他掌控和进一步强化皇权的障碍了。朱元璋有理由自信他给朱家子孙后代留下了值得万世效法的制度，他已经给子孙后代把事情都做完了，累和苦也都受完了，朱家子孙就踏踏实实地做一个像样（按照他的标准）的皇帝就可以了。但是历史的发展规律告诉我们，这真的只能是朱元璋的一厢情愿而已。关于继任的嗣皇帝们的状况，我们已经分析过了，远没有朱元璋的那种掌控能力，这就没办法保证各种制度会和朱元璋在的时候效果一样，在执行中各种制度就会慢慢偏离初始目的，甚至于会逐渐失控，毕竟制度是死的，人是活的，只有人才能保证制度的执行效果，而人这个因素，根本就是朱元璋没办法保证的，甚至就是被他所忽视的。就明朝的历史来看，嗣皇帝们甚至不需要整体赶上朱元璋，在一个基础问题上如果能以朱元璋为榜样，他所留下的各种制度还就不会太走样，但实际上就这个基础问题嗣皇帝们能够做到的就没有几个，所以我们前面分析的制度出问题也就是时间早晚的问题了。朱元璋辛辛苦苦地劳作了一辈子，废掉了千年旧制，设计了自以为万年牢固的新制，却不料给子孙后代留下了种种的隐患。但是当朱元璋告别这个世界之时，走得却很安详，估计他相信即使制度上有了什么问题，他的子孙后代们也应该能够有智慧妥善应对，不至于出现不可收拾的局面。

朱元璋踏实放心地走了，带走了属于他自己的那一页历史。他万万没有想到的是，他亲自选定的继承人，他的皇太孙，明惠帝朱允炆，刚刚即位就已经开始着手改变他的制度，试图修正他所亲手造成的隐患。朱允炆的举措叫作"削藩"，针对的正是朱元璋的分封诸王的制度，"削藩"不是朱允炆的发明创造，从汉朝以来，古已有之。按照概念化的说法，"削藩"是封建制度下君主为了收回诸侯或地方割据势力手中的部分或全部权力而实施的政策。附加后果就是由于利益冲突，削藩常常引发政治动荡，甚至军事对抗。不过从投入产出比来计算，这个举措也是维护皇权的皇帝们所必须坚持做的。而从历史的一贯大趋势来看，朱允炆的做法旨在加强皇权以及中央集权，这属于无可争辩的正确，但也就是这个正确的、符合历史发展趋势的目的，连同他和他的团队以及那些志大才疏的具体措施，使得朱允炆和属于他的那页历史被迅速地翻了过去，并且迅速在历史上销声匿迹，连在历史上再次出现的机会都没有了。历史只记住了朱允炆正确地开始"削藩"，却没有再给他机会让他把事情做完，也更没有再给他机会，让他也去制造留给子孙后代的隐患，所以这既是他的不幸也是他的幸运。把朱允炆和他的历史翻过去的人是他的亲叔叔，大明王朝的"塞王"之一，封地在北平（今北京）的燕王，明太祖朱元璋的第四个儿子，明太宗（嘉靖皇帝改谥"成祖"）朱棣，旗号则是"靖难"，这正是前文叙述过的朱元璋授予藩王的权力之一。这就颇有些黑色幽默的味道了。

继往开来

据历史记载：大明建文四年（1402年）七月初一（7月30日），燕王朱棣祭祀天地，即皇帝位，诏告天下，大赦囚犯，同时改元建文四年为洪武三十五年，次年改为永乐元年（1403年）。这段短短的文字宣告了历史翻开了新的一页，大明王朝从洪武时期即将跨入永乐时期。至于曾经的建文皇帝朱允炆，已经在大约半个月前，随着南京城破、皇宫起火这些事件发生而"不知所踪"了。既然朱允炆已经退出了历史的舞台，那么"建文"这个已经在历史上存在了四年之久的年号，也即将要随着它的主人——朱允炆一起，逐渐湮没在历史的长河之中，除去后世史学家，将鲜有提及者。虽然朱允炆实际下落不明，但是随着时间的推移，只要他一直不再出现，他的影响力就会不断消融和瓦解，而不管他是否还在人世，他的政治生命都已经宣告终结了，作为一个根基尚未完全巩固的统治者，朱允炆在政治上存留的时间不会持续太长。朱棣已经可以着手开启属于他的永乐时代了。

朱棣坐上皇帝宝座以后，首先就是宣布恢复太祖旧制。朱棣本身是以"靖难"旗号起兵夺得皇位，巩固皇位、安抚人心是他的首要任务，所以恢复旧制是支撑他的"靖难"合理合法性的最佳口号选择。

建文四年（1402年）九月（《明史·成祖本纪》的记载时间为八月），朱棣简选翰林待诏解缙、修撰胡广、编修杨荣等七人入值文渊阁。而文渊阁这个地方在朱元璋时期就是文臣与皇帝研读之所在，入值侍读的文臣奉旨备咨议，拟制诰。用现在的眼光看就是一个高级文秘办公室而已。入阁的这七个人倒是也有着一个共同的身份，都是主动投靠支持朱棣的建文朝的文官。所以在当时大封靖难功臣的大背景之下，人们也没有觉得这个事情有多么突出，而且这七个人当时也不过属于五品的中级官吏，也就不会吸引人们更多的关注。而就在人们普遍不关注的情况下，到了永乐二年（1404年）立太子后，这些人的职务又被朱棣做了进一步的调整：其中解缙进为翰林学士兼右春坊大学士，春坊属詹事府，负责辅导太子；杨荣进侍讲，杨士奇进侍读，又简选中书舍人；进士黄淮，授翰林院编修，户科给事中；进士金幼孜授翰林院检讨；通晓天文的举人、原桐城知县胡俨，因解缙推荐，授翰林院检讨。至此入值文渊阁的七人，其职务中又多了一个共同的属性——翰林院官员兼职内阁成员。而也就因为他们的本职仍是翰林院官员，所以并不另置官属，都在文渊阁按时轮值，在皇帝左右，参议朝廷政务，成为皇帝的参谋。为与外朝的六部大臣相区别，殿阁文臣泛称为阁臣。阁臣无行政权，不得直接管理六部诸司事务，诸司奏事也不得通告阁臣，但阁臣受到皇帝的礼重。

朱棣的这一改制具有双重目的，借这些文官名人招揽、稳定人心，营造自己礼贤下士的正面形象，多少冲淡消弭一下之前大规模清洗建文帝死忠的肃杀恐怖气氛。同时，朱棣刚刚接掌政权，虽然不是百废待兴的艰难，但人心浮动，万事头绪繁杂，能够有人从旁协理自然对他有益无损。毕竟朱棣也没有修炼出朱元璋那种过人的精力和工作能力。如果单纯从表面上看，朱棣的这次改制动作并不大，而且也不那么引人注目，特别是从恢复祖制的角度，显得还是非常到位的。但事实上，朱棣自己未必能够意识得到，他干的这第一件事情就已经决定了此后二百多年大明王朝的中枢基本政治制度的走向。

从地位和作用角度，朱棣的改制具有承上启下的意义，一方面将朱元璋开创的殿阁大学士制度从形式上给予了继承；另一方面又将这一制度进行了创新性发展。朱棣的新制只是形式上与殿阁大学士制度相类似，实际细微的创新之处很多。例如新组织开始形成了成员选拔标准化，翰林院出身成为了新组织成员们不成文的身份标准，这将让他们和科举制紧密地联系在一起（不是科举的佼佼者不能入翰林院属于定制），从而将会拥有源源不断的新鲜血液补充，而且还都拥有深厚的学识底蕴。新组织的成员有了与其他朝臣相区别的统一称呼——"阁臣"，这就已经为他们日后名正言顺地凌驾于朝堂之上的特殊化地位解决了称呼问题。

这就开始形成了内阁组织形态制度化。当然阁臣们从当时地位和职责上看，仍然只是皇帝的参谋和智囊团，仍然没有行政权，仍然不能直接管理六部事务，甚至于他们的品级仍然只是五品而已，远较六部长官为低。但是他们却有来自于皇帝的礼重，虽然这种礼重在现阶段可能只不过是朱棣个人的一种怀柔策略（从他日后收拾这些阁臣的手段来看就是），但这就是变化的开始，阁臣和皇帝的关系已经不是当初的殿阁大学士们所能比较的了。

而且朱棣居然还把他的皇太子培养工作也交给了这些阁臣，这就预示着在朱棣身后，阁臣和嗣皇帝的关系会发生进一步的改变，而这种改变将会是质变，朱棣的礼重就是客气一下而已，君臣双方关系的主动权还是在皇帝手中的，可朱棣的安排就让自己的继承人无形之中和阁臣具有了师生之谊，有了这层关系以后，皇帝的礼重可就不是单纯的客气了，一定程度上，大明王朝的君臣关系主动权就会开始转换，这对于未来政治上的走向将会产生不可估量的推动力。这就开始形成了内阁地位特殊常态化。再加上前面说过的成员选拔标准化和组织形态制度化，至此，内阁已经开始作为一个明朝中枢机构中不可或缺的常设机构而非临时机构登上了历史的舞台。所以从历史的深远影响来看，明成祖的这一举措，为明朝的内阁制最终奠定了基础。

朱棣并没有意识到，他整改动作不大的改制恰恰改变的是朱元璋设立制度中最核心的本质内容，朱元璋刻意地让殿阁大学士们保持那种非制度化、临时机构状态是有其目的的，只有保持那

种松散的状态,殿阁大学士们才能无法形成组织和势力,才只能死心塌地地依附于皇权,为皇帝所驱使。而朱棣改变了这个最关键的核心问题,等于解开了朱元璋的封印。当然这不是说朱棣决策上的失误,这恰恰反证了朱元璋所建制度完全依赖于其个人能力的保障而非制度保障,这就必然带有临时性和不可持续性发展的固有缺陷。所以说朱棣的改制行为并不是简单的个人好恶,从根本上还是皇帝对于辅政力量的需求和相权反弹的合力使然。当然以上的分析并不意味着在永乐朝,内阁制度就已经开始在朝廷中枢发挥影响力了,与未来那个呼风唤雨、制约皇权的内阁制度相比,此时此刻它还仅仅是一个被解除了封印的雏形,并不具备任何实质性的行政权力,仍然还只是一个皇帝的参谋智囊团,而且所有的阁臣都还必须规规矩矩地蛰伏于朱棣的皇权之下。朱棣对于内阁的控制能力,终其一生都没有减弱过,例如他曾经授意锦衣卫杀掉了解缙,也曾经把后来的内阁首辅(永乐年间还没进化出这个位置)杨溥扔进锦衣卫的"诏狱"蹲了十年之久,所以阁臣们的日子在朱棣治下还是如履薄冰的。同时阁臣们从品级待遇上也尚不能对其他朝臣形成优势,尤其是六部的尚书(正二品)们,双方根本就不在一个层级上。

永乐年间的内阁虽然开始制度化,但是在实际地位、权力、影响方面,与洪武年间的殿阁大学士并没有太大的区别。但是这个时期的一个趋势应该被注意到,那就是由朱元璋亲自设计、朱棣继承和发展的收相权于皇权,独掌六部于皇帝手中的阁臣制度,刚刚历经父子两代皇帝,不过三十余年的时间就已经开始呈现种种逆转迹象,实际在历史上连百年时间都没有超过,内阁制度就已经大有超越丞相制度之势,并且还在一定程度上对皇权形成了制约作用。这一切的逆转与变化之快是始作俑者朱元璋万万不会想到的。这就是任何人也无法逆历史潮流而动的结果。而事实上,在朱棣的统治时期就开始出现逆转之势的又岂止是一个阁臣制度,还有另一个已经在历史中活跃了上千年,被朱元璋封杀而蛰伏的群体也在此时此刻,因为朱棣的改制而等来了属于他们的历史机遇。

这个群体就是和王权、皇权如蛆附骨、紧密相随了上千年的那个宦官群体。宦官制度同样历史悠久,准确地说它是皇权(王权)制度与一夫多妻制的共同伴生产物,当然其存在基础主要是皇权(王权)制度,所以当皇权(王权)制度灭亡之日,也就是宦官制度消亡之时。宦官是最高统治者的奴仆这是毫无疑问的,但这却在无意中造就了宦官的几个得天独厚的优势:他们是和最高统治者距离最近的群体,他们是和最高统治者相处时间最长的群体,他们同时也是在深宫内院中,最高统治者在遇到任何突发事件时,第一时间所能找到和依靠的力量(宫中的守卫力量是不能进入内廷的,只能把守大门)。在秦始皇确立皇帝制度以后,宦官制度也延续下来为皇帝制度服务了。与皇权的超近距离和与皇帝的特殊关系,使得宦官们在极其特殊的情况下具备了染指皇权的可能性与能力。而在中国古代的各个王朝中,这种极其特殊的情况却也是反复多次出现过的。自古以来就有皇帝英年早逝的情况发生。而一旦这种情况发生，势必出现"主少国疑"的情况，虽不能说这种情况发生后宦官必然能够染指皇权，但至少发生的几率会大很多，即便是宦官集团与其他集团角力发生了争夺皇权控制权的斗争，也能够清楚地表明宦官集团是在试图控制皇权。这种情况在中国古代历史上的特定名称是"宦官专权"。在明朝以前出现宦官专权问题比较集中的朝代是东汉和唐朝。都是集中发生在王朝的末期，皇帝英年早逝，即位的幼帝或是依赖于宦官，或是受制于宦官，最终演变至宦官操控皇帝之废立于掌上，在历史上留下了极其严重的影响的同时，也在历朝历代的皇帝心中投射下了一抹不祥的阴影。除去这典型性的两个朝代以外，其他朝代也出现过类似的情况，只不过就是数量、规模、影响均不及汉、唐两朝而已。如果理性地分析一下，宦官专权与后宫干政、外戚掌权、权臣胁主这些政治现象在本质上并没有什么不同，都属于皇帝发生意外不能正常理政，造成皇权旁落的结果。因为在封建社会的法理上，只有皇帝掌控皇权是合理合法的，其他任何势力和个人涉及和掌控皇权都是非法。只不过因为暂时操控皇权的政治集团不同，所以给予的名称不同罢了。从这个角度来认识，宦官集团也并不是一定就要比其他那些政治集团更卑劣、更灭绝人性。那为什么在各种历史记载中，宦官专权通常都是恶政时期，宦官也大都是反面形象呢？其实，就皇帝以外的各种摄政集团而言，历史的评价也多数都不高。除非那个当朝的皇帝已经是十分不堪的亡国之君了，否则都不能肯定其他政治集团执政的合法性。因为绝对不能肯定、鼓励他人对于皇权的任何觊觎之心，这是皇帝掌控皇权，他人不得染指的"政治正确"基本原则所决定的。同时这也和中国古代的主流价值观有密切的关联，古人素来强调"不孝有三，无后为大"和"身体发肤，受之父母"的观念，宦官是那个时代的"六根不全"之人，也不可能有后代。主流价值观一下突破两个，过去的文人士大夫（掌握主流话语权的人物）对宦官的基本态度就是嗤之以鼻，耻于和其为伍的，所以也就不可能有什么正面评价了。同样道理，当时的文人士大夫们对于后宫干政也通常评价不高。另外宦官群体自身问题也比较大，宦官当中多数个体出身极其贫寒低贱，且文化素质普遍不高，难免一朝扶摇直上，再加上权力得来不正，及时行乐心态外加一些扭曲心理，在实际当中的一些做法想不招怨恨都困难。各种因素叠加，历史记载对于宦官主政基本没有正面评价是非常正常的。而宦官专权的事例，或者通过正史，或者通过演义，到明朝建立之前，人们对此不说是耳熟能详也起码是并不陌生了。所以即便对于丝毫也没有接受过正规教育的朱元璋来说，对于这种历史的教训也是有所耳闻的，更何况他后来在和刘伯温、李善长等一批知识分子们长期接触交流的过程中，对于宦官专权的危害性认识得更加透彻了。所以大明王朝一开国，朱元璋就本着未雨绸缪的高度警惕性，下旨多方对于宦官们给予近乎严厉的各种限制和打压。据历史记载：明太祖即位，力斥宦官。说宦官"善者千百中不一二，恶者常千百。若用为耳目，即耳目蔽。用为心腹，即心腹病"，所以只可供洒扫使令。明太祖定制，内官（宦官）不许读书识字，诸司不得与内监（宦官）文移往来，"内臣（宦官）不得干预政事"（《明史》卷七四及卷三百四）。朱元璋除了上述这些打压宦官的措施以外，还从级别待遇等方面刻意地把宦官和朝臣拉开距离，例如他规定宦官不得穿着外臣冠服，不得兼外臣的文武衔，而且宦官的品级不能超过四品，甚至他还把"内臣不得干预政事，预者斩"的禁令铸成铁牌，悬置宫门进行警告。在朱元璋极力将宦官排除出权力中心的同时，却是在各个方面放手使用宦官，其范围从服务于宫廷生活，到参与政事，逐渐形成了一套行政权力机构。在洪武末年，宦官已经形成十二监、二司、七局等机构，共二十一个衙门，规模已经相当庞大了，不过宦官集团虽然人员数量众多，但在朱元璋的严厉管束之下，仍属内廷服役，不预外朝，确实也还没有形成染指皇权的政治集团。

　　随着永乐时期的来临，形势开始发生悄然的变化了。首先就是朱棣对于宦官们态度的变化，还是藩王的时候，朱棣就不像朱元璋那样对宦官抱着提防和敌视的态度。他当时首要考虑的问题是自保，随时随地弄清楚皇帝的动向和心思就是自保最有价值的情报，宦官就成了朱棣最有价值的情报来源。在靖难之役中，朱棣获得的南京空虚的情报正是宦官送给他的，这才让他下决心渡江直趋京城，与朱允炆决战，从而一举奠定了胜局。皇位到手以后，朱棣也没有忘记宦官的功劳，他对于宦官们所给予的回报就是信任和依靠。朱棣把宦官作为亲信和心腹看待，这就从根本上改变了朱元璋的既定国策。从永乐时期开始，宦官们开始变得活跃起来。例如：永乐元年（1403年），宦官李兴奉旨出使暹罗国。永乐三年（1405年），宦官郑和率舟师下西洋。永乐八年（1410年），都督营有宦官王安等。又命宦官马靖镇守甘肃、宦官马骐镇守交趾……乍看起来，这些事情也都不算什么大事，也不是说宦官们就此进入了政治决策层了。但是这些事例释放了一种政治上的信号，那就是宦官们也可以光明正大地登上政治舞台了，这就等于把朱元璋加给宦官集团的政治封印给彻底解除了，从此大明王朝的政治舞台上又增加了一支力量，而且朱棣本人也不会想到，他所释放的这支力量的活动，未来将与大明王朝的命运紧密相关。

随着宦官集团的政治身份和其活动逐渐合法化，其力量也在逐渐增强，这一点首先突出表现在宦官所属机构的进一步膨胀上。到永乐时期，宦官机构已经从二十一衙门扩充到了十二监、四司、八局等机构，共二十四个衙门，并且自此成为了明朝的定制。其中细致划分为：十二监：司礼监，御马监，内官监，司设监，御用监，神宫监，尚膳监，尚宝监，印绶监，直殿监，尚衣监，都知监；四司：惜薪司，钟鼓司，宝钞司，混堂司；八局：兵仗局，银作局，浣衣局，巾帽局，针工局，内织染局，酒醋面局，司苑局。其机构人数之多，规模之大，涉及范围之广，在历史上也是罕见的。而其中又以司礼监和御马监地位最为突出和重要，我们把它们的地位职权完整抄录如下。

司礼监：为整个宦官系统中最高的权力机构。司礼监设掌印太监一人，秉笔太监数人，负责皇帝的公文处理，是相当于秘书的职权单位。司礼监的主要职权为：1. 在皇帝的许可之下替皇帝抄写奏折上内阁的批文，传宣谕旨。2. 总管所有宦官事务。司礼监不仅在各宦官机构中处于"第一署"的地位，而且实际上也居于总管、统领其他宦官机构的地位。司礼监总管大太监为所有宦官的首领。3. 兼顾其他重要官职。如南京守备或专由司礼兼领，或为司礼外差。司礼监总管大太监有时会兼任东厂提督一职。

御马监：宦官系统中仅次于司礼监的第二大宦官衙门。因掌握了军队（实为保安类武装队伍），对朝政有一定的影响力。职权：1. 负责龙骧卫与虎骧卫的军队调度，随时保护皇帝安全。2. 配合锦衣卫负责必要的仪仗。3. 负责御厩兵符以及草场的管理。4. 替皇帝打理皇庄皇店。

当然以上的这些职权是宦官二十四衙门发展到鼎盛时期完整的状态，在永乐初年并没有达到这个程度，有些机构还要等到永乐后期才能出现，比如上文提及的东厂。并且"太监"这个称谓实际上最初是十二监中的每监的负责官职，后来逐渐泛化为所有宦官的代名词了，也从另一个侧面反映了"太监"影响力的逐渐扩大。

《明史·宦官传序》中曾经提到：从永乐年间开始，宦官得有出使、专征、监军、分镇、刺臣民隐事诸大权。东厂的权限只不过是这些所列权限中的最后一项而已，也可以反映出朱棣对于宦官的信任。就拿出使一事来说，人们最熟悉的是郑和下西洋之事，在郑和之前，就不止一位宦官作为大明王朝的使节出访各国了。据历史记载：明成祖朱棣曾于永乐元年（1403年）派马彬出使爪哇，赐给爪哇国西王（时有东、西二王）都马板敕书及王印，作为对其遣使朝贡明朝的回礼，并往谕苏门答剌等部，带去文绮纱罗等织品。又遣宦官李兴等持敕书往暹罗，见暹罗国王。宦官尹庆等往满剌加（马六甲）、柯枝（柯钦）等国。所以在此基础上，于永乐三年（1405年）派郑和、王景弘率领船队，进行规模宏大的出使活动也是顺理成章的。郑和本人受过比较良好的教育，在宦官群体里，完全属于是那种难得的、屈指可数的正面人物。而且虽然很早就受到朱棣的宠信，但是终其一生也和"弄权"这种事情搭不上边。相反地，他一生的多数时间却都与远洋航海结下了不解之缘。由其统帅的七次下西洋的壮举（六次发生于永乐年间），成为中国古代远洋航海的绝唱。

虽然宦官机构在永乐年间已经发展完备，也仍然是明成祖朱棣完全掌控下的服务于皇权的机构，朱棣对于皇权的控制从未有过丝毫放松。所以即使朱棣解开了宦官集团的封印，但是他的控制力极强，所以这个集团可以为他所用，而且无条件忠诚于他，在永乐年间可以不出任何威胁皇权的问题。朱棣和朱元璋的问题是一样的，那就是他也不能保证自己的子孙后代有着同样的控制力，可以不会受到任何政治集团的影响与威胁。所以说他和他父亲的政策多是利在当代，祸及子孙。

被朱棣解开封印的绝不仅是宦官集团，还有一股我们已经非常熟悉的势力，那就是锦衣卫。朱元璋焚毁刑具、严加训斥以后，在洪武末期，锦衣卫淡出了人们的视野。建文时期，朱允炆要改弦更张，以仁义旗号治天下，那就更不能启用锦衣卫了，而且以他的柔弱性格，能否驾驭得了锦衣卫这种强力机关还未可知呢，所以这个时期锦衣卫应该是属于真正的雪藏状态。

但是随着靖难之役的开始和结束，朝局重新开始动荡，由于朱棣属于武力夺取皇位，即便有靖难旗号作为掩护，但是文武群臣当中不以为然者也绝不在少数，所以其面对的形势严峻程度并不亚于其父开国初期。面对文武群臣们的反抗、抵触、疑惧、观望……朱棣必须采取行动巩固自己的皇权。建文皇帝的死忠之臣虽然殊死抵抗，但那是他在明处的敌人，属于最好对付的，最重要的是那些表面顺从的敌人有多少、都是哪些人，这是朱棣急于弄清楚的，要解决这个问题，锦衣卫是他最好的选择，也是他必须依靠的力量。就这样，朱棣为锦衣卫解开了封印，让这个组织重新堂而皇之地活跃起来了。所以从永乐元年（1403年）到永乐十四年（1416年），锦衣卫较之洪武时期更加嚣张了，这也是情理之中的事情。

正是因为朱棣按照是否忠诚于自己来区别对待文武群臣，所以他对于靖难之中主动追随他起兵且孔武有力的纪纲给予了充分信任，表现就是让此人接掌了锦衣卫，成为了这个组织的第四任指挥使。自此，此人与锦衣卫的作风完全沿着飞扬跋扈这条道路一路飞驰而去，从此再没有回头。在多种历史的记载中，对于锦衣卫指挥使纪纲的个人能力都是给予肯定的。对于其人性和品德，普遍评价不高,这个也比较正常,就他所在的职位,想得一个比较高的评价不是很容易。但是对其死因的说法却有一定的出入。明代官方史书的结论是谋反。其他说法有说卷入了太子之争的,有说因为跋扈的,有说因为他擅杀当时的忠臣的……其实他的死因根本还是在于朱棣的态度。作为锦衣卫的掌门人,他的权力足以压制住朝臣,但是这里面一定有个度的问题,如果大家怕锦衣卫而最终怕皇帝,那皇帝和锦衣卫就是一条战线的,而且锦衣卫如何飞扬跋扈也都是无关紧要的,因为皇帝默许了。但是如果皇帝认为锦衣卫的权势过头了,威胁到皇权了,那锦衣卫就变成了皇帝的敌人了,那结局也就不用说了,至于谋反还是干了什么别的,那不过是皇帝杀纪纲的理由而已,以谋反最为有力和方便罢了。杀纪纲不过是行动的第一步。永乐十四年(1416年),锦衣卫指挥使纪纲以谋反罪被凌迟处死,家人全部流放边疆。

四年以后,永乐十八年(1420年),朱棣下旨,设置东缉事厂,简称"东厂",命宦官主持,刺探大小事情,随时奏报。这一年北京的宫殿也正式完工,第二年朱棣正式迁都北京。东厂也随之迁入北京,坐落于今天北京的东厂胡同,管东厂的太监头目多由司礼监太监充任。东厂的官校们也一直称司礼太监为宗主,如果兼职管东厂,则改称"督主",其下设掌刑千户和理刑百户。其"诏狱"就布置在其衙署以内,今天遗址还在。东厂负责秘密侦察朝内外官员动静,连阁臣的日常行动,也在监视范围,并由宦官秘密陈报皇帝。甚至于连锦衣卫也在东厂的监视范围以内。

其实锦衣卫和东厂职权并无区别，都是特务机关，也没有规定说是东厂负责监视锦衣卫，但是关于职责的事情得分理论和实际两种情况。双方按照规定平级和相互监视就是理论上的事情，但在实际当中，皇帝的态度才是最重要的决定因素。至于锦衣卫和东厂在皇帝心目中孰轻孰重，只要看看这样一个事实：在已经有了锦衣卫这样一个机构完备、实践经验丰富的特务机构之外还要另起炉灶，再建立一个明显不是摆设的特务机构。从制度上说，锦衣卫确实可以监视东厂，也可以向皇帝递送关于东厂的秘密报告。可是如果和东厂相比较的话，在打小报告的事情上，锦衣卫明显已经处于下风。首先就是皇帝对于锦衣卫的态度已经开始改变了，那么锦衣卫告发东厂就不一定能够成功，倒是把自己告下来可能性提高了不少。其次，锦衣卫找皇帝告状，明显没有东厂方便。因为锦衣卫属于外官，即使属于特务机构，也需要用奏疏的正式方式向皇帝反映一切问题，皇帝如果不召见，是不能随意进入内廷见皇帝的，这是宫禁最基本的规矩，叫作内外有别。但是东厂就不一样了，东厂的主管通常就是司礼秉笔太监兼职，这些人跟皇帝一样住在紫禁城里，而且属于寸步不离地跟着皇帝，这简直就是打小报告的天然角色设定了，还属于是全天候，可以在任何时间、地点，看皇帝的心情，决定打小报告的内容。锦衣卫在这方面与之相比，完全不具备任何优势。

东厂的设立，标志着明朝著名的"厂卫"特务机构至此已经完全成型，明清时代的特务政治已经完全成为定制，厂卫特务已经开始作为明朝政治生活中一支不可或缺的力量出现,并且将会一直影响、干预、推动着明朝的政治发展,直到明朝结束。和锦衣卫一样,东厂不仅仅是无孔不入的情报机关,同时也是一个强力执行机关。据历史记载:东厂最盛时,下属爪牙达十五六万人,布满全国,多以"轻黠猥巧者"充之。其役长称"档头",下边办事的人称"番子"。得到密告,先由番子密白于档头,后由档头率番子捉人,如果不属于案情重大,被捉者给予贿赂或可脱身,如果案情重大或是未奉贿赂,难免身送"诏狱",遭遇非刑拷打,轻则骨断身残,重则立毙当场。东厂本身拥有土地田庄,岁收子粒,专为修理刑具之用。所以东厂设立之后,气焰颇为嚣张,朝野上下,一时为之震悚,避之唯恐不及,连锦衣卫也逐渐不能与之争锋。对于朱棣而言,当时必须重视的是另一个问题,那是真正关系到他的皇位是否稳固的现实问题。这就是他老爹留给他和子孙后代们的藩王问题。

藩王威胁中央集权的问题到了建文年间,早就不是一些人所担心的隐忧而是已经变成了现实的问题,而且已经从一个小麻烦变成了一个大麻烦。而随着靖难之役朱棣的成功登基即位,这个问题并不意味着已经解决了,而是更加凸显在了所有人的面前。朱棣在权衡了一番利弊得失之后,仍然决定继续"削藩",最终还是对祖制和藩王兄弟们下手了。

朱棣的"削藩"行动很有特点,行动开始早(几乎即位就开始),持续时间长(几乎贯穿了整个永乐时期),而且涉及人员范围广（除了其兄弟还有儿子）。他即皇帝位后，则为被削夺的周王、岷王、代王、齐王、湘王等恢复王封。这是让"恢复祖制"的旗号落在实处，凸显自己师出有名。同时也让这些复位的藩王对自己感恩戴德。而当其皇位巩固以后，朱棣就开始依靠锦衣卫等机构密切监视诸王行动，然后在一个相当长的时间里，有计划、有步骤、有区分地采取"削藩"的行动。行动的对象主要针对有护卫军的"塞王"，目标则是削夺他们的护卫，收取军权。即使都是"塞王"，朱棣也针对不同情况，采取不同的办法。

第一类就是那些曾经被建文皇帝"削藩"过的藩王。对于他们，朱棣基本上都是在复封的基础上再罗织罪名予以打击。至于力度，看皇帝的心情和藩王的配合程度而定。例如永乐元年（1403年）正月，代王朱桂复封归藩后，十一月间，明成祖敕列代王纵戮取财等三十二罪，革去三护卫军及官属。齐王朱榑复封后，以护卫兵据守青州城。永乐四年（1406年），成祖召齐王来京，面斥其过。齐王反驳说，奸臣们喋喋不休，又要学建文时吗？当尽斩此辈。成祖大怒，将齐王拘留京师，削去王封，废为庶人。岷王朱楩复封云南后，永乐六年（1408年），成祖指其杀戮吏民等罪，削去护卫及官属。周王朱橚复封开封，永乐十九年（1421年）成祖召他进京，说有人告他谋反。周王顿首谢罪，被迫献还三护卫军。可以看出，对于这类藩王，如果明白皇帝的心思，把护卫军革了，也就不再继续追究了。齐王属于不服还非要拿靖难说事儿，不是不明白皇帝心思，这是太明白皇帝心思了，自己还不甘心，最后落个身囚爵废的下场。至于周王，倒不是因为朱棣格外对他法外开恩，那是因为这是朱棣一母同胞的弟弟，如果做得太绝谁面子也都不好看，所以朱棣给了个暗示，周王以行动表示自己明白了，然后皇帝和藩王各得其所，没有撕破脸面。

第二类藩王属于在靖难之役中有所表现的藩王，朱棣按照他们的站队情况先恢复王封，再根据不同情况进行处理。例如辽王朱植（太祖十五子）封藩广宁，防守北边，屡建军功。成祖起兵，辽王渡海至南京，改封荆州。永乐十年（1412年），成祖削夺辽王护卫军，只留供役使的军校厨役。谷王朱橞（太祖十九子）原封宣府，成祖进兵南京时，在南京城中开门迎降，改封长沙。永乐十五年（1417年），被告发图谋不轨，削去王封，废为庶人。这两个藩王的处置结果就是大相径庭的。原因也很简单，辽王虽然没有帮助朱棣靖难，但是他去南京是遵照建文皇帝旨意去的，而且去南京以后也没有帮助建文皇帝，属于两不相帮的围观群众角色，没有功劳但也没有罪行，并且基本上摆出一副任凭处置的姿态，所以最终朱棣削了他的护卫军也就不追究了，当然也没有多善待他，堂堂藩王也就剩下了最基本仆役阵容。但是他自己站错队了，落这个结局也就算是善终了。

谷王就不一样了，首先是靖难之役中，他是金川门守将。当朱棣兵临城下之时，他开门献城请降。虽然算是朱棣的功臣，但是朱棣对他的叛变行为还是耿耿于怀的。朱棣的心思在杀另一个献金川门的守将李景隆的时候表示得非常清楚。面对当时李景隆以献门有功的表白，朱棣回答：幸是朕来，若他人来，汝亦开门邪？潜台词就是：你今天能背叛建文皇帝，他日也一定能背叛我。谷王的角色、行为和李景隆没有任何区别。如果他不再以献门之功臣自居，安静以求自保，其待遇不见得比辽王更差。偏偏他以靖难功臣自居，对于"削藩"国策不理解、闹情绪，最终和齐王一样，落个身囚爵废的下场。

宁王朱权比较另类，他与朱棣同属"塞王"，且兵力为朱棣所用，自身为朱棣所劫，被迫位列靖难功臣之列。但是他却没有天真到相信朱棣"中分天下"的鬼话，而是只想讨一块封地颐养天年罢了。历史记载：朱权请求改封南方。当他要求苏州时，朱棣回答：苏州属于畿内。当他要求钱塘时，朱棣则说：先父将它赐给五弟，终无结果。建文帝无道，在钱塘封其弟为王，也未能享受。建宁、重庆、荆州、东昌都是好地，你随意选择吧。宁王就心知肚明地不再请封了，而是任凭朱棣发落，据历史记载：在永乐元年（1403年）二月，改封南昌，朱棣亲自写诗送行，命朱权以布政司为宫邸，建筑规模毫无变更。不久，有人告发朱权用巫术害人，并且诽谤别人，成祖命人秘密查访，未获证据，于是停止追查此事。从此以后，朱权终日韬光养晦，并建造书斋一间，弹琴读书于其间，因此，朱棣在位期间，朱权未遭祸患。但是韬光养晦的朱权却把对朱棣的不满忍在了心里，传给了后人，直至百年以后，双方的子孙还要再起争端。

至此，朱棣以实力为基础，有步骤地分别削夺诸藩，收取军兵，取得一定的成效，但太祖制定的分封制度他并没有改变，也没有敢去触动。因为真要废了分封制，恢复祖制的旗号就不好使了，也就真的把那些藩王推到自己的对立面上了，而且主要是他也没有更好的办法去安置那些兄弟们，更何况他自己也有儿子们要安置呢。历史记载：永乐二年（1404年）成祖立长子为皇太子，次子高煦封汉王，藩国云南。高煦不肯就藩，居留南京，请增两护卫，得有三护卫军。从成祖北征，有功。永乐十三年（1415年）改封青州（今山东青州市），私募兵士劫掠。次年召回南京，削去两护卫。永乐十五年（1417年），徙封安乐州（今山东惠民）。朱棣在安置自己的儿子朱高煦的过程中，由封藩到削藩，时间虽然短暂，但是却和从朱元璋到他自己的历程几乎一模一样。当然他最终也的确没有那个勇气和胆量彻底废除分封制，也就和他的父亲朱元璋一样，继续给子孙后代和大明王朝留下了隐患。所不同的是，由于有朱元璋的"前车之鉴"，朱棣完成这一过程不仅时间要短暂得多，而且对他自己儿子的防范主观目的性非常强烈，就连封地都是放在临近首都的地区（都城在南京，封地在黄河以南；都城迁北京，封地在黄河以北，紧邻河北），以便于直接监视和平叛。

朱棣通过"削藩"，基本上彻底消除了藩王势力对于皇权的实质性威胁，巩固了皇权的稳定，但是却不能最终解决藩王们在分封制下对于大明王朝所造成的其他各种问题。诸如皇室诸王，恃权不法，仍然就是朱棣在位期间始终困扰他的难题。这也是朱棣咎由自取的结果，他既然关注的重点在于严防诸王造反威胁皇

权,那势必就要在诸王的生活奢侈、欺压地方、鱼肉百姓等方面多少有所让步,这也算是他和诸王的一种政治上的默契交换。但是这个口子只要一开,就一定是一个逐渐泛滥的趋势,未来败坏明王朝基业的诸多因素中,势必会有这一项。

当然在永乐年间还没有出现什么大问题,有朱棣在那儿盯着,诸王也还算是中规中矩,没有敢惹出太大的麻烦。所以朱棣在一方面注意"削藩"弹压诸王势力的同时,另一方面还要把注意力转向同样马虎不得重要问题,那就是他的皇位继承人的问题。

单纯从历史记载看,朱棣在选择皇位继承人方面似乎不存在什么问题,实际却远不是历史记载这么简单。这个问题与明朝的中枢政治机构未来的发展方向是密切相关的。其实自周朝创立宗法制以来,中国古代汉族王朝的皇(王)位传承(立储)制度就基本上是以此为圭臬的。宗法制的核心就是嫡长子继承制,基本原则就是"诸子立嫡不立长,嫡子立长不立贤"。以此解决贵族们在立储、爵位和财产继承方面必然会产生的各种矛盾问题。关于立储的立长立贤问题,一直都困扰着明朝以前的很多皇帝。而到了明朝,朱元璋不困惑也不被困扰,他从行动上就是嫡长子继承制的拥趸,坚定不移地推行长子长孙继承制,然后就发生"靖难之役"了……再然后到了朱棣时期,由于他老爹的前车之鉴,也由于他自己就不是嫡长子即位,明显的朱棣也进入了纠结的皇帝群体,对于这个问题没有马上给出干净利落的答案,这一纠结就纠结出问题了。

这个纠结从朱棣还是藩王的时候就已经开始了。他的世子是嫡长子朱高炽，为人很好，谦逊礼让，尊师敬长，礼贤下士，孝父怜弟……简直就是完美人格。但是有几个朱棣觉得实在太不完美的缺点：体态肥胖到要人搀扶；身体不好，动不动就气喘吁吁；而且腿脚有残疾，行动不便。这让朱棣很是不满意。虽然作为父亲，对于所有的儿子都应该同等对待，但是从内心里，他更偏向于嫡次子朱高煦。高大魁梧，孔武有力，能征善战、英俊倜傥……更重要的是朱棣觉得他更加像自己，越看就越像。因此心里就越发地替次子不值，就因为是次子，在朱元璋的分封体系里就永远地和藩王世子失之交臂了，而且朱棣还对此无计可施。其实朱棣不是单纯地在替次子朱高煦抱不平，他黯然神伤的是他自己的命运，就因为不是长子，就永远地和皇位告别了。他不可能心甘情愿地接受命运的安排，他与命运的抗争的表现就是"靖难之役"。同时他的这种情绪也不可避免地流露传递到了对儿子们的态度上。这在相当程度上也就影响了朱高炽和朱高煦兄弟俩的发展之路。

朱棣对两个儿子的安排在"靖难之役"中到达了一个转折点。他把朱高炽留在北京镇守后方，带着朱高煦在两军阵前厮杀。这个安排并没有什么不合理之处，可以说是人尽其才，而且也能够避免兄弟俩万一在后方起内讧的麻烦。但是毛病就出在了一句鼓励朱高煦的话上了——"勉之，世子多疾。"这下要命了。前后的各半句话都是没毛病的实话，放在一起就不那么是味儿了。不能怪朱高煦从此以后一直想入非非，换成谁听这句话也像是有易储之意啊！朱棣其实最多就是想表达一下对朱高煦的欣赏而已，站在一个父亲的角度，他应该对自己的二儿子有更多的偏爱。靖难之役成功了，他从藩王转型成了皇帝。但是那种纠结的心态并没有变，但是这并不妨碍朱棣是一个能看清大局的帝王，但也正因为他明白大局，所以才知道什么事情不可为，所以才会失落和纠结。就这样他最终还是没有改变朱高炽和朱高煦兄弟俩的地位，朱高炽册封为皇储，朱高煦成为了藩王。

从做世子开始，朱高炽就能感受到那种无处不在的压力，无论是来自于父王还是兄弟，等做了皇太子以后，这种压力顺理成章地成倍加大，当然来自于朱棣的压力必然属于最大的部分。因为朱棣对于皇太子的政治打击从未手软过。其中最重的一次打击就发生在永乐十二年（1414年）。那年明成祖朱棣决定御驾亲征，率军北征蒙古，皇太子朱高炽奉命监国。一切似乎都很顺利。但是就在朱棣得胜还朝的时候出问题了。

八月，朱棣结束北征回到北京，结果朱高炽派人迎接圣驾时间上晚了一步，同时接驾的仪式也被记载为"潦草"，而且他在上呈皇帝的奏书中也有些措辞"欠妥"。朱棣认为太子怠慢自己，并且认定太子结党，必须给予打击。几天之后，朱棣下旨关押东宫官属尚书蹇义、学士黄淮、谕德杨士奇、洗马杨溥、正字金忠等人。蹇义和杨士奇二人在向皇帝认罪后被释放，官复原职。杨士奇把迎驾迟缓之罪都揽到自己身上，使太子顺利过关（朱棣也只是不再追究太子了，但是对于朱高炽仍然是继续监视的）。但是杨溥、黄淮等人却在锦衣卫的"诏狱"中一关就是十年,直到朱高炽做了皇帝才被释放。这个事件让朱高炽继续战战兢兢了十年,也让朱高炽挨了打击(前文的徙封青州就发生在这之后)。但是我们探讨的重点不是在于朱高炽是否无辜以及事件的细节。因为这个事件自始至终都是按照朱棣的感觉发生发展的,他的感觉就是标准,他的态度就是决定朱高炽命运的决定因素。所以这个事件自始至终都可以说是掌控在朱棣的手中的。朱棣应该自己都没有想到他的政治决策会给他自己的政治安排带来颠覆性的后果。他先是把内阁成员与太子进行绑定,可能只是单纯地为了培养未来的帝国继承人而已,但是这却使得内阁成员与嗣皇帝之间具备了师生之谊,这就从根本上改变了皇帝与内阁的关系。但如果仅仅是这样,也还不足以改变未来明朝的政治格局。永乐十二年(1414年)的这场政治风波,却足以让这些内阁成员和储君之间形成了休戚与共、同舟共济的命运绑定。阁员中有人(杨溥、黄淮)为死保储君蒙受了十年的牢狱之灾,有人(解缙)因为储君而命丧黄泉,更多的人蒙受政治上的打击,但是这些阁员对于皇太子朱高炽却仍然是忠贞不渝。那么这些人对于朱高炽来说,就不再是简单地用君臣关系就可以解释其全部内涵的,他们不仅是朱高炽的股肱之臣,更是救命恩人与患难之交,也是他在长时间战战兢兢、如履薄冰的太子岁月里的精神支柱。这些阁员们的行动从个人角度分析属于感情和忠心范围,从政治角度也可以解读为属于政治投资。从后来的结果看,这种政治投资是有效的。

在朱棣长期的压制和个人光环的笼罩下，作为储君的朱高炽首先考虑的是生存下来，如此一来，他倒是学会了察言观色、随机应变等臣子的生存之道，而作为一个帝王所必须具备的那种威严和霸气则一直未能进化出来。何况他的皇太子生涯里还一直不能离开内阁成员们的保护，这将使他对于这些臣子们产生信任以外的依赖感，礼贤下士的彬彬有礼之后还有一种感恩戴德，而这就将彻底改变君臣之间的关系走向。至少未来在朱高炽面前的内阁，将不会再是在朱棣面前的那个战战兢兢、如履薄冰的高级秘书班子了，它将会进一步被解除最后的封印，进而逐渐成长为一个正常的中枢决策机构。这些阁员们会不会产生俯视未来皇帝的心理优越感可以再论，但是至少不用像以前面对朱棣那样成天夹着尾巴仰视皇帝的脸色恐怕是梦想成真了。而且他们当中的头面人物未来将会逐渐成长为"无冕之相"——"首辅"，进而能够逐渐去影响和左右大明王朝的皇权和政治走向。而这些场景，都将会在为期不远的三十年左右一一变成现实。只是那个时间段，朱棣已经长眠在北京天寿山下的长陵之内了。他已经不可能看到自己在当下的所作所为给子孙后代带来的改变有多么巨大了。同时朱棣也不会意识到，他的另外一个很成功很享受的个人爱好也会在未来变成其子孙后代的一种魔咒般的纠结。这就是他御驾亲征蒙古的行动。

用马背上的皇帝来形容朱元璋、朱棣父子实在是再恰当不过了。父子俩的军事指挥才能只能用天赋来形容了。有所不同的是朱元璋的率军征战都是在登上皇位之前，在登基称帝之后基本上就再也看不到朱元璋跃马疆场、奋勇杀敌的壮举了。但是朱棣就不一样了，他和朱元璋一样是货真价实的马上夺天下，但是他在登基称帝之后，仍然多次率军御驾亲征，当然目标都是蒙古势力（元朝的残余力量）。当然父子俩的征战目的不一样是必然的，因为朱元璋的征战是为了夺取天下，朱棣的征战既是个人爱好也是他本职工作。他当年还在成长的过程中就落一个不喜好读书，但是打仗不用教就会的评价，所以打仗就是他的天赋和爱好。等明朝建立以后，朱元璋根据朱棣的爱好给他分配了工作，让他在当时的北平府（今北京）负责镇守，打击蒙古残余势力就成了朱棣和一票"塞王"兄弟的专职工作了。等靖难之役以后，朱棣坐镇南京，当初的那些"塞王"兄弟们也被他陆陆续续地给挪别处去了，明朝的北部边境线开始处于空虚状态，蒙古的残余势力开始过起不受压制和威胁的轻松日子了。不久朱棣就开始时不时地接到蒙古犯边的军报。

朱棣非常的愤怒，他对此作出的反应就是御驾亲征，然后就是营建北京，迁都北上，天子守国门。这倒不是说朱棣是个战争狂人，实在是他也信不过手下的将领们有谁能超过他了，但凡有一个，靖难之役的过程和结果都不会那么发展了。所以与其让将领们去送死、打击士气，不如他自己御驾亲征更有把握。实际上在对蒙古作战的经验方面，除了他的几个"塞王"兄弟以外，也确实没有谁在当时还能与朱棣比肩了。朱元璋时代的著名军事统帅们不仅早已凋零殆尽，而且后继乏人，当然这结果也是拜朱元璋所赐。但是朱棣的军事天赋确实很强，他御驾亲征打击蒙古残余势力基本上每次都是凯旋。这让蒙古方面说不出来的郁闷，所以蒙古方面就直接发扬游牧民族的长处，每次朱棣一率军出动，只要蒙古方面听到风吹草动，就立刻"游"走得无影无踪。但是朱棣却是长途奔袭，不死不休的架势，一来二去，蒙古方面被连追带打得元气大伤。不过，千里追杀也是个吃力的苦差事，虽然朱棣是乐此不疲，但是毕竟是年龄不饶人了。

永乐二十二年（1424年），明成祖朱棣接报蒙古再次犯边，四月再次留皇太子朱高炽监国，自己率军御驾亲征。五月，大军出发未远，蒙古方面已经远遁，而且越跑越远。明军大面积搜索，一无所获。朱棣考虑到军粮、士气、天气等综合因素，于六月下旨班师回朝。但是，朱棣万万没有想到的是他再也回不去北京了，他将要永远地告别他亲手开创的永乐盛世了。班师途中，朱棣感觉身体不适。病情的变化远比他和臣子们想象的要更加凶险，到了榆木川（今内蒙古呼伦贝尔）这个地方，他终于支撑不下去了。七月十七病情急转直下，促使朱棣不得不召集身边的亲信大臣宣布遗诏，传位于皇太子朱高炽。七月十八明成祖朱棣去世，享年六十四岁。朱棣的驾崩，结束了第五次御驾亲征，也结束了永乐时代。朱棣也是一位传奇帝王，作为一位真正的马上皇帝，一生五次远征蒙古，最终在御驾亲征中病逝于军营之中，有多少将军魂牵梦萦"马革裹尸"境遇而不可得，这实在是为其戎马一生画下了一个浓墨重彩的休止符。这也给后人树起了一座不可逾越的丰碑。

天子守国门，御驾亲征蒙古。这无形中就成了后人眼中的政治正确。后世的明朝皇帝必要以此为楷模来勉励自己。最好是能够御驾亲征，特别是在面对蒙古的时候，继承先皇遗志，一战而定天下，永绝后患，当为不世之功。因为毕竟朱棣最终也未能彻底平定蒙古。即便是不能御驾亲征，那么面对蒙古或者是别的什么威胁的时候，也必须得拿出天子守国门的气势来，撤退或者是和谈都是不可想象的，那叫辱没先祖。更没有让城别走那回事，哪怕是有走的想法那都算是怯敌。

可问题是后世的皇帝们也得有朱棣那份马上皇帝的才能和气势啊！一个个都是太平天子，从小宫中成长，哪来的爬冰卧雪、冲锋杀敌、运筹帷幄的磨砺呢？走算不对，打又不能打，可万一哪天再被众望所归着来个御驾亲征，那个感觉属于不可描述……我们大体也能体会这些后世皇帝们活在朱棣光环和阴影下的那种纠结了。

当然了，这些纠结的皇帝群体当中并不包括当时的皇太子、马上的明仁宗朱高炽。我们虽然不可能知道他在获悉父皇驾崩那一刻的真实想法，但是明成祖朱棣的去世无疑对他这个战战兢兢了二十多年的太子是一种精神上的解脱。他，终于可以结束漫长的等待状态，终于可以以大明天子的身份走向前台，开启属于自己的那个时代了。大明永乐二十二年（1424年）八月初十，明成祖的灵柩运抵北京。同一天，皇太子朱高炽在北京即皇帝位，宣布大赦囚犯。一个被旧史家称为"仁宣之治"的时代就此开启。

中兴隐忧

朱高炽一生唯一的年号是"洪熙",满打满算一共只使用了五个月。因为洪熙元年(1425年)正月,朱高炽诏告天下,改元洪熙,但当年的五月,朱高炽因急病去世,享年四十八岁。在位时间之短,令人惊叹。回顾当年其父朱棣对还是藩王世子的朱高炽身体状况表示忧虑的情节,不得不说:知子莫若父!如果不是正月改元的时候顺便就册立了皇太子朱瞻基的话,只恐怕是朱高炽在"龙驭上宾"的时候连皇位的正常交接都将无法完成,那样将会给明王朝的政治局势带来相当的动荡。当然如果我们根据他死后仁宗的庙号,还有那个"仁宣之治"的历史阶段评价,就认定他只是起到了过渡的作用,而且作为一个宅心仁厚的老实人,恐怕也不会有什么大的作为。那么必须指出的是,这么想就错了。

朱高炽对其父、祖制度的更改尚在永乐年间就开始了。他颁布的第一个命令就是大赦天下。但是醉翁之意不在酒,他的真实目的是要赶快赦出夏原吉、吴中、黄淮、杨溥、金问等人。别人没印象就算了，黄、杨二人可是前面提过的，为朱高炽在诏狱里关了十年的内阁"太子党"铁杆成员。有人说朱高炽这么做是对父皇"反攻倒算"，有亏孝道，不是老实人所为。其实在我看来这还就是老实人所为。为什么不能等到来年改元大赦天下？恐怕是朱高炽担心这些大臣不一定能在诏狱里熬到那个时候。

接下来，朱高炽的行动将会进一步展示一个老实、厚道的人带来的丰厚回馈。继大赦阁臣太子党之后，朱高炽又下旨赦免了解缙（因为保他被锦衣卫奉朱棣的意思给冻死的）的妻子无罪返乡，并任用其子为官。进一步设立师、傅、保三官，其中太字号的为正一品，少字号的为从一品，打的是恢复祖制的旗号。朱元璋当初确实设立过这三官，但是被朱棣给废除了。而朱高炽对此事的解释是："皇父圣明天纵"，不需要这个官制，但自己经事甚少，需要师傅的辅导。那么哪些人又能成为他的师傅呢？九月，晋升蹇义为少傅，加杨士奇为少保、杨荣太子少傅、金幼孜太子少保。共同的身份都是清一色的阁臣太子党。不过，设立师、傅、保三官，不是朱高炽的终极目标，原因也很简单。师、傅、保三官虽然官居一品，待遇很高，但终究属于荣誉虚衔。朱高炽需要的是这些师傅们能在朝政方面给他以实际的帮助。但是这个难度就不是一般的大了。祖制不但帮助不了朱高炽了，反而开始起到掣肘和障碍的作用了。

按照朱棣的内阁制度规定，阁臣最多就是五品官。朱高炽缺乏突破祖制的勇气，但是绝不缺乏智慧。除了阁臣太子党们的拼命力保之外，他自己的智商、情商、能力等也是可圈可点的。最终朱高炽利用小聪明达到了他的目的。大明洪熙元年（1425年）正月，朱高炽宣布晋升大学士黄淮为少保兼户部尚书，杨士奇兼兵部尚书，金幼孜兼礼部尚书。朱高炽其人的小聪明果然了得！祖制限定了阁臣的品级，可没规定不允许阁臣兼职，更没规定不许兼任六部尚书。朱高炽用兼职的方法破解了祖制加在内阁这个机构上的最后一道封印。自此以后，已经没有什么力量能够阻挡它迅速成长为一个名副其实的中枢决策机构了。

　　从朱元璋设立殿阁大学士，这个机构的雏形诞生，到以内阁之名、顾问之实隐忍发展，再到而今登堂入室，名实相符。回望这个历程不过区区几十年而已。半个世纪不到，当年朱元璋设立的制度不过只维持了一代皇帝便面目全非，其努力彻底付诸东流，不由使人感慨冥冥之中自有天理，形势比人强的规律违拗不得。就朱高炽的智商而言，他不会看不明白祖、父两代人设计制度的良苦用心，他也不应该属于那种勇于破旧立新或者是悖逆不孝的类型。那问题就来了，作为中平守成之君的朱高炽为什么要对既定的政治制度进行根本性的改变呢？答案还是朱高炽自己给出的。

　　就在这年五月，就在朱高炽自己已经感觉身体不适，大限将至的时候，泪流满面地对着蹇义和杨士奇说出了下面这段话：监国二十年，为谗慝所构，心之艰危，吾三人共之。赖皇考仁明，得遂保全。即吾去世后，谁复知吾三人同心一诚。人之将死，其言也善。朱高炽在临死前的这番说辞真实地道出了他心中的苦衷。并非他不想按照祖、父设计安排好的制度做一个太平天子，实在是力所不能及。二十年战战兢兢、朝不保夕的太子生涯，如果没有以这两位为代表的忠臣们以命相护，他早就不知道魂归何处了。即使是在他们的护卫下荣登大宝，但长期的精神紧张早已对朱高炽本就先天不足的身体健康状况造成了不可逆转的伤害。无论体力抑或是精力，他与其祖、父远不在一个档次上。朱高炽以制度的微调巩固了自己的皇位和统治，平安渡过了可能发生的政治危机。但他无法预见的是，他的微调措施已经完全变更了大明王朝的政治走向，其前辈帝王们所做的强化皇权的措施至此已被削弱了大半，他已经在不知不觉中为自己的政治对手强化了力量，他的子孙后代将更难以与之抗衡。

　　大明洪熙元年（1425年）六月，皇太子朱瞻基自南京返回北京，宣布即皇帝位，次年改元。自此开始，一切的机会都要看嗣皇帝朱瞻基如何去把握了，因为朱瞻基时年二十多岁，并非冲龄践祚的皇子。而且此人深受朱棣赏识，曾长期带在身边耳提面命，亲自指导。与那些生长于深宫的皇子不同，他见识过民间疾苦，也曾亲历过北征蒙古，算是一位年轻有为的皇子。就阁臣们而言，想把这样一位皇帝玩弄于股掌之上，也绝非轻而易举之事。大明宣德元年（1426年）正月，朱瞻基诏告天下，改元宣德。就这样，明王朝历史中"仁宣之治"的实际部分——"宣德"时期的大幕

徐徐拉开。

其实明宣宗朱瞻基无论是在民间还是在正史中,与他的父亲朱高炽一样,都是属于相对低调的角色。因为这对父子皇帝属于那种兢兢业业干活儿的老实本分类型。既没有先祖那么轰轰烈烈,也不像后辈那么声名远播,故事性、传奇性色彩强烈,为大众所熟知和津津乐道。但是正史对"仁宣之治"还是相当肯定的,因为那是明朝为数不多的平稳发展、上下相安的一个黄金时期。

朱瞻基在位这短短十年的统治时期,发生了几件对大明王朝的未来政治发展方向有着最终决定性影响的大事。

这第一件大事就是内阁制度的最终完备定型。宣德时期内阁制度的一个重要进化体现在权力的实际增大上。最明显的变化是票拟权被朱瞻基赋予了阁臣。票拟亦称为条旨,是阁臣根据皇帝所示旨意草拟敕旨,或对于各部门各地方上达皇帝的奏章提出批示回复意见。当然需要明确的是,阁臣的票拟是不具有圣旨等同地位和可执行效力的,它只不过是草稿和供皇帝参考的裁决意见而已。只有经过皇帝用朱笔批红后颁行,才能成为圣旨并且具有正式的可执行效力。而且这个票拟权也还不是阁臣所专享,参与票拟的还有六部尚书中的个别人。但是并不能因此就对内阁这个机构掉以轻心。因为这个票拟权是在为圣旨打草稿,严格说这是皇权的组成部分,只能由皇帝行使。这个权力被皇帝以外的任何人和机构染指都算是大权旁落。虽然朱瞻基是主动把权力下放的,六部在这个过程中也能分享到部分的权力，但是票拟权的大部分还是掌控在内阁阁臣的手中，因此票拟权基本上从此已经变成了内阁的专属权力。内阁也自此开始凌驾于六部之上而成为了一个相对独立的决策机构。事实上被朱元璋明令废除的丞相及相权也已经以内阁及票拟权的形式复苏了。

  内阁权力的增大不仅体现在对于决策权的染指，还反映在自身权力管理范围的扩大。明朝的内阁从洪武、永乐朝的秘书班子起家，至宣德时期仍然没有明确的职责范围规定。这是早年皇权刻意打压所留下的痕迹。但到了宣德年间，反而因祸得福。正因为没有划定权力范围，由从前的权无定制便可以很容易地进化为权无不至，连职责、制度调整的麻烦都省了。据历史记载，明朝宣德时期的阁臣权力所涉及范围包括：咨议、建言、纠弹、决狱、军务、边事等几乎全方位的军国重事。就权力范围而言，较之前朝的丞相也是有过之而无不及的。至于其本身原有职责如侍论经史、草拟制诰等秘书专属业务，倒基本上退居副业了。

  宣宗时期内阁制度的另一个重要进化则是体现在"首辅制度"的出现上。首辅、次辅的出现既是内阁制度的最终完备，也是丞相制度复苏的最直接体现。而且首辅制度形成的过程与内阁权力扩大的过程是相辅相成的。在这个权力与机构进化的过程中，人的因素自始至终是至关重要的第一要素。

  宣德时期的内阁编制人数是沿袭永乐、洪熙旧制的，一共七位阁臣。但在这七位阁臣中，他们的地位以及实际影响力并不是完全处于同一个段位的，杨士奇就是其中的佼佼者。从永乐到宣德，三朝元老，明仁宗亲选的托孤顾命大臣。这种身份无人可及。从才干上论，不用看其他人的评价，只要看他一直随扈于朱棣左右，便可知其才具绝非一般人可比了。因为朱棣此人，心高才大，能让他看中且放手使用，不是大才绝无侥幸。而且历经如"迎驾风波"般凶险的政治事件还能全身而退，此人必然有过人之才略、胆识、眼光。似这样的才干与资历相结合，杨士奇想不成为宣德内阁第一人都不可能了。

从宣德元年内阁组成，他就当仁不让地成为了主导人选。而且他还不是一个人在战斗，他的合作伙伴分别是杨溥和杨荣，史称"三杨"。在这三个人面前，即使是另一位被朱瞻基刻意调入内阁"与三杨同心辅政"的蹇义也有力所不能及的感觉。问题是蹇义何许人也？那是和杨士奇同受明仁宗托孤的另一位顾命老臣。如果连蹇义这样身份的大臣都不能与之争锋了，那说明到此时权归内阁、权归"三杨"的趋势已经非常明显了。而从宣德六年（1431年）以后，随着其余阁臣或致仕或病逝，内阁中只剩下"三杨"三人了。时人言道：天下建言章奏，皆三杨主之。虽然在这个阶段，"首辅""次辅""群辅"的名号还没有产生，但是在实际地位上已经开始渐露端倪了，所差不过就是一名号而已。

这种"三杨"主政的政治格局将会一直持续到下个阶段的正统初年。但必须明确指出一点，"三杨"并未"挟天子以令诸侯"般专权，朱瞻基也从未表现过任何大权旁落的不适与不满。君臣之间一直维持着信任倚重与忠诚任事的平衡。

从朱瞻基角度来说，他确实没有理由不信任这些曾和他父皇休戚与共、忠心耿耿的臣子。因为从某种角度来说，如果当初不是这些人死保他父皇的地位，恐怕也就没有他今天的皇位了。更何况他们处理朝政的老练手法、节奏也不是他这个年青皇帝所能相提并论的。再考虑到朱瞻基自身的条件，能力比朱元璋和朱棣自是差得太多，但是和朱高炽应该是伯仲之间，也是中平守成之君，也算是很不错了。健康状况看起来比朱高炽肯定是要好，但也就是正常水平而已。而且看看他"促织天子"的外号，就知道他还有业余爱好，虽然不至于到玩物丧志的地步，但是也很爱玩是真的。

所以结合各种情况综合看下来，朱瞻基也是不可能按照其祖、父的生活、工作节奏运行的。因此他选择了在他看来最合理也是最有利于自己的行政方式，就是把票拟权下放给内阁，自己掌控着最终批红（批准）的权力。这样自己既不会太过于劳累，也不至于大权旁落，而且也能很充分地发挥"三杨"这样的顾命大臣的聪明才智，不至于让他们有不适当的失落感和不安全感。

至此，大明王朝已经形成了内阁辅政决策、皇帝批准、六部具体执行的基本政治权力分布格局。这个格局基本上运行到明末没有再发生过什么大的变化。就朱瞻基对于权力分布的考虑来看，这个安排也还算是合情合理的。不过应该认识到的是，朱瞻基保留的已经是皇权的一条底线了，如果连批红权都假他人之手了，那皇帝真就是大权旁落状态，也就剩下所谓权威了。朱瞻基自己没有感觉到有什么不安恐怕是他觉得自己做的是一个皇帝的本分之事，皇帝做好自己的本分之事应该就是天经地义的事，怎么会有皇帝连这个事情都不好好做？这是不可思议的事情。问题是朱瞻基不可能知道的是，后来的皇帝当中，职业操守不错的也就最多做到他这种程度了。那些操守比较差的会不止一次地突破他这条底线。至于皇帝在不尽职尽责的时候那个批红权怎么办，这就和我们下面要说的事情有关系了。

在内阁制度这件大事完善的差不多同时，朱瞻基着手做了另一件大事。这就是内书堂的设立。内书堂就是专门教宦官读书写字的学校。关于内书堂的建立，资料不是很多，愿意写的人可能也不多，估计是大家普遍认为这是好人皇帝朱瞻基犯的一个失误，所以大家不想多说。是不是失误姑且再论，但是建内书堂教宦官读书始于宣德年间，这应该是没有什么问题的，根据主要是晚明宦官刘若愚所著《酌中志》的记载，说最开始的教授的老师是大学士陈山（内阁成员之一）。不过也有一种说法是设内书堂教宦官读书写字不是朱瞻基的发明，应该是他爷爷朱棣首创。这个说法的依据是明代史学家焦竑曾在他的巨著《国朝献徵录》中，引用大学士李贤为御用监太监阮浪所撰写的墓碑，其中有记载：来自安南的阮浪十岁之时，就因为俊秀聪明，被朱棣所喜爱，选入了内馆读书。另外钱溥在其为南京司礼监左监丞梁端所作的墓志铭中也提到：梁端在洪熙元年被选入内书馆读书。所以估计在永乐时期，宫廷里就出现了专门负责宦官教育的机构——内馆。这里所说的内馆、内书馆应该是一回事儿，跟宣德时期的内书堂差不多是一脉相承的关系，只不过宣德年间，内书堂发展基本定型，开始走上了制度化的道路。这个也是完全可能而且不矛盾的，因为实际上很少有什么制度是凭空发明的，很多制度都是根据已有的制度改进发展而来。

首任教师是大学士陈山，进士出身。这个标准起步就已经很高了。之后授业由翰林院负责，这个主要是调人方便，翰林院本身就是内阁的培养基地。课程和教材，包括四书五经还有一些儿童启蒙读物《百家姓》《千家诗》《孝经》等。特殊的教材有《内令》（明太祖以来历代皇帝对宦官的戒谕）《忠鉴录》（收集各朝代奉公守法的贤宦事迹）《貂珰史鉴》（记载历代宦官善行）判仿（对于具体公文的处理意见，这也是为将来那些能进入司礼监的宦官们提供岗前培训，以便于他们更加熟练地"批红"）。还有一些历史书，如《大学衍义》《资治通鉴》，还有诸家笔记野史。第三是生源，按照刘若愚《酌中志》的记载，每年都要选取十岁上下容貌俊俏、聪明伶俐而且可以造就的小宦官二三百人入学。第四就是考试，内书堂有严格的考试考核制度。平时的小考不断，甚至还有皇帝主持的类似科考殿试般的重大考试。第五就是毕业去向，内书堂毕业的宦官们的最佳出路就是司礼监，当然大部分会根据成绩优劣发往各个宦官衙门。通过内书堂这个特殊学校，确实使

得明朝宦官整体知识层次大大提高，这也就为明朝中后期的宦官干政提供了一个重要条件。

内书堂这个学校的设立，既有传统的延续，又有包括人事、制度等各种方面的细致安排，完全就是经过深思熟虑的结果。所以可以肯定内书堂的设立是朱瞻基有意而为之的结果。朱瞻基设立宦官学校明显是要提升宦官们的文化水平，也就是在加强宦官集团的实力。而宦官集团是依附皇权存在的，扶持宦官集团也就是变相地在加强皇权。在帝制时代，帝王们驭下的重要手段之一就是分而治之。扶植、挑动、利用朝中各种政治势力的矛盾，然后各方势力相互斗争，皇权从中渔利，一家独大。朱瞻基这种做法不算是特殊。但是他为什么要这么干？他要解决的什么问题？他要针对的是什么势力？

一般来说，皇帝任用近臣都是为了牵制外官，而外官的首领就是丞相。至宣德年间，距离大明王朝废相权的时间不过半百之数，离大明朝开国也未及百年之数。皇权已开始有衰弱之象，相权也已开始呈复苏之势。"天下建言章奏，皆三杨主之"就是明证。坐在宝座上的朱瞻基对此是心知肚明，但有心无力。他并没有任何理由和办法去解决掉这三个始终忠心耿耿处理朝政的大臣，除非他打算让朝廷彻底停摆。但在这个嬗变的过程中，"三杨"并没有做任何与身份不相符合的事情。文官集团的日渐庞大结果也不是他们制造的。他们甚至于并不是这个集团的领袖，连代表也不是。这个集团并没有固定的领袖和代表人物，但是却有一个正在开始变得有所失控的核心力量群体，就是朱元璋一手培养出来的"御史言官"群体。

他们已经开始变得有所桀骜不驯了，自认为道德高尚，一身正气，两袖清风（部分个体确实是这样的），便可以指天画地，非议所有人，甚至于连皇帝的言行也在他们的指摘范围之内。即便如仁、宣二宗这样的仁德之君也并没有能够幸免。无奈之下，朱瞻基选择了让自己的家奴来帮自己对抗文官集团。当然他很难意识到这是饮鸩止渴、驱狼拒虎的行为。这对于大明王朝未来的危害并不在于直接颠覆皇权而在于引发政治集团之间的争斗——党争。

表面看皇帝始终处于终审裁判的地位，皇权得到了巩固。但实际上，不死不休的党争会逐渐将朝廷所有的官员全部卷入进去，而与之相伴的政治斗争将会逐渐吞噬掉所有官员的正常行政精力与起码的进取心，整个王朝的政治机体也将同步逐渐瘫痪直至最终死亡。皇帝也根本无法去解决处于党争亢奋状态的任何一个政治势力及其个体，任何决策都将会引发新的一轮党争。说到这里，可能有人会感到奇怪：朱瞻基和"三杨"从个人品行上都属于是不错的，既不是昏君也不是佞臣，那为什么还会引起如此严重的政治后果，为什么就不能有一个和谐的结局呢？帝制时代，这不是私德和个人恩怨的问题，这是一个政治问题。皇权的至高无上和排他性是任何一个王朝存在的理论基础和大前提。坐在皇帝宝座上的无论是一个何等的谦谦君子，行使皇权都是他的本分。朱瞻基再尊重"三杨",也是在个人感情方面。从理智上说,作为一个皇帝,他也能意识到皇权被逐渐蚕食的现实。在他这代,君臣相知,出现问题的几率非常小。但是从制度上说,谁又能保证继任的内阁和皇帝仍然和谐相处?何况这种和谐还是以皇权的部分退让为代价实现的。这实际就很难持久。

就当时的朝局而言,对于皇帝造成直接困扰的还不是内阁,而是那些"御史言官"。他们对于朱元璋、朱棣父子表现的是谨小慎微,这个群体在面对朱高炽、朱瞻基这对出名的好脾气父子皇帝的时候,表现出的勇气过人就很值得怀疑其动机了。究竟是不是算准了皇帝不敢杀言官,怕担阻塞言路的昏君骂名,从而为自己博一个敢于犯颜直谏的美名也未可知。笔者素来反对把古代读书人都塑造成知书达理的谦谦君子,否则就不会有道学先生这种贬义词了。文官集团的桀骜不驯的倾向朱瞻基看得很清楚。对他已经是这个态度了,那么对于嗣皇帝恐怕没有更驯服的可能性。因此,才有了从批红权到内书堂的设立这一系列的动作。

通过这一系列动作,朱瞻基同样坐稳了宝座,而且把自己从繁重的朝政事务中部分地解放出来。他把票拟权给了内阁,批红权部分给了宦官(但是宦官的批红必须都在他的监督下进行)。这使得他的皇帝任期较之其父长了十倍。而且就任期内的内容而言,朱瞻基的时光并不是每天都无聊地斗蛐蛐儿。在他的任内不仅有郑和第七次也是最后一次下西洋的壮举,而且他还把朱元璋留下的藩王政治最终作了一个了断。

朱瞻基以迅雷不及掩耳之势平定了其叔父朱高煦的叛乱。朱高煦也是一悲剧角色,从其父朱棣在位就对皇位垂涎欲滴,蠢蠢欲动,所以屡次被贬。等朱高炽即位了,他又觊觎皇位,还没等到有所动作,朱高炽驾崩,朱瞻基闪电即位。朱高煦终于不想忍了。宣德元年(1426年)八月,朱高煦叛乱。但他没有想到的是,朱瞻基御驾亲征。初六日叛乱起,二十四日班师,朱高煦父子成擒,废为庶人。九月,朱高煦父子被杀。想朱高煦其人,觊觎皇位数十载为念,一朝反叛,气势汹汹,然不过月旬即遭落败,而最终身死爵除。尘埃落定,徒增后人笑柄。

平定朱高煦叛乱只是最终解决藩王政治的第一步,据历史记载:汉王高煦之乱,曾经涉及成祖第三子赵王高燧。群臣上章弹劾汉王与赵王通谋事。宣宗将奏章送与高燧阅看。高燧惧,奏请交还常山中护卫。此后,楚庄王孟烷、蜀靖王友堉、肃康王赡焰相继交还一至二护卫。诸王护卫军被削,此后不再增设。藩王失去军力,难以再谋反乱。在其父打下的基础上,朱瞻基平定藩王的叛乱有如快刀斩乱麻般一气呵成。宣宗皇帝进而颁布禁令,对诸王权力、生活加以多方限制和干预。例如:藩王不得如前干预地方行政,王府官员不得兼任地方官职;藩王不得与朝内勋戚贵族联姻,嫁娶要选自民间,以防干预朝政;藩王不得自行来京朝觐奏事;藩王及其宗亲族人如私自来京或越关奏事,要受到严厉惩治,直至废为庶人;诸藩王之间不得会见;藩王在封地驻守,不得随意出城;清明祭祖须报朝廷允准;子女婚嫁也须奏经朝

廷等。

从这些禁令中可以看出，经过永乐到宣德几朝，困扰明朝皇帝的藩王势力问题已经得到了最终的解决，藩王完全被置于皇帝的掌控之下，不可能再形成对皇权构成威胁的力量了。分封宗室固然是太祖定制，势难变改，但是这难不住朱瞻基的小聪明，在他设计的方案里，诸王经多方控制，失去军政权力，再也不可能威胁皇权，只能去过另一种生活，整日安享尊荣，或寄情诗文，优游自处，或广置田产，货殖经商。诸王子孙繁衍，多成豪富。既没有违拗朱元璋厚待宗室的本意，又不会令皇帝每天坐卧不安的提防这些宗室藩王，在明宣宗看来，自己这是办了一件一石二鸟的好事。

但是他没有意识到，他的做法其实已经从根本上改变了明太祖朱元璋制度设计的根本目的。当初朱元璋的制度设计的根本目的不是在于单纯地安置宗室子弟，而是在于加强皇权，以诸王靖难之权制约可能谋取皇权的权臣奸相。这是一个追求内外平衡的设计。确实是高手所为。所以说朱元璋的设计体现的是大智慧，而朱瞻基的改造方案只是小聪明。不过也不能因此就贬损朱瞻基，因为朱元璋的设计方案必须得有他自己这样能威震四方的皇帝坐镇才能保证效果，一换人这效果就大打折扣了。朱瞻基从个人能力、威望和朱元璋相差甚远，能想出这么一个旨在维持皇权、消弭藩王反抗力量的变通方案也是相当不错了。

按照朱瞻基的方案，实质就是把所有的藩王进行"圈养"，不但原方案里藩王维护政权的力量和作用彻底没有了，而且这么做还产生了一个直接的副作用，就是随着时间的推移，藩王们及其后代们越发地养尊处优，完全不谙世事不说，极端一些的连生活自理能力最后都已经逐步丧失。并且由于朝廷的禁令限制，王府中也不乏年过四十而男女尚未婚嫁者。这也都是令人始料不及的。结果是藩王势力不再成为皇权的威胁力量，而是彻底演变成了消耗大明王朝国力的力量。而且就这样明王朝每年还必须要给予藩王相当数量的宗禄和赏赐，这也逐渐成为了日后朝廷财政的极大负担。

当然在宣德年间，以国库的充盈程度还不至于出现这么麻烦的局面。毕竟"仁宣之治"并非浪得虚名。在这一时期的两代帝王，兢兢业业地以自己的努力匡正着前辈们的各种失误，尽自己最大的所能让朝野上下归于宁静，努力减少各方势力因之前的政治斗争所产生种种怨恨。在他们的努力下，这个阶段没有洪武、永乐时期的金戈铁马、轰轰烈烈，但是相对比较平和，君臣上下都比较和谐，各种制度也基本完备。虽然在修正前辈的各种决策问题的过程中也留下了种种的隐患，但也还都是不足以马上产生各种问题的隐忧。朱瞻基应该有这个自信，自己能有这个时间和能力去解决这些隐忧，从而将一个盛世江山交到嗣皇帝的手中。因为毕竟他及近而立之年即位，十年的岁月也只是让他年近不惑，有祖辈的榜样，他完全可以再规划一个人生和王朝的三十年远景。然而，朱瞻基不可能预计到的是，他已经完全没有时间了。

　　大明王朝在宣德年间的最后一桩政治大事件突然地就发生了。大明宣德十年（1435年）春正月，明宣宗朱瞻基感觉身体不适，旋即去世。这比他的父亲朱高炽还少活了十年，是真正的英年早逝。他的去世，标志着明王朝盛世的结束，也标志着明王朝开始迎来第一场真正的政治危机。因为即位的皇太子朱祁镇时年九岁，完全不可能临朝理政。主少国疑、大权旁落这种历朝历代都力图避免的政治诡异、凶险局面之一，就这样毫无征兆地突然降临了。明王朝的历史也就此从"仁宣之治"的平稳发展之路拐向了一条前途未卜之路。一个新的时代开始了。至于是福是祸，时人无法预知。时至今日，历史的真相早已大白于天下，让我们尝试为读者复盘，在新的篇章去解读这个全新的"正统"时代。

中篇

天过午
——盛世之名蕴危机

平地风波

宣德十年（1435年）春正月，明宣宗朱瞻基驾崩。皇太子朱祁镇即皇帝位。尊皇太后为太皇太后，皇后为太后。封其弟朱祁钰为郕王。改次年（1436年）为正统元年。

大凡正值盛年的皇帝突然离世，嗣皇帝年幼不能独立执政，后宫、外戚、宦官、权臣几方势力必然相争，皇权旁落谁家必有悬念，因此引发朝局动荡几乎是必然的。不过，历史对于此时此刻的大明并不算是残酷。首先国力还可称强盛；其次是政局还算稳定；最后是朱瞻基最后的安排也还算是冷静理智。明宣宗遗诏安排：凡朝廷大政均奏请太皇太后张氏（仁宗诚孝皇后）而后行。张氏推心任能，委任阁臣，以先朝大臣英国公张辅，大学士杨士奇、杨荣、杨溥，礼部尚书胡濙辅政，并且太皇太后张氏有懿旨："非五人赞成，不可行也"。因此遇重大政事，能够避免扯皮推诿的后果。故而在正统二年(1437年)以前，历史记载：承仁、宣之业，海内富庶，朝野清晏，纲纪未弛。至此，正统时期的前两

年开局还算顺利。

此时明朝的幸运在于明宣宗的识人能力还是可圈可点的。不是没有朝臣提出希望太皇太后垂帘听政,而且发出这种声音的并不是少数的个别人。但是太皇太后以不能破坏祖宗家法的理由予以拒绝,坚持信任五位阁臣的忠心与执政水平,坚持不轻易干涉阁臣辅政的基本态度,同时极其明确地警示自己的家人,务必谨慎守法,不得超越礼制地预闻政事。就这样,太皇太后张氏以自己的地位、威望以及见识保证了后宫和辅政人臣之间互信局面的形成,保证了双方政治上的良好合作,并且遏制了外戚势力对于皇权可能的觊觎。这充分证明了阁臣与太皇太后都还是具有大局意识的人,也证明了明宣宗还是有识人之明的。但同时也暴露了从明宣宗到他选择的一众托孤之人都不是政治上的高手,他们都出现了不该出现的纰漏。

首先就是朱瞻基在选托孤之人的时候,只注重了人品和能力,却不曾更多地注重这些人的年龄问题。他们当中年龄最小的应该是这位太皇太后,历史上没有她的年龄记载。但她是朱高炽的皇后,大约年龄不会相去甚远,那么计算起来也是年近花甲之人了。至于辅臣们的年龄倒是很清楚的,最大的杨士奇时年已经七十高龄,其他人中最年轻的也是花甲之人。这样的年龄和精力,再考虑身体状况等因素,这个团队即便是天纵英才,也已是垂暮之年,不能不让人产生一种"廉颇老矣,尚能饭否?"的疑虑。

朱瞻基安排这些人托孤有可能是除了这些人,他也没有其他更合适的人选了。不过对于一个皇帝，也可以将其考虑得更深沉一些。因为按照这些人的年龄，能够正常辅政的年限最多大约不会超过十年，而十年以后，嗣皇帝正好长大成人，既能够正常行使皇权，也不会步他自己的后尘，十年的皇帝生涯都活在阁臣的阴影之下。这后一种可能性当然只是笔者的个人揣测而已。但是联系到前文他对于藩王的安排处理方案，个人感觉以朱瞻基的聪明未必不能想到这一层。

朱瞻基在安排托孤之人时出现的第二个纰漏就不能简单地用疏忽或者是考虑不周来解释了。他考虑了阁臣、后宫、外戚（可以和后宫算在一起）等几方势力的权力、利益分配问题，唯独没有涉及对宦官势力的处置。这不应该是疏忽的结果，因为朱瞻基的历史评价是有精明二字的，所以这完全应该是他宠信宦官的表现。精明的朱瞻基忽视了一个叫王振的中年宦官。

这个人和皇太子朱祁镇的关系是玩伴加忘年交，而且朱祁镇竟然尊称其为先生，这根本就是对双方身份定位混乱到极致的表现，朱祁镇做皇帝的天赋基本上可以认定为负数，这种情况要么请名师重新调教，要么直接换人另立储君。王振虽然有文化，但先生这个称呼他从学问、人品到地位都是不配拥有的。他根本不是在教育皇太子，只是因为陪着皇太子玩得开心而已。英宗登基后，即任命王振掌管司礼监。前文我们已经提及，司礼监是有机会参与批红的。王振气焰逐渐变得嚣张起来。历史记载了正统元年（1436年）他与"三杨"的一段对话："时王振用事，一日，语杨士奇、荣曰：'朝廷事久劳公等，公等皆高年，倦矣。'"公然地指摘阁臣们年老力衰。士奇曰："老臣当尽瘁报国，死而后已。"听起来完全是一位垂暮老人的无奈悲凉。其他阁臣的反应更让人无语。杨荣曰："先生安得为此言？吾辈老，无能效力，当以人事君耳。"完全就是一种投降的状态。转过天来，王振便推荐曹鼐、苗衷、陈循、高穀等依次擢拔任用。宦官插手朝臣的简拔任用，不论他推荐的人是否可用，都可以视为宦官专权已经从成祖、仁宗、宣宗时期的隐忧变成了现实问题。杨士奇三朝元老，岂能不明白这个问题的严重性？所以等王振一离开就埋怨杨荣不应该妥协退让。杨荣的回答与杨士奇的反应令人感觉非常耐人寻味。杨荣曰："彼厌吾辈，吾辈纵自立，彼容能已乎！一旦内中出片纸，令某某入阁，且奈何？则吾辈束手矣。不如及此之时，进一二贤者，同心协力，尚可为也。今四人竟是我辈人，何伤也？"杨荣透露出的信息与宣德初年"政归三杨"时的情况已是大相径庭。这里面显示出经过十年的时间，"三杨"实际对于行政权的掌控已经逐渐力不从心。究竟是什么原因造成了这种结果？一方面他们确实是年老体衰，而另一方面，朱瞻基扶持和加强宦官势力，逐步牵制和压制内阁权力的想法也已经初见成效了。如果"三杨"对于权力的掌控完全没有问题的话，恐怕也不需要太皇太后用懿旨加以强化了。这也是前文笔者推测朱瞻基在选择辅政团队的时候是否动用了小聪明的一个印证。总之，在正统时期，宦官集团已经开始膨胀，其对内阁的牵制和压制作用已经开始显现出来了。

但是月盈则亏、水满则溢的道理是无处不在的，王振同样不能例外。

王振开始忘乎所以了，他忘记了这个世界上还有他不能惹的人了。正统二年（1437年）正月，由于王振过于得意忘形，他对内阁辅臣们所商议的大政，采取了一种"辄施可否"，也就是随意取舍的态度，完全忘了还有一道"非五人赞成，不可行也"的懿旨的存在了，同时顺便也就忘了太皇太后张氏的存在了。很快，王振就为自己的疏忽大意付出了代价。太皇太后召集皇帝、阁臣还有王振进了宫。首先自然是慰勉阁臣的辛劳，然后是训诫皇帝要尊重阁臣。接下来的情节即是高潮了。剧情很简单，太皇太后发怒了，下令诛杀王振。王振可以把年幼的朱祁镇拿捏在手里，可是太皇太后是朱祁镇的奶奶，她若要杀王振，易如反掌。眼看王振死到临头，大明王朝以后百年的隐患即将消除。剧情出现大反转，明英宗和阁臣们先后跪地为王振求情了。

这个宦官触犯的是国家的制度和王法，太皇太后杀他不是私仇，于情于理于法都没有任何问题。明英宗这种行为不可理喻，在这个瞬间，这个皇帝比亡国之君还没有尊严。完全暴露了他个人是非不明、公私不分、对错不论的严重缺点，可以肯定地说，是完全不具备一个皇帝的基本素质。

同样是下跪求情，阁臣们的行为没有明英宗这么简单，他们和王振没有私情，出发点也不是救皇帝玩伴这么简单。他们的行为某种程度上反映了辅政团队存在的一种裂隙。因为他们和太皇太后以及皇帝还有王振本就不是一派的。他们是属于文官集团的，而那三者都是皇权势力的代表和组成。双方不说是天敌的关系，至少也是对立的。皇帝是皇权的正牌代表，在皇帝不能作为正牌代表的情况下，后宫（外戚）代管皇权则要名正言顺得多。因为儒家本身重视孝道，重视家国天下一体的道理。这就是群臣请求太皇太后垂帘听政的道理所在，他们认为以祖母助孙执政，天经地义。这同样也是阁臣辅政得需要太皇太后懿旨撑腰的原因所在。这种形势，宦海沉浮几十年的"三杨"及另外两位阁臣是心知肚明的。

在是不是真的杀王振这个问题上，阁臣们实际是没有决定权的，既然没有决定权，那么表态就一定要谨慎才是，摸准皇帝和太皇太后的心思才是最重要的。皇帝的态度已经很明朗了，关键就是太皇太后的态度了。事实上这个态度并不容易掌握，表面态度的声色俱厉并不能作为最终的判断依据。万一只是打算警告王振，而阁臣坚持要杀，最终的结果阁臣恐怕会落一个擅权谋政的印象，如果传出去，那些言官们的口水足够把阁臣们淹死好几遍的了，而同时在皇室祖孙二人的心中形象会非常不堪。形象不堪，便直接关乎着自己百年之后家人的遭遇。一朝掌权，身死族灭，而且还可能遗臭万年可不是这些阁臣们追求的境界。即便太皇太后是真的要杀王振，能不能拗过皇帝也还未可知，不如做个顺水的人情。不是真杀，阁臣没有得罪任何人；万一真的杀了，太皇太后是决策者，于阁臣没有责任，在未来的皇帝那里完全交代得过去。

阁臣的态度之所以这么如履薄冰，首鼠两端，这和宣宗近十年来的政治倾向性是有着直接关系的。宣宗皇帝宠信宦官，以此来制约文官集团的态度和动作，作为阁臣不可能意识不到。宦官势力和文官势力是不一样的，他们确实是依附于皇权生存的，所以皇帝会把他们视为家奴，实际就是当作自己人看待的。而阁臣属于文官集团，是外官，对于皇帝而言，那就是不折不扣的外人。有鉴于此，所以几位阁臣都比较清醒理智地意识到，在处置王振的问题上，是轮不到自己做决策的，自己的当务之急还是应该考虑如何妥善地自保，不要卷入皇室内部的矛盾为好。因此才有了反常的为王振求情的那一幕。

其实这已经说明此刻明朝的政治环境已经开始有向恶化发展的趋势了。朝廷重臣考虑自保多于考虑国家，这实在不是一个好现象。问题是接下来的剧情足以让这些阁臣们暗道一声侥幸，为自己刚刚的决定捏一把冷汗。

太皇太后在严厉申斥了王振以后并没有杀他，甚至于也没有将他调离皇帝身边。当然在此之后，太皇太后时不时地会将王振召至面前申斥一番。张太后的这番举动颇让人费解，不管是从目的还是效果。因为如果是对于政治上的对手而言，出现一个都嫌多，一劳永逸地消灭是最佳选择，政治斗争没有治服不治死一说。能够被治服的，都是因为命已经攥在对方手里，死只是时间问题了。王振的行为早已经摆明了就是矫诏专权，这种行为在禁止宦官干政的明朝祖制面前只有死路一条。从这个角度分析,张太后的目的就是令人怀疑的。是过于自信还是妇人之仁,抑或是干脆就没想杀,似乎又都具有可能性。而效果更是诡异,传统的观点基本都是张太后制约住了王振,起码在她生前是这样的。而真正的事实就是王振根本就没有停止过任何拉帮结派搞专权的小动作。看起来像是被制约的原因是他的节奏由明转暗了。这个很正常,先是被警告了一番,还差点被杀掉。之后便隔三岔五地被叫去骂一顿,就这么个警示法,就是最笨的人也知道收敛了。总之张太后的行动看起来很像是在帮王振调整行动节奏,有一点高调显眼的做法都会被及时纠正。

从这次被张太后整肃,一直到正统七年(1442年),王振一直处于相对低调的潜伏状态。事实上他只要不被杀就是有机会的,因为就算是拿岁数熬,他也能把整个辅政团队给熬死。正统五年(1440年)秋七月,少师、大学士杨荣去世。"三杨"至此开始不完整了。王振算看见自己胜利的曙光了。

次年冬十月,王振对于自己没有资格(因为宦官没有资格参加)参加皇帝举行的,为庆祝奉天、谨身、华盖三殿落成所举行的外庭宴会而非常不满意。明英宗为安抚他,下诏打开东华中门(皇帝出入走的)任其出入。王振到东华中门以外,百官望风下拜,王振表示了满意。这就是他一直也没老老实实做人的最好证明。不过王振此时此刻开始转入高调嚣张倒不是因为杨荣的去世,实际是因为几年以来,张太后一直身体不好。自杨荣去世以后,太皇太后的病情就更加沉重了。病情恶化，自然也就顾不上查王振的行为举止了，对王振的威胁就自然减弱了，不挨骂的王振当然就很兴奋。当然令王振兴奋的大事很快就发生了。转过年，也就是正统七年（1442年）冬十月，太皇太后张氏最终病重去世。

当年十二月，距离太皇太后去世最多两个月的时间。王振假托皇帝诏旨，任命徐晞为兵部尚书。次年夏四月，王振指使其党羽锦衣卫指挥使马顺逮捕、杀害上奏章弹劾他的侍讲刘球；将不肯依附于他的同乡大理寺少卿薛瑄逮捕、削职为民。秋八月，诬陷并将国子监祭酒（大学校长）李时勉枷号示众，明英宗亲自下旨赦免才得释放。凡此种种，不一而足。王振在此时此刻明显有大搞反攻倒算，顺我者昌，逆我者亡的架势。对他这种种倒行逆施，传统观点的解读通常集中于两点：一是说其行为属于是被太皇太后压制以后的反弹、报复；二则属于是宦官专权，欺上压下的变态心理所致。关于第一点，前文已经述及，他的行为节奏只是由明转暗，太皇太后未见得真正压制住了他。而且群臣在这一过程中，连阁臣在内，对其容忍、退让乃至于谄媚者比比皆是，跟他正面挑战者为数甚少。这也就能够说明王振做这些事情并不是反弹、报复的目的，也不应该属于歇斯底里式的情绪宣泄。而且应该明确王振是一个智商完全正常的人，虽然因为进宫当宦官的缘故，心理多少会有一些扭曲，但是他的意识始终应该是清醒的，否则他也不可能在当初收到警告后知道低调改变节奏，最终得以躲得过太皇太后的监视。

进一步分析这个问题,也就要涉及第二点,也就是所谓宦官专权的问题了。从王振开始,宦官专权的问题基本上伴随了明朝整个历史阶段。这也使得明朝和汉、唐并列为宦官专权危害严重的王朝之一。但如果细致观察,也就能发现明与汉、唐宦官专权的不同之处还是很明显的。第一,明代宦官专权但无私人武装;第二,明代宦官专权但无关废立之事。这两点是明代宦官们自始至终均未突破的红线。而且从实际情况看,打从正统开始,一直到明末,不管多嚣张专权的太监,皇帝如果打算废了他们,基本上就是一道圣旨解决问题,从来也没有皇帝跟太监各带一哨人马,通过打得你死我活的方式解决权力归属问题的情况出现过。所以明朝的宦官专权情况如果简单概括就是宦官专权但不专皇帝的权。

当初朱祁镇九岁即位,是一个如假包换的学龄儿童状态。在他看来,一边是成天满脸严肃,说着一些他完全不明白的话,并且规劝他这也不行、那也不对的祖父级陌生人;至于他的亲奶奶张太后,那是比这些陌生人更恐怖的存在,谁敢在太皇太后面前放肆呢?挨训斥那是常有的事情;另一边则是陪着自己长大,并且一直对自己百依百顺,挖空心思哄自己高兴的王先生。历经了七年这样的时光后,年龄已届十六岁逆反心理达到空前严重的时期,朱祁镇是更信任王振还是其他人恐怕是一个不需要多费心思就能想明白的答案。所以与其说是王振专权,不如说是朱祁镇主动把权力交给他的;与其说是王振假托皇帝的旨意,不如说是朱祁镇的默许。因为只要皇帝出面否认,哪怕只有一次,王振的戏也就唱不下去了，但是朱祁镇就不，因为他觉得王振是在配合他，让那些个他反感的大臣们难受，这样才能体现出他作为皇帝的存在。

他并不愿意当一个坐在宝座上的，始终受到太皇太后意志支配的傀儡皇帝。至于王振，朱祁镇并不认为他是在专权，在侵犯自己的皇权，而是认为他在帮助自己料理朝政，处理那些烦人的人事安排等诸多事宜。在朱祁镇看来，任命哪些大臣干什么工作，并不算是多么重要的事情。至于群臣对王振的态度，朱祁镇觉得那是尊敬自己的派出代表，也就是尊敬自己，王振是绝对不会坑害自己的。实事求是地说，这表明朱祁镇并没学会当一个称职的皇帝。但是这个事情并不能责怪他。首先他这个年龄段，不会当皇帝的人是绝大多数，像其先祖朱元璋那样没受过正规教育，而自带皇帝满额天赋的属于出类拔萃级别，大概得百年才能出一位。其次他的父亲朱瞻基应该也是刚刚才开始考虑对其进行正规的帝王教育（明代皇子大约六岁左右开始读书），但是连师、傅、保都尚未能够确定人选就撒手人寰了，他也没想到自己会那么早就去世，未经系统化、正规化帝王教育和执政训练的朱祁镇过早地坐上了帝王宝座，酿成的是他个人的悲剧，更是整个大明王朝的悲剧。没有成年的皇帝即位，在旧史家的说法中，这应该就是整个王朝气运转衰的征兆之一，而此时此刻距离大明王朝开国不过仅仅六十多年而已。

剔除所谓气运这种玄而又玄的说法，用科学的态度审视这一时期的明王朝，就能发现一些规律性的东西，有利于我们更好地认识有关明王朝发展状态的问题。明朝这个阶段的国家实际发展状态究竟是什么样的,"承仁、宣之业,海内富庶,朝野清晏,纲纪未弛。"只是一种溢美之词。明朝经过近七十年的发展,前一阶段所积累的一些问题到了这个时期已经开始发酵并逐渐显露出来了。例如在政治方面,进入正统时期,宦官的势力进一步渗透到各个领域及部门。从这个阶段开始,除了前文的王振操纵大臣的任免之外,宦官们还能参与司法、提督盐课、总督京营、充总兵官;监军头衔,宦官得以世袭,而其亲属弟侄等或封爵或荫官等现象也是屡见不鲜。

宦官势力对于政治逐渐渗透的同时,大臣们的表现如何呢?以阁臣们为例,据历史记载,这些参预机务的老臣们,居然开始效仿宋代司马光因与王安石政见不同而隐居林下的样子,搞起一个真率会。"约十日一就阁中小集,酒各随量,肴只一二味,蔬品不拘取,为具简而为欢数也。"具简而欢,不仅成为这批老臣们的生活兴致所在,而且成为他们政治兴致所在。他们自身感觉生活在了一个太平盛世之中,而他们则是那种盛世华贵的台阁体风气的开创者。阁臣如此,上行下效,其他大臣整体可想而知了。

问题是如果真的是太平盛世倒也无不可,实际上除去政治不说,在经济上国库的存项也已经不复当年的丰盈状态了;而社会稳定和边境的安宁问题更都是已经开始频频示警了。例如在永乐时期因为开支比较大而出现的税赋相对较重的问题,虽经仁、宣两朝的调整,也还是酿成了相当一批有一定的影响力的农民起义,这对于明王朝的统治造成了冲击。

内乱不止的同时,边事也同样不宁,从正统三年(1438年)六月,麓川宣慰使思任发起兵叛乱,明英宗下旨平叛,自此开始,连兵十载,增兵(先后发兵三十三万)加饷("转饷半天下"),先后征发夫役近五十万,劳师远征,结果云、贵两省将士多亡("麓川连年用兵,死者十七八"),卫所空虚,田园荒芜,民不聊生(据元、明史料统计,三征麓川前后麓川损失人口三十余万),"西南骚动"。而且西南战事久拖不下(战事持续十年之久),北方边患已起。

正统四年(1439年),蒙古瓦剌也先称太师,北方各部皆归其所有,于是"其势益横,边境自此多事矣"。边将屡屡上报示警,朝臣中也渐有停征麓川、请防瓦剌之议,但明英宗、王振对国土南北同时出现的边患危险不为所动,继续坚持进剿麓川的方针,很快这君臣二人就会知道他们会为自己的判断错误要付出何等的代价。等到正统十三年(1448年),麓川的战事终于告一段落,明王朝也已经在这场劳师远征中消耗了相当国力的时候,瓦剌在也先的实际领导下,已经统一了东起兀良哈三卫(今内蒙古东部地区,即大兴安岭以东,北到黑龙江流域,南临辽河上游的广大地域),西至天山南北的广阔土地。在明王朝的北部边境,已经开始出现一个统一的蒙古政权,接下来,也先的口号就已经是"求大元一统天下"了。为了实现这个旨在吞并明朝的口号,也先开始进一步对明朝的北部边境地区大肆进犯,攻城略地,杀人无算。

直至边报一日多起之时，明英宗君臣才开始有所醒悟，感觉到了一丝危险气息的临近。所以说这个时期不但不是所谓的太平盛世，而且是明显的多事之秋，虽然还不至于称为风雨飘摇之际。

越是在这种时期，就越考验执政者的综合智慧和能力。问题是缺少雄才大略不可怕，赶上时局开始动荡也不可怕，赶上时局开始动荡加缺少雄才大略也还不是最可怕，最可怕的是赶上时局开始动荡了，还加缺少雄才大略不说，但同时还信誓旦旦地认为自己是天纵英才，运筹帷幄之中，决胜千里之外，一切尽在掌握之中的状态。而非常不幸的是，明英宗朱祁镇和王振恰恰就都是这种眼高手低、志大才疏的类型。他们自己和大明王朝的悲剧由此拉开了序幕。其实他们第一步的判断失误还真不足以断送整个局面，如果能够冷静分析一下形势，就可以发现，虽然瓦剌的也先气势汹汹而来，甚至于摆出一副要灭明复元的架势，但就以双方的国力差距，瓦剌是绝无可能吃掉明朝的，更何况他只是武力统一蒙古高原，内部需要整合消化的问题多得是，对他以太师之位行大汗之权不服的大有人在，也先更多是摆出张牙舞爪的姿态，真正目的还是为下一步与明和谈时敲诈勒索实际利益做准备。

明朝在剿了一个云南土司十年，空耗国力已经失策的无奈现实下，取守势为宜，应令北部边将以坚城为依托，坚守不出和瓦剌打消耗战。另外抓紧时间恢复国力，调集军队，选派能员干将，准备在适当时机打击瓦剌，以消除其野心。但是，这个时间段的明英宗朱祁镇实际年龄大约是二十岁左右，正是一个热血沸腾的年龄段，这种激情燃烧的岁月再加上政治上的幼稚，使得他极其渴望开创属于自己的那份功业。这是一种非常可以理解的心态，没有一个正常的年轻人会甘心于老气横秋地熬日子，更何况他朱祁镇还是一个年轻的皇帝。从继位以来，一直被人当孩子看待，所以必须要尽快立威才行。

他下旨去拿那个反叛的云南土司杀鸡儆猴的时候还是信心满满的。但没想到的是，几个回合下来，明政府就已经势成骑虎，胜之不武，败则奇耻，已渐成鸡肋之势。时间一长，在朝中反对的声音渐渐出现并且有加大的趋势。民心、军心、士气、舆论、形象都将会朝着对朱祁镇不利的方向转变。幸好（不幸）的是有王振王先生在，只有他是始终如一地理解和支持着朱祁镇的想法。而朱祁镇之所以无条件信任王振的重要原因也正在于此。小时候的玩伴现在成了合作伙伴。这种理解与默契朱祁镇在别的朝臣那里是找不到的。王振坚决地支持和鼓励朱祁镇平叛云南的行动，认为这是一个可以证明自己实力的最好机会。他和朱祁镇共同决策坚持了十年的这场烂仗就成了两人眼高手低的最有力证明。还好在北面宿敌已经坐大的危险时刻，云南的边患最终画上了不那么圆满的句号，能够避免两线同时对敌作战，证明历史对这两个人还不是过于苛刻，那么接下来的对瓦剌的作战行动，后人将会看到他俩是如何肆意挥霍殆尽这点儿可怜的历史善意的。

关于明朝和瓦剌之间的土木堡之战过程不是本书记述的重点内容，因为在大军出发的时刻，结局就已经注定了，区别不过就是多损失还是少损失多少人的事,于改变结果没有丝毫的可能性。正统十四年(1449年)秋,瓦剌也先大举入侵大同方向,明朝诸军大败。这也是之前十年忽视瓦剌挑衅,纵寇坐大恶果的爆发。无论如何,瓦剌入侵,边防不利,朝廷总要有个应对才是,故驸马井源等四将奉命领兵出发。这个决策还是属于正常的范畴。但是仅仅过了一周左右的时间,形势突变。明英宗朱祁镇宣布御驾亲征!这个决定对于满朝文武不亚于晴天霹雳一般。吏部尚书王直等朝臣力谏反对。一时间奏章里满是诸如:"秋暑尚盛,旱气未回,青草不丰,水泉犹涩,人畜之用实有未充,(不可以)以天子至尊而躬履险地",(皇帝应)"端居穆清,坐运神筹,不可不自重"……引经据典,种种理由都充分得不能再充分了。但是朱祁镇对此的态度是一概表示"所言皆忠君爱国之意",但同时坚决无视。平心而论,他不是听不懂好话,也不是怀疑众人的忠心和好意。但是他的真实心思,众臣不如王振懂:不就是蒙古瓦剌吗,先祖五征漠北,大获全胜,而且还只有一次打的是瓦剌,因为其实力不值得一打!先父亲征汉王之乱,所向披靡……怎么自己就不能效法先人,建功立业呢?众臣既是关心自己,但也是明显地不信任自己。越是这样,就越是需要用不世之功来证明自己的能力,否则日后怎么驾驭这些大臣……

至于王振,其心思和朱祁镇异曲同工。一直以来,王振因权势日重,众多的党徒聚在左右,工部侍郎王祐善阿谀,兵部尚书徐晞等人善屈膝,公侯勋戚也都改称"翁父"……但是他心知肚明:

这些都是因为皇帝朱祁镇"以先生呼之",所以对他极尽褒美之词……都是浮云而已。大家看的还是他身后的皇帝而已。如果王振是一个自幼的太监,此刻应该没有更多的追求,足以志得意满了。但是他骨子里还是一个读书人,治国平天下是浸透到骨髓里的想法,他必须让这些两榜进士看看,就是不依靠皇帝,他王振也是有经天纬地之才的,瓦剌也先就是他迈向人生巅峰的垫脚石而已。所以御驾亲征并非完全是王振怂恿的结果,而是君臣二人相互默契、支持的结果。两个人的想法都是可以理解的,但是如果没有能力做基础,就只剩下狂热了。在狂热之后的行动通常以荒谬作为开始。

当年农历七月十五日,中元节,按传统习俗,是要祭祀祖先的。这一天,朱祁镇做了出征前的安排:自己的弟弟郕王朱祁钰留守京师,太师张辅、太保朱勇及户部尚书王佐、兵部尚书邝野、翰林学士曹鼐等,"俱扈从"。七月十六日,朱祁镇则亲率二十万征伐大军从京城出发,向西北而去。从决定到大军集结出发,总共只有两天。结果不用刻意去想,衣物、粮食、水源等后勤物资补充不足,也没有安排好后勤部队的补给,故而行军不到十天已绝粮。而对照一下,当年成祖北征的后勤准备:"调用武刚车三万辆,运粮二十万石,沿途每十天行程存一批粮,以备回返时食用,发山东、山西、河南及凤阳、淮安、徐、邳民十五万,运粮赴宣府。"这就是知兵与否重大差距的具体体现。朱祁镇君臣二人应该不会是自认军事才能远超成祖千万倍吧?而这还只是后勤方面表现出来的不足。情报方面更是一塌糊涂，从出发到最终兵败，敌人的兵力配备、主攻方向等关键情报一无所知，这样的仓促行动，除了失败不会有第二种结果。

那么看着这么严重的后果可能发生，"三杨"中的其他二杨为什么不进谏阻拦呢？原因其实也很简单，第一就是他们也都不在人世了。正统九年（1444年）三月，少师、兵部尚书兼华盖殿大学士杨士奇去世。正统十一年（1446年）秋七月，少师、礼部尚书兼武英殿大学士杨溥去世。至此，"三杨"的传奇彻底成为了历史。第二就是实事求是地说，"三杨"即便在世，也压不住朱祁镇君臣铁心折腾了。行动前的准备有多么不充分，行动中就有多少不可预知的困难。不光是物资准备不到位，据历史的记载：连日不是风就是雨，老天不作美，人事也极不顺，人情汹汹。到宣府，风大雨又大，扈从群臣想奏请朱祁镇：别朝前走啦，回京吧。可奏折落到王振手中，皇帝根本看不到。想请德高望重的张辅站出来说说话，同样没有机会。"上素以诸事付振，至是振益肆其威"，朱勇想和王振对话，得"膝行而前"；违背王振意旨的尚书邝野和王佐被罚跪草中，"至暮方释"；钦天监正彭德清说"虏势如此，不可复前，倘有疏虞，陷天子于草莽"，王振怒詈："设若有此亦天命也……"

这段记载透露出的第一个信息不算惊人，凡物资准备不到位，不算很严重的天气问题都会酿成大问题，所谓天灾人祸的关系。第二个信息是朱祁镇对王振的依赖和纵容已经到了一种严重的地步,以王振的权势熏天程度,说其是明代宦官专权的开始,不算是冤枉他。但是第三个信息就比较令人感觉匪夷所思了。就是王振回答并斥骂钦天监指责他拿皇帝安危不当回事儿的"天命"说法。这是确定王振不是个普通宦官和他不忠于朱祁镇的重要依据。

一般的宦官对于皇帝不是这种态度,应该是生死相随的状态。这也正常,离开了皇帝,太监是无法独立生存的。王振的说法明显类似于士大夫们的"社稷为重君为轻"的理论。同样正常,皇帝死了如同换个老板继续打工。这是士大夫的活法之一。很显然,王振做了宦官,但思维方式还停留在士大夫角度。他不在乎朱祁镇的安危,他只是利用朱祁镇来成就自己的成功。所以说他并不忠于朱祁镇,因此被人揭破到这一层才会愤怒地以"天命说"回击,而不是感觉惶恐和惭愧。当然这些话朱祁镇也是不知道的,就是他知道了也未必会信,他也同样渴望着建功立业呢。

就这样,他们带着数十万大军到了大同,然后就知道了战争形势的失利和看到了战场的惨烈。当两位决策者看清楚了这一切以后,迅速作出的部署调整就是撤退,在没有和瓦剌进行任何一场战斗的情况下撤退了,而且还是在对于敌情和战场态势均为不明和缺乏周密撤退部署的情况下开始撤退行动的。这两位军事上完全处于外行段位的决策者压根就不知道一个问题,那就是撤退在军事上属于最高难度的军事行动之一,操作不当的话,撤退变成溃败可就是一瞬间的事情。历史的实践已经多次证明,像这种没有严密的组织和保障,没有各部队之间错落有致的互相交替掩

护，只是一味地想摆脱敌军围追堵截的逃跑行动，最终都很难逃脱全军覆没的悲惨命运。

这次也没有例外。明英宗朱祁镇、王振以及他们麾下数十万明军将士，还包括那上百名随驾文武官员的命运，在京北土木堡（今河北怀来境内），在明正统十四年（1449年）中秋之日，发生了可谓是翻天覆地的变化。王佐等46名文臣、张辅等17名武将，以及上万或有名或无名的将士，成为了这场所谓的"御驾亲征"的牺牲品。而两名始作俑者，司礼监大太监、权倾朝野的王振死于溃败的乱军之中，明英宗朱祁镇成为了瓦剌也先的战俘。这使得大明王朝的政坛平地卷起了一场剧烈的风波，包括明英宗朱祁镇自己，也包括众多的朝臣、宗室都身不由己地被吞噬了进去，能够幸免置身于事外者寥寥无几，大明王朝的历史篇章被迫翻开了新的一页。

朱祁钰，这是一个现代中国人会普遍感觉陌生的名字。但是对于"景泰"这个名词仍然感觉陌生的人已经没有前者那么多了。而"景泰蓝"不说是家喻户晓也差不多了。这种正名为"铜胎掐丝珐琅"的工艺品恰恰是在大明景泰年间走向成熟并发扬光大的。也正因为如此，被明政府有意低调淡化处理的"景泰"年号及其主人——大明朝代宗景皇帝朱祁钰，终于能够在历史上留下了一抹难得的深深印记。至于淡化他存在的原因，那就还得继续说那场平地而起的政治风波。

朱祁镇失联的消息最初带给明王朝的是惊慌失措，因为不知道他的死活,这就给下一步的行动带来了很多的不确定性。假如皇帝死了,直接迎立新君没有任何不妥;而皇帝如果还活着,组织营救则是当务之急。生死不明是最麻烦的,虽然道理是国不可一日无君,但万一皇帝尚在人世,擅立新君是无可辩驳的不臣之举,不是大臣们自私,而是事关个人和家族的生死,不得不慎而又慎。在满朝文武六神无主的当口,皇太后孙氏(宣宗皇后,英宗生母)下旨立英宗朱祁镇皇子朱见深为皇太子,命朱祁镇异母弟、郕王朱祁钰监国摄政。这么安排的原因是朱见深当时年仅两岁。既不能国无长君,又想保全英宗一系的皇统,也难为孙太后料事周全了。等孙太后的安排妥当了,朱祁镇也活着出现并且回来了。但不是他一个人回来的,而是作为瓦剌也先的俘虏被押解到北京城下的。

也先的目的有两个:要么赚开北京的城门,直接夺取明朝的天下;要么就以朱祁镇的皇帝身份勒索巨额赎金。后一个目的对明朝的伤害同样巨大,朱祁镇的皇后七拼八凑送去的第一笔赎金并没有换回朱祁镇的自由。如果任凭也先肆意以朱祁镇开价勒索,后果不堪设想。因此孙太后当机立断,马上调整了自己的部署方案:朱见深的皇太子位置不动,直接命朱祁钰即皇帝位,遥尊朱祁镇为太上皇。朱祁钰在再三辞谢以后,接受嫡母的懿旨,承继大统。

应该承认,这个方案在当时还是具有合理性的,也具有可操作行性。于国家角度,废朱祁镇皇帝位,能够制止也先的据此勒索；于皇室角度，定太子位，保全朱祁镇一系的皇统；于朝廷角度，国有长君，对接下来安定人心、抵抗作战有利；于礼法角度，兄终弟及同样是合乎世袭制。同时也对朱祁镇算是有个结论了，给了个不论是能不能回来都有法交代的法定身份。这个方案存在的唯一也是致命的隐患就是无法控制皇权的排他属性。一旦朱祁钰坐上皇帝的宝座之后想建立他自己一系的皇统传承，不再承认现任皇太子的合法地位而另立太子，那孙太后这一试图稳定各方的努力就会前功尽弃，立刻朝局就会是暗流涌动，平地再起风波的结果。

那么如果尝试一下其他的方案又会如何呢？我们来实际分析一下可行性如何。其中之一就是孙太后垂帘听政，直接帮助两岁的孙子执政。这个方案听起来很美好，但是首先是明朝没有这种政治传统，贸然实施容易引发朝臣的论战，继而引起朝局的分裂。更重要的是后宫执政势必要借力于外戚，这是文官集团所不容易接受的，一旦引起他们的反对和敌视，朝局的动荡同样就在眼前。而此时此刻，蒙古瓦剌的也先正虎视眈眈地寻求机会进攻，明朝如果发生内乱，那灭国之祸的结局不能算是危言耸听。

那么如果尊太子即皇帝位，由朱祁钰以叔王身份辅政或者摄政呢？这个方案较之太后垂帘听政确实能够比较好地应付眼前的危机局面，避免国无长君的危险局面。但是，这个方案同样比较理想化，因为不管是太后还是群臣都无法让朱祁钰既全心全意地辅佐幼主摄政，又能止步于皇叔之位而不做非分之想。只要朱祁钰一旦能够取得击退瓦剌保全大明的不世之功,以他纯正的朱家皇室血统,若有取自己皇侄而代之的意思,恐怕届时群臣也不会有几个会为了维护两岁的小皇帝的皇位和朱祁钰战斗到底的,而一旦发生这样的非正常皇位更替,朱祁镇父子再想苟全性命于人世,恐怕只能是美好的愿望了。如果把这一切的不发生都寄托于朱祁钰的人性善良,未免有些过于天真烂漫了。

比较起来,还是孙太后的实际方案比较现实,虽然也还是存在皇权更替的隐患,但是至少在不发生大的内乱,同时能够成功抵御外寇威胁的实际效果方面,较之其他方案要更加具有成功的可能性。所以当这个方案实际执行的时候,朝局相对也是实现了比较平稳的过渡。

明正统十四年(1449年),郕王朱祁钰在推让之后,接受了皇太后孙氏的懿旨,宣布遥尊兄长朱祁镇为太上皇,自己即皇帝位,同时宣布次年,也就是公元1450年,为景泰元年,正式改元开启了景泰时代。这也同时就在名义和实际上都宣告了正统时代的结束。

更危险的是战场已经转移到了北京城下,如果再次失败,朱祁钰和大明王朝的命运被画上句号的可能性是非常大的。兵部侍郎于谦,给朱祁钰和大明王朝送上了一根难得的救命稻草。朱祁钰对于谦基本上是信任有加、言听计从的。他按照于谦的建议赦免了擅自打死王振党羽的大臣们,这就初步达到了清算王振集团和收拾人心的效果。接着他完全听从于谦的思路,否决了群臣放弃北京退守南京的动议,坚定不移地进行北京保卫战。结果非常的令人振奋,瓦剌战败,放弃了颠覆明朝的想法。朱祁钰平安地度过了他执政初期的艰难险阻,算是有了一个比较良好的开局。

但是很快,朱祁钰的烦恼就开始出现了。因为在看到打也不行(北京保卫战明朝胜利了,全国各路勤王的军队也开始到达北京了,双方的力量对比天平已经开始向明朝倾斜了),勒索赎金也不行(朱祁镇的太上皇身份不具有赎金价值),杀掉也不行(为明朝减负,自己在舆论上落一个残忍杀俘的名声,虽然可以不在乎,但是也没有什么好处)的情况下,瓦剌也先准备把朱祁镇给放回去了。这个消息传回京城,朝廷上下人人都是一种如释重负的感觉,大家觉得事情总算是可以有个结果了。而且也没有割地、赔款、和亲之类士大夫们认为是奇耻大辱的事情发生,也算是一个比较可以接受的结局了。

在这样普遍轻松的气氛里,大家就自然而然忽略了一个人,也就是现任皇帝朱祁钰的感受。朱祁钰对于此事非常不高兴,而且他的这种不痛快的感觉很快就表现出来了,这也就造成了朱祁钰和朝臣的第一次冲突。大臣们要求接回太上皇朱祁镇。理由很简单,太上皇在敌国无论如何都是国家的耻辱,只有接回来才是万事大吉。这和当初岳飞提出的"迎还二圣"口号性质是一样的,完全占据了道德制高点,于公于私都让朱祁钰很难反驳。而且由于形势不同,朱祁钰不仅无法反驳,还不能像当初宋高宗杀岳飞一样对付这些大臣。

首先岳飞是一个武将，相对比较好对付。而朱祁钰要面对的是几乎全部文官集团整体，不要说是朱祁钰，就是具备其先祖朱元璋那样能力与魄力的帝王，也没法杀光这个集团。其次是北宋和俩皇帝一块被俘的几乎是整个皇室，包括后宫、宗室等，所以岳飞的口号在南宋皇室内部不会有什么呼应的力量。但是朱祁钰面临的形势又不一样了。因为只是朱祁镇自己被俘了，他的母后、皇后、妃嫔、子女都还在宫里，他们和大臣们在这个问题上很容易达成共识，形成遥相呼应的形势。而朱祁钰无论在前朝还是后宫都是一个临时上位的"孤家寡人"而已。由于思想上转不过这个弯儿，又不能按照自己的意愿（让朱祁镇在瓦剌终老）行事，朱祁钰开始拖，对所有关于接回太上皇的动议，他都是一种不反对、不赞成、不行动的态度。

大臣们催急了，朱祁钰扔出一句很有杀伤力的话来回击。大意就是，这个皇帝不是自己乐意当的，是皇太后的懿旨，还有大臣们的再三劝进才当的，大臣们现在的态度让他感觉很是匪夷所思。大臣们相当有压力了。话里不仅指斥他们有不臣之心，而且颇有撂挑子的威胁意味。大臣们不是不明白皇帝的心思，但是也想不出什么两全其美的办法。结果双方陷入了僵持状态。在关键的时刻，于谦直截了当地表示皇位已经确定，任何人都不应该再说什么了。这就部分地解开了朱祁钰对于皇位的心结，也断绝了某些大臣心中还想迎接朱祁镇复位的想法。解开了矛盾，但同时也就最终确定了于谦自己的结局。除非朱祁镇永无复位的可能性，否则于谦是必死无疑。当然这么做的朱祁镇也要付出他自己难以想象的沉重代价。

　　于谦说出那句话的时候，朱祁钰对化解矛盾的于谦是充满感激的。他把这看作是自己对于谦的信任所获得的回报。但是比这个更重要的是，朱祁钰作为一个皇帝，在这次朝会当中，他敏锐地接收到了另外的一种信号。那就是他的皇位并不稳固，作为当初名正言顺即位，之后又统治了明朝数年的皇帝，哥哥朱祁镇在朝中的影响力绝对要远远大于自己，要想获得最后的胜利，他必须尽一切努力。朱祁钰的防守反击行动从迎接太上皇开始。他的第一个行动是杀减太上皇的威仪，低到可以用寒碜来形容了。群臣对于这个礼仪的安排自然有话要说了。因为此事关乎礼法，于国，朱祁镇是太上皇；于私，朱祁镇是皇兄。长兄如父，礼教的事情在大臣们眼里就是规矩，规矩是不能马虎的。更何况迎接太上皇的礼仪如果过于寒酸，也于国家脸面上有碍。但是大臣们没想到这个看似无法反驳的理由这次却没能唬住朱祁钰。朱祁钰拿出的是太上皇朱祁镇的亲笔信，信中的部分内容是希望迎驾仪式从简，不要过于铺张等。朱祁钰以不能违背太上皇的意志为理由，让大臣们哑口无言。

　　群臣都明白，朱祁镇回来这事儿属于战俘遣返。这种情况也确实不是什么多么光彩的事情。因此也就没有多少底气去帮着朱祁镇争这个礼仪。朱祁钰就此取得了初步的胜利。对于朱祁钰而言，朱祁镇的返回无疑是一个大麻烦的降临，礼仪之争的胜利不过是守住了底线而已。

朱祁钰接下来干的第二件事情就是安置他的皇兄朱祁镇。这次朱祁钰懒得和文武群臣废话了，直接下旨将朱祁镇"安置"（囚禁）到南宫（今遗址在故宫东南方向，距离东华门不远）了事。这还是景泰元年，也就是公元1450年发生的事情。按照朱祁钰的想法，八月十五他率领群臣迎接朱祁镇，然后把朱祁镇往南宫里一关，宫门口再以确保太上皇安全的名义加派警卫力量，就可以彻底阻断朱祁镇和群臣的联系了。时间一长，朱祁镇也就成为一个政治上被遗忘的人了。朱祁钰显然低估了群臣"恋旧"的群体记忆力量了，仅仅过了四个月，礼部尚书胡濙上奏，希望在转年的正月初一，皇帝能够准许文武群臣到延安门（南宫正门）朝觐太上皇。这个建议当即被朱祁钰否决了。朱祁钰的不安全感进一步加深，为了一劳永逸地解决这个问题，朱祁钰开始筹划第三件事情。

朱祁钰准备更换太子了。换太子这个事情在帝制时代属于大事，皇太子作为储君，是未来的皇帝，关乎江山社稷的安危，故而通常被称为是"国之根本"。朱祁钰的行动是在动国本，想不引起政治风波甚至是动荡，可能性是不大的。就实际来分析可以发现，朱祁钰更换太子的难度要远高于历朝历代换太子的难度（本身就是中国古代政治中的高难事件之一）。其原因在于首先他这么做属于违背了登基时的政治承诺，打破了政治力量间的平衡。其次，通常废立太子都是直接颁布圣旨，历数废太子的过失之外也就没什么特别的了。但是朱祁钰却用金银以赏赐的形式贿赂内阁。不过内阁多少还是卖了皇帝一个面子的,至少没有跟皇帝硬扛。这在一定程度上给朱祁钰造成了错觉,认为自己已经搞定文武群臣了。所以接下来在景泰三年(1452年)夏五月,朱祁钰下旨废皇太子朱见深为沂王,立自己的独子朱见济为皇太子。朱祁钰以为这下大功告成,高枕无忧了。但是他并不知道,这场由他一手挑起的政治风暴才刚刚开始,而决定它会以什么方式和什么时间结束的主动权就已经不掌握在朱祁钰手中了。时间仅仅过了一年多,就风云突变。

景泰四年(1453年)十一月,年仅5岁的皇太子朱见济去世了。这对于朱祁钰的打击可谓是当头一棒。如果重新立朱见深为皇太子就等于宣布自己的失败。如果坚持立自己的皇嗣为太子,那就得等儿子降生才行,在这之前就要直接面对朝臣们的舆论压力了。自从太子朱见济一去世,大臣们似乎重点就落实一件事,就是进谏要求皇帝重新立朱见深为太子。奏章似雪片,各种说法都有,"父有天下,固当传之于子。乃者太子薨逝,足知天命有在。""臣窃以为上皇之子,即陛下之子"等等。恼羞成怒的朱祁钰立刻做出了他皇帝生涯中最不冷静的决定,对领头上书的大臣施以廷杖之刑,结果是当场一死一重伤。

廷杖之刑不是朱祁钰的发明,实际上从朱元璋时代就有廷杖大臣的政治传统。但是大臣们觉得朱祁钰这次不一样。和明朝其他的皇帝相比,朱祁钰的庙号不仅来得非常晚,而且还是"代宗"。

这就是说朱祁钰的皇位来之不正，属于皇帝里面的"临时工"。在很多大臣们的眼里，就他这样的出身，坐上皇帝的宝座已经属于意外事件了，那么皇兄"北狩"归来，不但连让位的自觉性都没有，还居然敢摆出不欢迎的态度，之后还得陇望蜀地要更换太子，改变帝系，在大臣们犯颜直谏之时，竟然对大臣们大棍伺候，简直就是如假包换的昏君暴君一类。就这样，从太子朱见济去世以后，朱祁钰和大臣们之间的这场政治博弈在不知不觉中，已经逐渐进入了"零和"的危险局面。皇帝觉得自己掌握着天命，而大臣们觉得自己掌握着天理，都是无限正确的代表。双方在博弈中都是各持立场，坚持原则，绝无妥协。这就在事实上造成了朝局的内耗在逐渐加大，国家高层政治群体的撕裂趋势正在加剧。而更加危险的是，不知道朱祁钰能否意识到，就在他和大臣们之间关系逐渐向尖锐的对立状态演变的过程中，他自己也就正在削弱自己原本就比较薄弱的统治基础，这也就为一直在暗中隐忍的政治对手们送去了难得的翻盘机会。

就在这个过程中，从景泰四年（1453年）十一月以后，朱祁钰就再也没有皇子降生。这使他变得越来越急躁，因为这又给了那些大臣们向他施压的最好口实。面对这种压力，朱祁钰又无力反击，只能采取拖的办法。就在这么一个日复一日，循环往复的过程中，日渐增大的压力终于把朱祁钰压垮了。朱祁钰病了，而且病势日渐沉重，很快就到强撑病体听政的程度了。此时此刻的朱祁钰再听大臣们要求复立朱见深的呼声，不亚于是雪上加霜。

但是忠于他的大臣力劝他纳谏，道理很清楚，从国家的角度考虑，眼看朱祁钰病情并没有好转的迹象，一旦遭遇不测，大明王朝不能没有皇储即位。而且从朱祁钰个人角度考虑，如果不安排好即位人，恐怕太上皇复位就是顺理成章的事了。一旦复立朱见深为皇太子，万一日后朱祁钰还有康复的那天，也还有机会容图后事；就算是朱祁钰直接"龙驭上宾"了，有这复立之情，皇太子对朱祁钰的后事多少也能有个和缓的余地，不至于对朱祁钰及其一脉斩尽杀绝。最要紧的是，只要复立朱见深为皇太子，就能在朱祁镇父子之间产生离间之效，可以直接阻断朱祁镇复位的想法。

　　景泰八年（1457年）正月的一次朝会上，面对朝臣们复立朱见深的动议，朱祁钰作出了自己皇帝生涯的最后一个决定：今天身体不好，明天再议。散朝以后，于谦等大臣决定坚持这个动议，连夜整理成奏章，准备第二天继续说服朱祁钰把此事落实。但是如果他们君臣等人能够知道稍后发生的事情，他们一定会连夜把事情搞定的。但是历史就是这样，只能是单行道似的向前发展，假设没有任何意义。就在当晚，已经得知景泰帝病重不久于人世的一小撮官员，直接前往南宫，接出太上皇朱祁镇，直闯东华门，于奉天殿复位，下旨改景泰八年为天顺元年，历史上记载为"夺门之变"。此次事件彻底终结了景泰时期的历史，继续续写正统朝的历史，但改年号为天顺。名为天顺，其实一点都不顺。因为整个天顺时期的主旋律就是反攻倒算加政治斗争及平定叛乱，一点儿上顺天意、下顺民心的和谐气氛都没有，完全和这个祥和的年号就是背道而驰的节奏。

我们可以为此来回顾一下天顺时期的政治活动大事年表：天顺元年（1457年）正月十七日，太上皇朱祁镇临朝复位；当天接受群臣礼贺；之后即下诏逮捕于谦等在景泰时期受重用的一干臣子；即命策划夺门的核心人物徐有贞入阁，其他参与此事的一众文武官员，也俱都各有封赏；而当初为力保皇太子朱见深而被景帝朱祁钰下狱戴罪的两名为首的大臣也是释放提升；至于遭廷杖之刑身死者，对其本人和家属亦多有抚恤；五天以后的正月二十二日，以"欲迎立外藩襄王世子"之罪名杀于谦等人于东市。二月，由皇太后下诏废景帝朱祁钰仍为郕王（意味着此前一个月明朝实际有俩皇帝同时存在），囚于西内，不久郕王去世，谥号为"戾"，其在昌平十三陵所建之陵墓予以拆毁（已葬之杭皇后陵一并拆毁，以致其尸骨下落不明），以亲王规制葬于京西金山口，令其宠妃唐氏一并殉葬（同时加罪于其家族成员）。夏四月，复立皇长子朱见深为皇太子；朱祁镇接受襄王的朝见，并调阅襄王当初请太子即位，迎英宗，乞皇太后训谕郕王辅政的奏章。六月，逮捕徐有贞下狱；在处理这些在朱祁镇看来或忠或奸的政治角色的同时，他也没有忘记已经死了的王振，也是在这一年，"诏复王振官，刻木为振形，招魂以葬"，并于智化寺（王振奉旨建的家庙）西北角为之立旌忠祠。天顺四年（1460年）春正月，石亨（参与夺门的核心人物之一）以阴谋反叛被处死刑。天顺五年（1461年）曹吉祥（参与夺门的核心人物之一）反叛被杀。天顺

六年（1462年），又赐智化寺大藏经一部。至此，围绕着从景泰到天顺时期的政治斗争才告一段落。而这一系列的政治动荡对于朱祁镇的身心未尝不是一种折磨与摧残，就在政治风浪已渐趋平静的天顺八年（1464年）春正月，朱祁镇因病去世，庙号英宗。皇太子朱见深即皇帝位，下旨改次年（1465年）为成化元年。

从朱祁镇即位到他"龙驭上宾"，随着从正统到景泰，再到天顺这几个年号变成历史的一部分。如果回顾这三十年的历史，不难发现，时间虽然不长，但却是风云诡谲，变幻莫测。在大明王朝应该开始步入相对平稳的守成发展轨道之时，政治上却是惊涛骇浪频发，从皇室到平民，从京城到边关，很多人想在此时独善其身，过一安稳太平的日子，不啻是痴心妄想。而且这些政治风浪可谓是平地而起，来势凶猛，泥沙俱下，玉石俱焚。对于明王朝的发展和国力，都产生了不小的消极影响。"土木堡之变"之后，朱祁镇的身份直接从皇帝变成了战俘，这已经在明朝破天荒了，直接把皇帝的身份和尊严打得粉碎，而且自此难以恢复。在文人士大夫心中，朱祁镇已经把皇帝这个原本神圣尊贵的称号变成了一个笑话，至少朱祁镇的皇帝身份在再次复位以后已经就是个笑话了。他们为什么骂王振骂得那么投入那么狠？因为坐在皇帝宝座上的人不能骂。他们当然更知道骂王振朱祁镇会护短，但是那也要骂，因为就是骂给朱祁镇听的。而朱祁镇除了怒斥大臣们当时不进谏，事后诸葛亮（大意如此），也没有更过激的行动。这实际上也昭示着他自己威风扫地，拿大臣们也是无可奈何。不过要是把皇帝威风扫地的责任都推给朱祁镇，也未免不实事求是和不够厚道。他弟弟景帝朱祁钰起码也要有一半的责任要负。他至少在几处关键性的表现上让人对皇帝的言行不敢苟同。其一就是尚在监国之时，面对朝臣失控群殴王振党羽致死的政治事件，手足无措，一度甚至想要退回内宫，这是很让人质疑能力的表现。其二就是在迎回皇兄朱祁镇的问题上，表现得患得患失，情绪化异常明显，缺乏必要的城府与风度。其三也是最令人诟病的，在更换太子的过程中，贿赂阁臣在前，廷杖官员于后，完全丧失了一个帝王所应有的威严与气度。其私心杂念与小肚鸡肠则表现得淋漓尽致。说这兄弟俩把明朝皇帝的脸丢尽了不算是刻薄他俩。

与令帝王颜面尽失的同时，这一时期给明朝造成的又一重大损失在于朝廷的政治高层群体。这个责任主要的承担者是英宗朱祁镇。首先是"土木堡之变"中随驾的高级官员几乎损失殆尽，朝堂近乎为之一空。而天顺时期的反攻倒算，又诛杀罢黜连带阁臣在内的多批文武高官，人为地消耗了大批政治精英于无谓的政治斗争中。这其中则又以冤杀于谦的后果最为严重。自古以来的朝臣之中，清官最为人所称道，但这实际只是官员操守问题，并不能反映其行政能力如何。同时能员干吏也有不少，但其中也不乏贪墨之徒。能集廉吏、干员于一身者，才是真正稀有濒危的群体。而于谦恰恰就是这样一位难得的纯臣。

于谦被英宗朱祁镇下狱后，曾经制止狱友对肆意泼在他们身上的脏水进行抗辩，于谦认为这是徒劳的。这反映了于谦在政治

上的成熟冷静,他从为国拥立景泰皇帝那一刻,对自己的这一结局就应该是有思想准备的。难得的是他并未因此而在景泰执政时期飞扬跋扈,横征聚敛。抄家之时,其家简陋清贫到令人无语。对于这样一位集操守、能力于一身的纯臣,朱祁镇并非完全不知道,他一度也不忍杀于谦,但他最终并没有坚持住自己的正确决定。这并不能完全归结于佞臣们的诬陷蒙蔽鼓动,他杀于谦在本质上是拿公理、人心、原则和自己的皇位做出了交易。他巩固了自己的皇位的同时却忽略了一个问题。那就是他用实际行动传达出了一个信号:忠于皇帝比忠于国家更加重要。这与"民为贵,社稷次之,君为轻"的理念背道而驰,将皇帝利益与国家利益相分离、对立,这甚至于与"家国天下"观念都是相悖的。这将让那些以于谦为榜样干实事的大臣寒心,因此于谦被冤杀之后,朝野上下,宫廷内外,一片不平之声。朱祁镇并非对此充耳不闻,当最终证明于谦无罪的铁证呈于他面前之时,他也同样懊恼和自责,因为他的行为对推动明朝官场风气走向因循推诿是有不可推卸责任的。所以说他冤杀于谦是取亡国之道并不算是冤枉他。

明朝的政治高层群体的损失还不仅表现在这种肉体死亡上,在这一时期发生的严重政治撕裂是这种损失的又一表现形式。随着兄弟俩的皇位发生两度更替的严重政治动荡,朝中的文武群臣被迫进行政治上的划线站队。大臣们全部精力都要投入政治斗争旋涡中以自保身家性命,谁还有精力去忙碌于各种朝政呢?像于谦那样的大臣,又有几人呢?而即便是于谦,其结局前文已经说过，这只能是让群臣以更加小心翼翼、如履薄冰的态度从政，最终难免落一个君臣貌合神离、离心离德的结局而已。在政治动荡给政治高层带来巨大伤害的同时，英宗朱祁镇的贸然北征的结局给明朝的军事力量、边关守备、部队士气带来的伤害同样是无法估量的。在正统时期以前，明朝在军事上对于蒙古是占有优势和主动权的，洪武、永乐时期自不必说，即使是仁、宣时期，蒙古也没有足够的把握击败明王朝，更不用说对明王朝构成威胁了。所以明军一直是有信心防御蒙古的。但是正统时期的连续失败动摇了这种自信，而土木堡的惨败彻底摧毁了明军将领们的信心。不是说军队不能打败仗，问题是打了败仗要能发现问题，解决问题。但是像土木堡这种败仗属于全面崩溃，失败的速度快到来不及分清人才和蠢材，来不及意识到问题究竟在哪里。这样就很容易造成军队对于对手产生恐惧感。这对于接下来的作战行动和军队的士气将会产生非常消极的影响，甚至于造成严重的后果。其后发生的"北京保卫战"的大背景即是如此。否则无法解释大明王朝，泱泱大国，开国不到百年，就从大漠追剿蒙古，退化到让蒙古兵临京城，一度竟然就有国破家亡的危险这种诡异的节奏变化。更值得庆幸的是于谦以一介书生，并非行伍出身，居然能够在最短时间内，组织协调各方力量，恢复部队和将领的信心，败强敌于坚城之下，挽狂澜于既倒。其自身能力确实令人叹为观止。说他为大明立下不世之功不算是溢美之词。但是这个阶段带给明朝军事方面的伤害是严重和深远的，特别是随着天顺复辟以后，于谦和他所任用的将领被杀被贬，一些当初的败军之将重新得到任用，这令部队好不容易迸发出的一点儿斗志、士气、朝气也随之烟消云散。明军故态复萌。

这次对蒙古作战失利以后，明朝上下对蒙古都比较谨慎，明王朝基本上对北部的蒙古势力一直持守势态度。明初所形成的主动态势基本上已不复存在，在战略上相对处于比较被动的状态。而在强敌兵临京城下时，撤守策略之争也一定会从一个军事问题演变为一个政治问题，而且会争论得极其激烈，甚至会引发军事以外的很多问题。这也是这个阶段留给后人的一个政治隐患。

从整体的发展来看，明朝过去的这三十年时间，不但是消耗荒废了国力，而且出现了较为严重的内耗斗争，这就使得本该沿着"仁、宣"时期恢复国力，进一步理顺调整内部矛盾，争取在政治平稳的基础上，使国力能够再次提升的施政方向出现了大的偏差，不得不停顿乃至于后退去调整内部的很多问题。因为英宗、景帝这兄弟俩统治时期，留给后人的是一个需要调整治理的烂摊子，这对明王朝而言，就需要消耗更多的时间去调治内伤，抚平人心，解决矛盾。当然值得大明君臣们庆幸的是，问题虽然不少，终究国力尚未受到根本性伤害，分歧、对立的动荡尚在高层，还没有进一步在更大的范围产生更多的消极影响。但是这些就已经给年轻的帝国继承人留下了不少亟待解决的难题。带着对于新皇解决问题的期待，大明王朝的历史翻开了新的一页，成化时期(1465—1487年)终于开始了。

山雨欲来

朱见深从父皇手里接过的并不是一个盛世。成化元年（1465年），他听取了御史为于谦鸣冤的进谏，下诏将于谦的儿子、女婿从流放地赦免回原籍。同时还赦免了一批因当初"夺门之变"被流放戍边的官员。次年，下旨追复于谦官职，并派官员去杭州祭奠于谦，祭文是翰林院奉旨撰写的，于谦之子的世袭官职也得到了恢复。朱见深的这些举措对于化解戾气，缓和矛盾，收拾统治集团内部人心无疑是必要的，也确实取得了一定的效果。当然从小就生长于深宫的他尚无从知晓整个国家形势的严峻程度，当然也就更不知道要扭转当下形势并不是单纯靠收拾人心就可以天下太平的。那么朱见深所不知道的问题严重到什么程度了呢？

明朝中期，原来北方开垦出的"永不起科"（鼓励垦荒，不收赋税）的土地，景泰时已全部征收赋税。这就明确传递出了一个清晰的信号：大明王朝的财政收入出现困难了。与此同时，相对富庶的江南地区，重赋被继续沿袭。英宗正统元年（1436年），

明朝政府把江南一部分赋税折征银两,规定米麦一石折银二钱五,四石折银一两,这部分银两名为"金花银"送内库供皇帝使用。赋税征银开始成为定例(银粮兼收,逐渐过渡到完全收银)。之所以说是重赋,是因为当时租种官田的农民日子还是很苦的。当时流传的民谣具有一定的代表性。例如:"一亩官田七斗收,先将六斗送皇州,止留一斗完婚嫁,愁得人来好白头。"和"为田追租未足怪,尽将官田作民卖,富家得田民纳租,年年旧租结新债"等。比较形象地反映了当时多处存在的农民产去税存和田居富室、粮坐下户等不合理社会状况。那么朝廷为什么要加税和重赋呢?这内中的缘由绝不是简单的一句横征暴敛,满足皇帝挥霍就能解释的。实际的原因隐藏在一组冷冰冰的数字背后。

明朝初年,政府控制的征收田赋的土地总额为八百五十余万顷,英宗天顺七年(1463年),只余四百二十九万顷,两者相较差额已达四百二十一万顷。这也就意味着,在过去的九十五年里,已经有几乎一半的土地从明朝政府的账面上凭空"蒸发"掉了。与之相对应,明王朝的在册人口(直接关系赋税量)也从明太祖洪武二十六年的六千余万减少了大约一千万左右。所以相应的,正统、景泰时,从山东、山西等地流亡至河南南阳,湖广襄、樊等地的流民有二十余万户。天顺、成化时,陕西、山西、河南等地人民流徙荆襄等处,日数万计,以致阖县无人,有者十去七八。究竟又是什么原因促使这些"安土重迁"的农民们背井离乡、铤而走险呢?原因极其简单不过,那就是"苛政猛于虎"。论及于此，基本事实和逻辑关系已经非常清楚了。

由于土地兼并的缘故，政府控制土地数量严重下降，赋税量也随之下降是自然而然的情况，但是赋税总量关系皇室和政府切身利益，也关系国家机构的正常运作和安危，所以税收总量不可能减少，因此剩余土地的农民负担会明显加剧。如此一来，引发农民抛地逃税也是必然的结果。而农民的流亡则会进一步造成政府税源的减少，以上的过程会再次重复，是为一种恶性循环。但是这种情况并不是明王朝所特有的。这是前文所述土地兼并问题的并发症明显出现而已，而土地兼并是中国古代各个王朝的不治之症，一般都会在王朝的初期受到有效遏制，然后待到中期发作，晚期恶化不治。

明朝当时的情况并不特殊，不过是符合基本规律而已。但是有一个问题还是有必要说清楚的，那就是明朝的农民负担究竟重还是不重。这是一个目前颇有争议的话题，而且还能扯出许多其他的话题。至于明朝农民（也包括中国古代的所有秦朝以外朝代的农民）的负担轻重问题，其实解决起来也不是非常困难，只要明确了标准还是不难说清楚的。为什么要提到标准问题呢？因为明朝和其他王朝一样，在农民的赋税问题上都不同程度地存在着写在纸上是一回事，实际执行完全是另一回事的情况。出现这种情况的缘故并不玄妙，其关键在于除了秦朝以外，历朝历代所规定农民需要缴纳的正税（土地税）都是很低的。但是农民历来也不是缴纳了正税就万事大吉了的，还有徭役、兵役以及不限时、无限量的各种苛捐杂税要应付呢。

即便是缴纳正税,也要受到明目张胆、堂而皇之的额外勒索,其中比较著名的有两种,一曰"淋尖踢斛",一曰"火耗"。前者见于以粮食缴纳实物租税的过程中。根据留下来的文字记录,其操作过程大体如下:淋尖踢斛也称"脚踢淋尖"。斛是一种容器,唐朝之前,斛为民间对石的俗称,1斛=1石,1石=10斗=120斤。汉朝许慎《说文解字》:"斛,十斗也。"宋朝开始,改为1斛=5斗,而1石=2斛,也就说到明朝时候1斛是60斤,斛子的体积也不是很大,其外形是一个类似于大酒杯的容器,缴税的时候,先把粮食倒到斛里面,可能是检查质量看粮食的成色,要求把斛子倒满,上面还有一个圆锥体状的尖,这时管事的官员上去猛提一脚,要求斛子不倒,但是上面的尖洒下来了,洒出来的粮食不允许老百姓回收,算是运输和保管中的损耗,百姓再把斛中余下的粮食拿去称重,如果不够还要补交,这样无形中多交不少粮食,这些成为明朝各级官员的一笔半公开的收入。

这种现象和行为并非明朝所特有,在明朝以前就已经存在了,从性质上说属于基层腐败、集体贪墨是毫无疑问的。但从来也不能根绝的原因有二:一是即使没有所谓的"淋尖踢斛"作弊,粮食在收取、转运、贮存的过程中,受古代技术条件所限,也的确会出现一定程度的损耗,而这种损耗转嫁到农民头上也是顺理成章的事情。"淋尖踢斛"就是利用固有的弊端漏洞上下其手、中饱私囊。手段下作,却也是体制所致。这就是其原因之二的"自古皇权不下县"所导致的问题。自秦始皇开创郡县制以来,一直到清王朝，甚至于近代，中央政府所委派任命的最基层官员都是只到县一级为止，至于县以下的乡村里，亭长、里正、保甲长之类的小吏，包括县令身边的钱粮、刑名师爷，快壮皂三班衙役，吏、户、礼、兵、刑、工六房书吏等，一概属于"吏"的范畴，也就是属于官员自行聘任人员，不在国家编制以内，既无薪俸保障，也无社会地位。所以这些外聘人员在实际操作过程中，基本上也多是考虑自身利益而并非国家形象以及百姓利益。同时明朝官员正俸微薄，自己养家糊口勉强敷用，再另行为聘任人员开支，显然不够，必然要寻求灰色收入。而这些外聘人员具备的社会经验与专业技能，又是四书五经培训出的官员必然大都不掌握的。所以集体通同舞弊、欺瞒朝廷，压榨百姓成为常态。即便有些朝廷大员了解这一真相，也无力解决，只能放任而已。

而另一种形式的"火耗"则多见于以银两完粮纳税的过程中。其理由和操作手法较之前者更加冠冕堂皇及隐蔽。从操作流程上，农民要先将粮食变卖成铜钱，再将铜钱兑换成白银，最后以银两完税。由于明朝政府并未发行统一规制的银币，农民所缴纳的赋税形式必然是散碎银两，而散碎银两必然在运输等环节多有不便，故政府规定必须将散碎银两熔铸成统一重量的银锭才可以入库。而金属在熔铸过程中必然有损耗，这就是"火耗"的来源。与之前处理粮食自然损耗的思路相同，政府同样把这笔损耗开支转嫁到农民头上，每亩地要加收"火耗"银子。逻辑看起来没有问题，但问题在于明朝政府一不公开"火耗"的具体数量，二也就顺理

成章地不制定全国统一"火耗"标准,由各地官员自行决定加收的数量。各地各级官员面对这样一个体制形成的合理合法的贪墨机会,能够心存百姓、甘于清廉者不能说没有,但恐怕是为数不多的。再加上商人、地主、高利贷者在银钱兑换过程中的层层扒皮得利,农民的实际负担是要远大于写在纸面上的正税负担的。而这也只是农民的田租负担而已。如果算上额外的摊派以及徭役、兵役等负担,那农民的日子是可想而知的。

在徭役方面农民更是没有任何轻松可言的。到了明朝的中期,徭役名目也变得日益繁多,分里甲正役、均徭和杂泛差役。第一种办纳粮草、上供物料,还能细分为额办、坐办、杂办等诸多名目。第二种是供各级衙门差遣,从朝廷一直到司府州县。细分为力差,农民必须要亲身应役。银差,则可以纳银代役。第三种则是"上命非时",很可能随时会摊到农民的头上。光是从名目和种类就能感觉到农民负担的沉重。而在具体执行中照样存在舞弊的问题。官吏士绅的徭役按律自然是优免的,而地方上的豪强地主则买通具体执行的官吏,逃避力差,甚至连临时摊派的杂泛差役最终也完全落在农民头上。地主们当然不光是在徭役方面作弊逃脱,在正税方面,他们一样也是串通官吏,共同作弊,采取"诡寄""飞洒"和"寄居"等办法,任意涂改册籍,逃避税粮,转嫁负担。他们的这种行为一方面加重了农民负担,加剧了社会矛盾的激化;另一方面也破坏了明朝征收赋税的黄册之制,加快了基层官吏的腐败速度。两者都起到了侵蚀大明王朝根基的作用和效果。

当然大明王朝的根基也还不至于就此垮塌，但是土地兼并的恶果却是实实在在地发作了。由农民到流民，再聚集成暴民，明朝中期的农民起义就这么按照必然的逻辑发生了，从正统、景泰到成化、弘治，跨越了四位三代帝王，从赣浙闽山区到荆襄郧阳山区，再到河北平原。三四十年时间，从南到北，三次大规模农民起义此起彼伏，此外还有江西、四川的小规模农民起义遥相呼应。这些农民起义虽然还不到能够对于明朝有致命威胁的程度，但是也给明王朝统治集团敲响了警钟。一时间，明朝调兵镇压，虽然倒不至于焦头烂额，但也着实忙乱了一阵。尤其是对于荆襄地区聚集的几十万流民，在镇压之后，于成化年间还是采取了宣抚措施，同意了流民附籍为民、垦田为业的要求，并设郧阳府、县管辖，才算是最终稳定了这一地区。虽然流民被安抚住了，但是只要土地兼并问题不能得到解决，农民的负担就不能减轻，农民就会继续抛土逃税，那么就还会有新的流民产生、聚集、走向起义；而明朝政府也会继续镇压，而镇压本身会使本来就已经开始有所不足的财政收入状况更加紧张，双方就在这样一个死循环的过程中不断消耗明朝的国力。这是不止一个朝代已经发生过的情况了。挽救明朝的接力棒就在这种社会状况下被传递到了朱见深的手里。

朱见深幼年的磨难让他学会了察言观色，学会了见机行事，学会了为臣自保，唯独错过了学习帝王气质的最佳时节。谨慎的朱见深在不经意间犯下了他执政生涯中的第一个大错误，这个错误将把已经开始踏上绝路的明朝往错误的方向上再推一把。这个

错误的决定就是设立"皇庄"。

天顺八年（1464年），刚刚即位的朱见深没收宦官曹吉祥在顺义的田地，设为"皇庄"。这件事情的本身应该是朱见深替父皇朱祁镇对发动叛乱的宦官曹吉祥的财产做一个最终的处理和了结。这也是历史上为什么把皇庄的设立认为是朱见深的首创。但实际上，明代皇庄的出现，可能更早。例如，仁宗朱高炽就曾有仁寿宫庄、清宁未央宫庄，英宗朱祁镇为诸子设立东宫、德王、秀土庄田。这些从其本质上分析，和后来的皇庄未见得就有多大的区别。就朱见深的做法而言，在当时可能是最合情理的。

如果把叛乱宦官的家产，赐给其他官员甚至是宦官，不见得有人敢于或乐于接受。如果收归皇家，从各方面都不会有什么太大的麻烦。朱见深的做法，在当时无疑是再正常不过的事了。但是他的做法从更高的层次来分析，却是对明王朝有着深远的伤害作用的。

首先就是使皇庄的设立名正言顺，从制度上为此种行为做了保障，从而使皇室搜括土地的风气进入一个高潮。朱见深的皇庄，很快就遍布顺义、宝坻、丰润、新城、雄县等处。到他的儿子孝宗弘治二年（1489年）的时候，在京畿内的皇庄有五处，面积过万顷。他的孙子正德皇帝朱厚照即位一个月内就在大兴县设皇庄七所，并陆续发展到昌平、真定、保定等地，十年内使皇庄的面积达到近四万顷。这个发展历程说朱见深为始作俑者不是夸大其词。

其次皇庄的设立，从本质上分析其实是开了明代皇室土地兼并的先河。前文我们已经分析过明朝中期土地兼并的实际状况了，朱见深设立皇庄在客观上对土地兼并起到了推波助澜的作用。上行下效的效应立竿见影，皇帝既然带头兼并土地，藩王、勋戚、宦官也请求皇帝赐土地，于是有王田、官庄。据说，到其子在位的弘治十五年（1502年），全国官田的面积达到民田的七分之一。至于土地兼并的危害，前文已经说过，就不再重复了。皇庄的设立直接就激化了社会矛盾。例如，在京城附近的皇庄设置，就直接导致了正德年间河北霸县的刘六、刘七起义。当然这是后话，不是成化年间的事情。当然需要说明一下的是，皇庄并不单是皇帝一个人的田庄，而是包括皇帝本身、后妃、皇太子及在京诸王的田庄，也就是说，是皇帝及其妻、子的田庄。因此，皇子若分封后离京去了封地，在封地取得的田地，就不算是皇庄了。皇庄内，土地所有权与司法权、行政权相结合。皇庄的管理非常混乱。一般的皇庄，都是派宦官去掌管的。宦官再豢养着一帮无赖，管理堪称黑暗无比。皇庄劳动者在诏令中称之为"佃仆"，身份世袭，世代不得脱离佃籍，可谓永无明日。佃仆负担远较一般佃户为重，皇庄田既需负担国家赋税，又要上缴田租，实际上是"一田两税"。明代官方文献记载，皇庄田租能三倍于民田，嘉靖元年（1522年）为民请命的御史王琳和安陆州知州王槐曾痛切奏言："查庄田税银亩八分，三倍民田。"后世地方志也有明确记载："小民既入国课，复征庄课，一田两税已不堪命。而奸书积校多方搭克，尤甚于公家之征。""一有拖欠告争，械拷百出，必至破家乃已，甚苦之。"明朝当时的有识之士也多次指出管理皇庄的宦官之毒恶。《明史·食

货志·田制》记载户部尚书李敏的激扬陈词:"管庄官校招集群小,称庄头、伴当,占地土,敛财物,污妇女,稍与分辨,辄被诬奏。官校执缚,举家惊惶。民心伤痛入骨灾异所由生。"到万历朝这种情形更加严重:"王府官及诸阉丈地征税,旁午于道,扈养厮役廪食以万计,渔敛惨毒不忍闻。驾帖捕民,格杀庄佃,所在骚然。"以至有识之士一再喟叹:"为民厉者,莫如皇庄及诸王、勋戚、中官庄田为甚。"从以上记载来看,明朝皇庄越发展越走向敲骨吸髓的节奏,这应该也是朱见深始料未及的。从明代中期设立皇庄,到明代后期派太监充矿监、税监,皇帝的目的固然都是为搜集更多的钱财来满足宫中奢侈的生活。但是这也反映出从明朝中期开始,政府的财政收入日趋紧张。事实上,明王朝在这个时候最需要的是皇帝动用强力遏制土地兼并,才能部分地解决其开始困窘的财政问题。

朱见深利用手中皇权创立的制度在历史上被称为"传奉官"制度。这是他在其执政生涯开始阶段犯的又一个错误。天顺八年(1464年)二月,即位还不到一个月的朱见深下了一道诏令,授予一位名叫姚旺的工人为文思院副使。这便是"传奉官"之始。当时尽管姚旺的传升实际上开了"传奉升授"的先河,他本人也成了明代第一位传奉官,却没有引起朝野上下的任何关注。这其中的原因和他的任职机构以及个人级别有很大关系。文思院是工部下属的一个机构,掌管制造金银犀玉诸工艺品、金彩绘素等装饰物,以及皇室舆辇器服等。其机构品级也很低,大使才是正九品,姚旺的副使只是从九品。这在明朝正从十八品的官员品级序列中已经属于"弼马温"一类的微末小官了。由于所授为品秩极低的匠官,而工匠授官在永乐、正统时也已经有先例。故而也没有引起朝臣们的大惊小怪。"传奉官"是当时人们针对那些不经吏部考核、铨叙,不经选拔、廷推和部议等选官过程,由皇帝直接任命的官员的称呼。姚旺的任命就是由司礼监太监牛玉"传奉圣旨"的方式完成的。这也是"传奉官"名称的由来。这一任命方式也被称为"传奉升授",或简称为"传奉""传升"。

皇帝要用什么人那是皇帝的权力所在,不过一般还是要走必要的行政程序,行政部门通常倒是也不驳皇帝的面子,这也是皇帝和官僚集团相互磨合出的游戏规则。但是现在这个事情是皇帝明显地打破了游戏规则。一边是朝廷正常的手续,一边是皇权的至高无上。两边似乎都没有问题,但是又似乎都有问题,可是问题在哪儿却也似乎无从谈起。官员们很快就发现,这第一次确实是开始,却远远不是结束,从此进入了成化的"传奉官时代"。

八天之后,再次由宦官"传旨",为太医院御医施安等十一人升官加俸。由于太医院专业性强,历来由医家子弟供职,根据资历和功劳升迁,施安等人都在英宗病重期间出了力,所以虽然一次传升多人,当时也无人在意。但接下来的一次传升开始引起人们的疑惑。成化元年(1465年)七月,太监傅恭"传奉圣旨",升文思院副使李景华、陈敦、任杰三人为中书舍人、御用监书办。姚旺传升的是品官中最低级别的匠官,施安等人则是在本系统内升迁,且只升一至二级。李景华三人则通过传升实现了两个突破。

一是由从九品的文思院副使到从七品的中书舍人,一次升了四级。二是文思院副使属"杂职",为技术匠官,中书舍人是"清要",为文学侍臣,二者之间不啻天壤。如由吏部铨选,这种事情便难以发生,但经过传奉升授,则"以杂流躐升清华之职"。

成化二年(1466年)十月,传升工匠徐瑞为锦衣卫所镇抚、朱贵为营缮所所丞。从此,文思院、营缮所、锦衣卫成为工匠通过"传奉升授"获取职位的三个主要机构或系统,其中又以文思院为甚。成化六年(1470年)十月,一次传升御用监工匠杨玘等十六人为文思院副使;成化八年(1472年)七月,更一次传升工匠张定住等三十人为文思院副使。工匠的传升成了京师一大奇观。传奉官并非只是在工匠中升迁,提拔范围涉及大批出身于军人、僧道、工匠、画士、医官的人员,提拔的时间段则一直从成化初年持续到成化末年。这成为了贯穿整个成化年间官场的一道奇特的风景线。最后到了弘治初年清理传奉官的时候,有统计数字表明,传奉官的累计总数高达上千人。

朱见深的这一决策的隐性危害实际有三:其一是容易给宦官造成专权的可乘之机。由于传奉官由宫中旨意直接传授,而又不需要经过吏部复核,因此,掌握宫中大权的太监(包括嫔妃)就可以借皇帝之名,私自传旨授官,这在本质上就是宦官专权。甚至于可以大行私利,卖官鬻爵。据说,成化时期的一个得宠太监梁芳取中旨授官,累计就达一千人。实际也就说明其中大部分人是无法通过正常渠道(科举)获得官职的。而如果传奉官中再有一些佞幸之人，靠着结交宦官或者行贿的手段取得一官半职，这样的一种过程已经足以达到败坏吏治的效果了，这对于已经开始出现各种社会问题的明朝中期阶段无疑是有着雪上加霜的作用的。尤其是明朝本身开始具有宦官专权的先例了，一旦再从制度上给予保障，再想清除掉这种问题就非常困难了。

其二是给皇帝随意用人形成了先例。虽然说在帝制时代，"普天之下莫非王土，率土之滨，莫非王臣"是最基本的理念，那么皇帝视官爵为私物也未尝不可。只要皇帝喜欢，他可以随意地任用官员，这从法理和制度上也没有什么大毛病。但是对于士大夫们的理想来说，官爵原是"天下公器"，虽然这话只能是拿来装门面而已，但是双方还是要重视基本的游戏规则的。但是像宪宗朱见深的做法，也不按照以往的规则和程序，往往一传旨就授官数十甚至上百人。皇帝这样的行为，无疑是将官爵明目张胆地变成了"人主私器"。从而破坏了皇帝与官僚士大夫之间的平衡。之所以没有遭到士大夫们的强烈抵抗，只是因为没有突破他们的利益底线而已。

其三是这些传奉官很多都是僧道、工匠、画士、医官，他们的职责就是服务于内廷，实际也就是为了满足皇帝或者后宫中某个妃嫔或宦官的需要。

随着时间的逐渐推移，传奉官数量的泛滥，引起了许多官员的不满。成化十九年（1483年），御史张稷上疏，谈及传奉官给朝政带来的混乱。张稷说，自有传奉官后，文官中竟有一字不识的，武官中竟有从来没拿过弓箭的，自古以来，有这样的政治吗？

因此，官员们纷纷请求淘汰传奉官员。面对朝臣们的要求，宪宗也用行动做出了回复，那就是虽然有时确实也偶尔淘汰一些传奉官，但是总体上是传授的要比淘汰的多。

朱见深第三个失误是建立西厂。西厂正式成立于成化十三年（1477年）春正月，设立的地点据说就在京城西城灵济宫前面的一家灰厂内，故而得名。西厂从性质而言，和其前辈东厂、锦衣卫并无本质区别。当然其资历较之前两者就要浅得多了。但是西厂的特务人数，比东厂要多出一倍。在东厂之外还要行床上架屋另立西厂之举，和朱见深对于太监汪直的宠信有着直接关系。汪直自幼入宫为宦，察言观色，人勤嘴甜这一套功夫还是让幼年经历过人生起落的朱见深感觉颇为受用的。因此上人见喜，官至御马监，虽然未登司礼监之顶峰，但也足以自保无虞了。但是汪直还想继续往上爬，但司礼监和东厂显然都没有多余的位置给他。终于借着查办当时有人私自偷进皇宫的事情，汪直开始接触到厂卫事务，转年成立西厂，由汪直负责，则是为他正式开始建立自己权势创造了机会。所以西厂正式成立后，汪直就借用锦衣卫中的力量，在全国范围内铺开了他的特务网络。东厂的太监尚铭，也不得不俯首听命于汪直。因此，西厂气焰非常嚣张，成立的当年就借"三杨"的曾孙杨晔父子之案，连兴大狱，逮捕了郎中武清、乐章、太医院院判蒋宗武、行人张廷纲、浙江布政使刘福、太医院左通政方贤。明代各省的左、右布政使已经是从二品官员，品秩相当高。然而西厂却可以不经皇帝同意就擅自抄捕。杨晔并非没有官职的平民百姓，但是和他父亲一个被刑讯死于狱中，一个直接开刀问斩。这种恐怖的情形让当时的大学士商辂、兵部尚书项忠感觉不寒而栗、忍无可忍了。

当年夏五月，商辂向宪宗建议，撤销西厂，主要的理由就是其擅自抄没三品以上京官。大概也是觉得汪直有点犯众怒，朱见深同意了，并且下旨申斥了汪直，处罚了锦衣卫相关官员。但是，这毕竟不是出于皇帝的本意，同年六月，形势翻转，商辂和项忠就先后退休（实际就是被罢免），西厂再次恢复。这一恢复，就一直到成化十八年（1482年）汪直在互相倾轧中（次年被发配南京，终老于南京奉御任上）失宠以后撤销为止。总共计来，西厂在成化朝的历史上存在了五年零几个月。

成化朝的西厂，由于和锦衣卫合作，一方面是扩大了明代特务的职能与侦察范围，侦察的地点不限于都城、地方，而遍及南北边腹各地，这是此前的东厂所没有的；另一方面，宪宗之设西厂，无疑加强了皇帝对于特务组织的偏爱心理。就弊政而言，仅就这两项，也未见得就一定能超过锦衣卫和东厂。但西厂的建立与前两者稍有不同，它不仅是皇帝猜忌臣下子民的产物，同时也是宦官之间争权夺利、互相倾轧的产物，这从另一个侧面反映出在历史上记载相对平静的成化朝，其官场斗争也同样残酷和乌烟瘴气。而这种不正常状态与朱见深的放纵是分不开的。他对宦官们的放纵，在另一件事情上也让人感觉多少有些匪夷所思。据说那是成化二十一年（1485年），宪宗突发兴致视察内库，见历朝积攒的金银，有七窖已经用得空空如也。随即便召来太监梁芳、韦兴等人责问："糜费帑藏，实由汝二人。"韦兴不敢说话。梁芳却答："建显灵宫及诸祠庙，为陛下祈万年福耳。"宪宗冷笑："吾不汝暇，后之人将与汝计。"史称宪宗"是时帝怠于政"并不是夸大其词。

由于朱见深受身体、能力、职业素养等多方面条件的制约，他绝不是个励精图治的皇帝，甚至于凡事都不爱较真，就连整治败家内宦这种小事情，他都往自己的太子身上推。但就是这位未来注定要替他收拾局面的皇太子朱祐樘，却差点没能得到他的宽容，因为朱见深居然就在这一年想换太子了。三月，泰山发生了七次大的地震。在那样一个时代，地震是一件大事，而泰山地震这就是上天示警了，而七次大震，皇帝差不多得考虑上表请罪了。如此严重的事情，钦天监不拿出意见是过不了关的。很快，钦天监上奏："泰山地震，应在东宫（意指太子之位不稳）。"朱见深吓得把没说出口的更换太子之意咽回去了，太子之位保住了。有人猜测这里面有没有什么阴谋之类的。其实不一定非得是阴谋。当初立皇太子朱祐樘的时候并没有什么选择余地，只有这一个皇子。而朱祐樘的身体也不怎么样，朱见深打算换皇太子的时节，年龄也还不到四十岁，虽然身体一直不好，但也不算是高龄之人，看着皇太子身体和自己一样不好，从众多的皇子里换一个好些的，这也不能算是胡作非为。不过朱见深自己想的成分要远大于能够实际操作的成分。首先皇太子无重大过失，轻言废立的话等于是给大臣们递话柄呢。同时他也知道，自己虽然皇子不少，可事实上一个成年的都没有。皇太子十五岁已经是最大的了，其他皇子里最大的才九岁,贸然更换也并没有合适人选。弄不好废长立幼,取亡国之道的大帽子扣下来,也够他受的。再加上他也不是那种志在必得的强硬派皇帝,正在自己打着小算盘,也没进入实际操作阶段,连这层意思都还没跟大臣们说呢,结果钦天监这一本奏上来,吓得直接不敢说了。至少也得过了泰山地震这个节骨眼再做打算了。然而他再也没机会了,成化二十三年(1487年)秋八月,朱见深暴病去世。留下了一堆需要清理的烂账给皇太子朱祐樘。九月,朱祐樘即皇帝位,尊生父庙号为"宪宗",改元次年为弘治元年(1488年)。明朝的历史终于翻到了"弘治中兴"这一页。

中兴,按照一般理解,通常指国家由衰退而复兴。当然"中兴"这个词一出来,起码就说明前一个阶段可以用糟糕来形容了。这个评价加给成化阶段,不算是冤枉的。和宪宗朱见深本人表现出来的超脱作风相一致,其怠政懒散的执政状态也造成朱祐樘接手的大明王朝已经开始呈现矛盾丛生、弊端显现的状态了。朱见深没有给儿子留下一个清明江山。在成化年间,内忧外患不断。例如声势浩大的荆、襄流民起义和大藤峡地区瑶族和壮族人民的起义,对当时已经开始日趋激化的社会矛盾无疑是火上浇油。直至成化中叶以后,这些起义才逐渐被镇压。在这一过程中,明政府也是剿抚并用,忙得焦头烂额。在内忧渐起之时,边患也日趋频繁。自成化初年起,蒙古瓦剌部衰落的同时,鞑靼部开始逐渐壮大,其首领孛来与小王子、毛里孩等先后占据河套地区,并以此为根据地,不断对延绥、大同进行骚扰性进攻。当明军出动讨伐之时，鞑靼则一哄而散，而当明军撤退之时，鞑靼又去而复返。令明军疲于奔命，迄无宁日。这种骚扰级别的边患当然不至于对明王朝造成多明显的致命伤害，但是其不断消耗明朝的国力不说，如果与其他问题叠加之时，其伤害值也是不能小视的。

成化时期如此低迷，那么继承者只要不怠政，有所作为的话，其历史评价就不会太低的。在传统的明朝历史评价里，朱祐樘和他的"弘治中兴"基本上就是完美的代名词。从私人品德到治国能力，这位执政18年，英年早逝的皇帝，是后人眼中明君的形象代言人。似乎唯一的美中不足就是天不假寿，在传统史学家的想象中，如果他能够活到先祖朱元璋的年龄，那明朝一定会迎来一个无法想象的盛世。在关于朱祐樘的历史记载中，最为世人称道的就是其一夫一妻模式了，他只有一位皇后而无其他嫔妃，这在古代帝王里的确无出其右者。这使他可以荣获古代帝王的道德模范称号了。如果是一个普通人，朱祐樘此举无疑是用情专一，无论怎么褒奖都不过分。但从一个帝王的角度来看就谈不上值得褒奖了，甚至是完全相反的。皇帝的婚姻是政治问题而非感情问题。帝后的婚姻首先是政治婚姻，帝后的婚姻可以有感情，但是必须符合政治婚姻的要求是基本底线。所谓政治婚姻的要求，简单说就是皇室通过与世家大族联姻，将这些政治势力的利益与皇室绑定，以换取和确保他们对皇室、对政权的忠诚。当初朱元璋纳功臣之女为妃即是属于这种情况。对于这种家族间政治联姻而言，家族利益、国家利益是首要的，夫妻感情融洽就基本是属于昂贵的调味品，有固然可贵，没有也属于常态，不必扯到有情无情上去。这和普通人家的夫妻就是有着本质区别的。皇室婚育观的另外一个与普通人不一样之处就是对子嗣的重视态度。普通人也重视子嗣，古语云："不孝有三，无后为大。"所以古代社会有条件的家庭，通过纳妾也要保证拥有男丁。但这个问题放到皇家，就不是简单的一个孝不孝的问题了，那是关乎着江山社稷能否稳定传承的问题。古代社会的妇幼保健水平，基本上那就是没有的概念，婴幼儿夭折比例是很高的。因此皇家的"三宫六院七十二嫔妃"后宫制度，还有一个重要目的就是为了保证皇子的数量，从而使皇位继承制度能够确保得到有效执行。明宪宗朱祐樘共育有两子，长子朱厚照，次子朱厚炜夭折，实仅余一子朱厚照。后即位为帝，庙号正德。十五岁即位，在位十六年，无子嗣。大明王朝的第一次皇统绝嗣就发生在这个时候，当面对朱厚照身后既无子嗣，又无兄弟继承大统的悲剧性场面，恐怕人们不会再有心情盛赞朱祐樘的"用情专一"了。

据历史记载：孝宗为太子时，选纳京畿河间府兴济人张氏女为妃，即位后立为皇后。父张峦原以乡贡入太学。弘治四年（1491年），封为寿宁伯。尚书王恕上疏说，钱太后（英宗后）、王太后（宪宗后）都是正位数十年后，现在才封家人。今皇后刚立三年，张峦就已封伯，不可许。孝宗不纳。张后生皇子厚照。弘治五年（1492年）立为皇太子。张峦又进封为寿宁侯。孝宗又欲封张后弟张延龄伯爵，命大学士刘吉撰诰。刘吉说，尽封二太后（周后、王后）家子弟才可。孝宗不悦，命刘吉致仕，仍封张延龄为建昌伯。

同年，张峦死，赠昌国公。子鹤龄袭爵为侯。

张鹤龄、张延龄兄弟恃张后支持，占田经商谋利，又与内宦及东厂太监结纳，恣为不法。同年与宪宗生母太皇太后周后弟长宁伯周彧两家争夺商利，至令家人在街市上聚众斗殴，京城震骇。九卿上疏说：宪宗皇帝曾有诏书：勋戚之家，不许占据关津桥梁水陂及设肆（商店）鬻贩，侵夺民利。违者听巡城巡按御史及所在有司执治以闻。"迩者长宁伯周彧、寿宁侯张鹤龄两家，以琐事忿争，聚众觖斗，喧传都邑，上彻宸居。盖因平日争夺市利，已蓄忿心。一有所触，遂成仇敌。失戚里之观瞻，损朝廷之威重"。请求降旨，遵宪宗诏旨，凡贵戚店肆，悉皆停止。孝宗敕令揭榜晓谕。张鹤龄兄弟注籍宫禁，得以出入内宫。一日，张鹤龄醉酒，带上皇冠。宦官何鼎怒斥他无礼，奏言二张大不敬。张后竟激怒孝宗，将何鼎下狱，又命李广将何鼎打死。

张鹤龄受孝宗赐地四百余顷，竟借山侵占民地多至三倍，并打死平民。巡抚勘报，孝宗竟将所占地给与张鹤龄。周太后弟周彧有赐田过制，官员请予勘正。孝宗不许。周后得知，说：怎么能因为我的缘故，枉皇帝的法！终于将多占田归还官府。

与周太后不同，张后执意纵容两弟骄横不法，继续结纳市井无赖，谋夺民利，又将寡母金夫人奉养宫中，权势更重。弘治十六年（1503年）二月，户部主事李梦阳上疏，斥张鹤龄"招纳无赖，罔利贼命"，张鹤龄上疏自辩，并反指李梦阳疏中有"陛下厚张氏"语，罪当斩。金夫人也向孝宗陈诉。孝宗将李梦阳下狱，一月后释放复职，罚俸三月。史称孝宗对李梦阳有意曲为回护，但由此也可见张后与外戚之专横不法，已难于制止。

从上述记载当中，我们不难发现当时皇亲国戚的作威作福、恣意妄为。我们更应该注意到作为皇帝的朱祐樘是如何在登基称帝不久便不纳臣下谏言，执意逾制封赏外戚势力，而在外戚势力愈发强势高调之时，其所谓的压制与纵容实有异曲同工之力。其所作为，从哪里能令人感受到一位励精图治的有为明君风范呢？其弊政若是仅限于纵容外戚不法还算罢了，实际的影响要严重得多。因为这已经牵涉到了一个对于封建王朝有着生死攸关意义的老话题——土地兼并问题。

成化朝，包括之前的正统、景泰、天顺时代，对于这个暴露的问题解决得都并不好，这才会造成弘治皇帝接手时的社会矛盾爆发的情况。大地主官绅的豪横和对土地的兼并，以南方的江浙、江西、福建最为突出，湖广、广东、河南亦如之。在江浙，豪绅地主的土地"阡陌连亘"，或"一家而兼十家之产"，农民佃富人田，每亩所得不过二三石，而地租却至一石二三斗。在江西，占田者与日俱增。南安、赣州二府富豪大户，不守本分，吞并小民田地，四散置为庄所。雇工和佃户少拂其意，即横加垂楚，或逼卖子女。官僚地主不但抢掠农民的土地，军卫屯田也成为他们侵占的对象。军屯土地日益失额，多为军官和豪强所占夺。正统时，凤阳等处军官占田有多至千余亩者，陕西等处的军官占田有多至三四十顷者。成化、弘治年间，顺天、保定二府的屯田被侵占四万余顷，大同、宣化二府的屯田被侵占数十万顷。有些军官不仅广置庄田、私役屯军,还专擅水利、侵夺民利。在屯田大量被兼并的情况下,军屯制度逐渐被破坏。官府实际控制土地数字从英宗天顺七年(1463年)的四百二十九万顷,进一步下降到弘治十五年(1502年)的四百二十二万余顷,余皆落入具有免赋免役特权和隐匿土地的官僚地主手中。而在此之前的弘治元年(1488年),明王朝的在册人口也只剩了五千零二十万。在这种情况下,明初建立的户口赋役制度已遭受严重破坏,世家豪族的大肆兼并土地导致国家控制的田地赋税大量流失,与之相对应,农民所承担的各种赋役却是一日重似一日,但国库空虚、财政紧张的情况却也是愈发严重。弘治时期的财政已经相当匮乏,以致"边圉多警,许生员纳马入监,有七千余名。川、陕荒歉,守臣又具奏上粮入监,通前共有万余人"。军费不足,荒歉救济竟然要通过滥收生员入监的办法来解决(这个从本质上说,与卖官鬻爵并没有真正的不同),财政状况之拮据可见一斑。弘治十七年(1504年),礼部尚书兼文渊阁大学士李东阳奉使出行,路经天津,适遇旱灾,一路上,只见"挽舟者无完衣,荷锄者有菜色。盗贼纵横,青州尤甚。南来人言,江南、浙东流亡载道,户口消耗,军伍空虚,库无旬日之储,官缺累岁之俸。东南财赋所出,一岁之饥已至于此。臣访之道路,皆言冗食太众,国用无经,差役频繁,科派重叠。京城土木繁兴,供役军士财力交殚,每遇班操,宁死不赴。势家巨族,田连郡县,犹请乞不已。亲王之藩,供亿至二三十万"。弘治时期财政匮乏的状况及其导致原因，李东阳的奏疏中都做了形象的描述和中肯详尽的分析，孝宗看了颇为嘉叹，将奏章交付有司，然后也就不了了之了。当然明朝中后期，财政状况江河日下，这是历朝积弊所致，不能都归罪于弘治时期，可弘治时期非但未能进一步遏制土地兼并的弊政，缓解财政压力，还进一步因放纵权贵而导致这两个问题的发展和恶化，这就是弘治时期不能推脱的历史责任了。

实际朱祐樘的弊政还不止以上这些。例如怠政，据历史记载：孝宗即位后，臣下称誉"太平无事"，仍依宪宗的先例，从不召见大臣议政。章奏批答均经由内宦，或稽留数月，或并不施行。孝宗在位数年，即逐渐倦政，崇信道术。表面的太平掩盖着重重的矛盾，朝廷的种种积弊也在发展。弘治十年（1497年）二月，大学士徐溥等上疏说："今承平日久，溺于晏安。目前视之，虽若无事，然工役繁兴，科敛百出，士马疲敝，闾阎穷困，愁叹之声，上干和气。""将来之患，灼然可忧"。三月，孝宗迫于阁臣之请，在文华殿召见徐溥、刘健、李东阳、谢迁四阁臣，授以诸司的题奏，说与先生们商议。徐溥等拟旨，呈孝宗改定，各赐茶一杯而退。这是成化七年（1471年）宪宗召见大臣二十六年后，又一次召见大臣，满朝称为盛事。此后，孝宗长期不见大臣，依然经由内宦，在宫中决事。这就引出了另一个明朝自永乐时期开始的弊政——信任宦官，以致宦官专权。

宦官干政谋私，为害最烈的仍是东厂与传奉官。孝宗初即位，东厂例由司礼监提督太监管领。怀恩死后，太监杨鹏等领厂事，积弊日重。弘治九年（1496年）十二月，刑部吏徐硅上疏说："臣在刑部三年,见鞫问盗贼,多因东厂镇抚司所获,其间有称校尉挟私诬陷者,有称校尉为人报仇者,有称校尉受首恶之赃而以为从,令旁人抵其罪者。刑官纵使洞见其情,孰敢擅更一字。""臣愿陛下革去东厂,刘杨鹏"。孝宗说他狂诞,发回原籍为民。弘治十一年(1498年)御史胡献又上疏请罢东厂,说:"东厂校尉,本以缉奸,迩者但为中官外戚泄愤报怨","推求细事,诬以罪名"。孝宗拒不纳谏,将胡献下狱治罪,贬为蓝山县丞。东厂太监得到孝宗的倚信,又与中官外戚交通,原有的积弊也愈演愈烈了。如传奉官制度,成化末年,宫中传奉官已达千余人。弘治初年,确实罢黜淘汰了大部分传奉官,但并未废除这一制度。朱祐樘即位后不久,因修京城河桥,从太监李兴之请授工匠四人官(也是从工匠开始的)。此后,传升及传授之官又渐加多,到弘治末年,传奉官又增至八百余人。在弘治时期真正为孝宗倚信的太监叫李广,他以道家符箓和烧炼丹药取悦于孝宗,接受贿赂,荐引官员,强占京畿民田,恃权谋取盐利,赃迹昭著。李广大量受贿,就是因为官员们请托传升。至弘治十二年(1499年),一月之中升授文武官员多至二百余人。

太监李广的种种倒行逆施,大臣们当然不会视而不见的,兵部尚书马文升与吏部尚书屠滽等上疏,请罢传奉官。孝宗不纳。传奉官的积弊愈演愈烈。户部主事胡爟上书弹劾李广"借左道滥设斋醮,惑乱圣聪,耗蠹国储。乃有不肖士大夫,昏暮乞怜于其门,交通请托,不以为耻"。给事中叶绅上疏劾李广进不经之药等八大罪。祠祭司郎中王云凤上疏请斩李广,言词激切。李广借故反劾王云凤,下锦衣卫狱,谪知陕州。

对于这种明朝官员弹劾宦官不倒而屡遭反噬的现象,笔者还是那个观点,明朝宦官至始自终也没有过真正掌控最高权力。明朝皇帝对于皇权的意识从来也没有松懈过,他们不可能允许文官势力以及内阁操纵皇权,所以利用宦官集团对抗压制文官势力,从而达到皇帝操控朝政于幕后,达到炼丹、养生、娱乐、朝政几方面都不耽误的境界。实际上明朝的皇帝们也是很聪明的,但是这种聪明也不是没有代价的,代价之一就是人的精力有限,那种面面俱到、概不耽误的境界不是一般人能达到的,说是什么都不耽误,其实最后耽误的一般还是朝政。代价之二就是在宦官、文官势力相互倾轧的过程中,朝廷的风气会日益乌烟瘴气。在党同伐异的大环境下,划线站队远比实际干事更加重要,这关系到每个人的身家性命。长此以往,行政效率的低下和官场环境的恶化是必然出现的并发症,这将会对明朝的未来产生极其不利的影响。

再转回刚刚的话题,宦官的后台就是皇帝,宦官所为即是皇帝所想(大体如此),在这种大环境下,想要弹劾宦官实际就是弹劾皇帝,怎么可能有成功的希望?除非宦官自己侵犯到皇权了,那就谁也救不了他了。

李广到底还是死在了皇权之下。弘治十一年(1498年),李广在万岁山(今北京景山)建造毓秀亭成。不久,孝宗的幼女病死,太皇太后周后的清宁宫火灾。说者指建亭触犯了岁忌。周后抱怨说:"今天李广,明天李广,果然大祸来了!"李广畏罪自杀。

家中查出向他行贿的名册，列有文武大臣多名，各送黄、白米百、千石不等。孝宗不解问：李广能吃多少，怎么接受这么多？人们解释说：所记黄米是黄金，白米是白银！李广死后，仍有人为他请赐祠额，大学士刘健力持不可。孝宗仍命撰文赐祭。看到这里，是不是有英宗皇帝和王振的既视感呢？如果不搞双重标准的话，孝宗若是可以评价为明君的话，英宗也不应该相差太多吧。

成化之政虽多弊端，而国无大乱，史称其时为太平，唯其不扰民生之故（实质没有打扰官绅士大夫们兴致渐浓的土地兼并）。孝宗和他身边一批贤臣的动机自然是兴利除弊，但是他们所认为的弊端，不仅包括秽浊的朝政，实际也涉及了当时的社会风气（明朝中后期也是中国社会在渐变的时期，商品经济发展，资本主义萌芽出现都是新事物）。囿于形势，孝宗本人与身边的大臣都是一批遵循传统道德规范的人，他们想要改变弊政的办法便只能是法祖，也就是去追寻祖制。因为如果要继续突破旧有的秩序并建立新的秩序，这需要强有力的政权作为保障，还要有足够的资源去摆平来自于既得利益集团的阻力。这些都对弘治君臣的威望与能力提出了相当高的要求。而面对这种要求，弘治君臣的答案是几乎为零。

弘治皇帝是一位生于深宫、身世坎坷的皇子，并且几乎太子之位不保，即位时年仅十几岁，哪里可能会有什么威望。而他信用的臣子们呢？孝宗的用贤是颇著于史册的，诚然弘治朝多正人，但是仔细审视这支贤臣队伍时，就不难发现这是一支何等老化的队伍。第一位被启用的大臣是吏部尚书王恕。他被启用时已经七十二岁。兵部尚书马文升当时六十二岁。礼部尚书丘浚七十岁,弘治四年(1491年)他入阁时已七十四岁。弘治十五年(1502年)刘大夏任兵部尚书时六十七岁,左都御史戴珊比之小一岁。内阁的几名成员相对要年轻一些,成化朝保留下来的内阁首辅刘吉六十一岁,徐溥六十岁,刘健五十五岁,李东阳于弘治八年(1495年)入阁时四十九岁。就当时任官年龄来看,他们都属于老臣之列了。这便是当时用贤的原则。贤名固然还在,但是精力真的足以应付错综复杂的改革局面吗?恐怕没有人敢于给出肯定的答案。这样的君臣组合,若想进行兴利除弊的变革,不借助祖制的话,他们又能借助于什么力量呢?但是时代已经发生了变化,一味去追寻祖制,必然是强令这些变化回归到旧有的轨道上去,变革的实质变成了倒退,这个是必然不会有结果的。这便是弘治中兴的基本出发点。

　　因循祖制的明孝宗企图在不变更"祖宗成宪定规"的前提下改变正统、成化以来的被动状况,结果是可想而知的。比如对宦官监军的问题为例,兵部尚书刘大夏曾向孝宗指出,由于监军宦官贪污纳贿,克扣兵饷而导致兵饷常乏,这当然是希望皇帝废除这一弊端。但孝宗囿于祖制,认为"第祖宗来设此辈已久,安能遽削之"。最终也无法下决心革除旧弊。恐怕这也是最初励精图治的弘治皇帝在弘治八年(1495年)以后迅速走向怠政的原因之一。当然这里面还有身体的逐渐不支,现实的巨大阻力,都令年轻的皇帝逐渐呈现出心灰意冷、得过且过的态度。而随着他的怠政,财政匮乏,兵饷不继,宦官监军及滥封传奉官以及皇亲国戚横行不法等一系列问题的发展、恶化，都对弘治政治产生了极大的负面影响。最终虽然孝宗有心求治，也能听取臣下的意见，但是因循守旧的思路与不得已的现实力量对比，就决定了所谓的变革只能在陈规旧制的桎梏下修修补补，而不可能进行大刀阔斧的改革，因而弘治时期的政治经济状况较之成化时期并无大的改观。如果说是维持还算是比较客观，非要说成是明君和盛世就未免有夸大其词之嫌了。

当历史的时钟走到弘治十八年（1505年）夏五月的时候，一病不起，即将油尽灯枯的弘治皇帝朱祐樘，对着大学士刘健等人留下了他的托孤遗言：东宫聪明，但年幼好逸乐，诸先生须辅之以正道，俾为令主。次日，弘治皇帝朱祐樘"龙驭上宾"，庙号孝宗，归葬于十三陵泰陵。弘治时期永远地结束了。如果回顾和琢磨朱祐樘的遗言，是会令人有一种不寒而栗的感觉的。这是一个何等不合格的皇位继承人啊！"年幼好逸乐"，还要让大臣督促其读书……不管朱祐樘自己有什么难处，他实实在在地给大明王朝留下了最后的一项弊政：自己壮年而逝，留下一个未成年、不读书、好玩乐的皇位继承人来掌管这万里江山。这对其治下的亿万兆民，对于阖朝文武，对其列祖列宗，都是何等的不负责任。但是不论皇帝本人还是文武群臣，不管有多么不看好这位嗣皇帝朱厚照，都没有其他的选择了，因为他不仅是皇太子，而且是朱祐樘唯一长成的皇子。就在这种形势下，皇太子朱厚照即皇帝位，宣布改次年为正德元年(1506年)。历史上著名的正德时期就这样开始了。大明王朝从此拐进了一条极其特殊的快车道。

下篇

大厦倾
——大罗金仙难救世

危机已显

　　正德元年称得上明朝历史上最重要的年份之一。在此之前，大明王朝刚刚平稳地走过了137年，从社会经济的发展状况、平稳程度以及王朝的整体态势来看，明朝已经大大超过了元朝的寿命，而且看来跑赢两宋王朝当中的任何一个也只是时间问题了，并且开始具备了向汉、唐这样的长时间、大一统王朝发起挑战的资格，至于挑战能否成功，那得取决于从正德皇帝开始的，接过江山接力棒的每一位皇帝选手的表现如何了。而作为知道历史大结局的后人，则能够计算出从正德元年到大明王朝最终在历史舞台上谢幕下台还有整整的138年。正德皇帝朱厚照刚好站在明王朝历史的中心点上开启属于他的历史时代。不过朱厚照的个人职业素养与他所处的这个历史位置的反差有点大。

　　朱厚照与他的祖、父辈皇帝不太一样，他绝对属于那种家喻户晓、喜闻乐见的类型。其知名度可以直追其祖先朱元璋、朱棣的水准。不过与这两位先祖的争议性评价不同的是，对于朱厚照

而言,留下的传统历史评价倒是出奇的一致:几乎没有一点正面的内容。而且关键词都是那几个,不外乎什么荒淫无道之类的,总而言之,朱厚照昏君的帽子是戴定了的。从传统士大夫的角度来评价朱厚照肯定是这个看法,因为他的言行既不符合传统的道德标准,又不能和从骨子里就排斥宦官的士大夫们站在一起,而是整天和宦官们厮混在一起。这种表现在古代是必须被认定为昏君的。

古代这种明君、昏君、暴君的划分比较粗疏,有一定的脸谱化倾向,对于皇帝的区分并不十分准确。尤其是士大夫们以自己作为正确标准,凡与自己标准不合者一律视为异己,这也是有失客观公允的。实际上古代皇帝们的个性风格也是相当迥异的,比如之前的宪宗、孝宗皇帝,基本属于那种有想法、欠能力、缺行动的弱君类型。如果生于王朝初期,可能还非常适合于制定和执行休养生息的政策,没准还有可能跻身于明君行列了。但若寄希望于其改弦更张,拯民于水火,挽狂澜于既倒,这可就算是所托非人了。

当然朱厚照和他俩不一样,他属于有想法、有个性、有智商、有能力的类型,而且绝不昏庸。但是唯独欠缺的是做皇帝的职业素养和操守,所以应该单独划入"荒君"类型。有观点认为朱厚照活出了自我和个性,在下实在不敢苟同这种观点。一个心智成熟的成年人比未成年人就是强在了于人性之外还有了能够约束人性的理性,一个正常的成年人是不会成天把个性当成旗帜挥舞的,没有理性约束的人性并不比动物的本能兽性高尚多少。只有真正懂得了取舍，才有了思考问题的全面细致和成熟。连普通老百姓都懂得"官身不由己"的道理，即使是社会宽容到今天，任何普通人也没有在工作、生活、社会中率性而为，恣意挥洒个性而不付出相应代价的资格和权利。更何况是皇帝这种国家最高统帅的角色。在国家和集团利益面前，克制乃至压制、牺牲自己的个性、利益几乎要成为一种自觉的行动。

朱厚照欠缺这种职业素养，其根源在于其父帝王职业教育的失职，也部分由于其即位的突然性和生理、心理年龄的缺陷。即位时刚刚十五岁，这个年龄段不是一般的危险，主要是好奇心、破坏力、体力、叛逆性都处于颠峰状态。朱祐樘驾崩前的托孤遗言是"知子莫若父"的真实写照，他太知道他的这个皇子的特性了，但是他也无能为力，因为他自己也不可能知道自己居然连活到"不惑之年"都会是一种痴心妄想了，历史残酷得没有给够他教育嗣皇帝的时间。不过那些托孤老臣们显然没有把皇帝的说法太放在心上，因为他们都属于是宦海浮沉几十年的老手了，见识惯了大风大浪，一个十五岁的黄口孺子又岂能令他们心慌？不过，"骄兵必败"这句话是亘古不变的真理，很快这些老前辈就要为他们的轻敌失算而付出沉重的代价，大明王朝也将同样要受到惨重的损失。

按照明朝的惯例，嗣皇帝即位，大抵有两种力量可以依靠。一是前朝旧臣和东宫官属，一是东宫的内宦。这种分类标准明显

是按照士大夫和宦官区分的。但是在朱厚照眼里，士大夫和宦官是没有什么区别的。朱厚照心中，对于肯陪他玩的，能陪他玩的，会陪他玩的，能让他玩得开心的，这就是忠臣、能臣。如果既能陪他玩，还能帮他处理政务的，那是不世出的天才。如果既不陪他玩，还不让他玩，还找机会训斥他的，那就是奸臣，直接罢官轰走已经是客气的了。所以不管是大字不识一个的文盲还是学富五车、满腹经纶的大儒，在朱厚照的价值体系里都是一个地位的，这才是问题的关键所在。

在他即位后，阁臣刘健、李东阳、谢迁先后加封柱国尊号，东宫官属太常寺卿兼翰林学士张元祯为吏部左侍郎，左春坊大学士杨廷和为少詹事，专司制诰。其他入值东宫的学士、侍读学士、左右谕德、侍读等均进封官爵。尽管加官进爵，但是朱厚照心里相当清楚，和大臣以及宦官的距离远近是非常明显的。在处理朝政的时候，更加信任和依赖内宦。当初他还是太子时，和入侍东宫的内宦刘瑾、马永成、谷大用、魏彬、张永、邱聚、高凤、罗祥八人玩得还是很好的，历史记载说刘瑾等经常以"狗马鹰犬、歌舞角抵以娱帝"。所以这八人均得朱厚照的倚任，号为八党，也有叫"八虎"的。

朱厚照登基以后，虽然此时还是弘治年号，但是大臣们已经觉得应该有新朝气象了，所以他们要主动"调教"这个年幼的皇帝。弘治十八年（1505年）八月间，大学士刘健上书，历陈监局、仓库、城门及四方守备内臣增置数倍，应予裁汰等数事，并请行新政，放遣先朝宫人，纵放内苑珍禽异兽。正德皇帝不予实行。十一月，正德皇帝任命成化末年被废的太监韦兴分守湖广。兵部尚书刘大夏极力谏阻，正德皇帝不听。吏部尚书马文升曾奉孝宗遗诏，裁汰传奉官七百余人，正德元年（1506年）三月，被宦官诬告，上书辞官，正德皇帝不准。四月间，又因被御史弹劾，再请致仕，获准，正德皇帝特赐玺书优礼。擢任结纳宦官的吏部左侍郎焦芳为吏部尚书。兵部尚书刘大夏上言：镇守中官江西董让、蓟州刘琅、陕西刘云、山东朱云，贪残尤甚，请求按治。不准。五月间，刘大夏疏请致仕，正德皇帝赐给敕书，驰驿归里。六月，群臣以灾异应诏陈言，刘健将这些奏章摘录、分类，径送正德皇帝，类别有："勿单骑驰驱，出入宫禁"，"勿频幸监局，泛舟海子"，"勿事鹰犬弹射"，"勿纳内侍进献饮膳"等。宦官日侍正德皇帝骑射嬉戏，荒怠政事。给事中陶谐、御史赵佑等交章论劾八党，下内阁议。户部尚书韩文与九卿诸大臣伏阙上疏，力斥八党。说："伏睹近日朝政益非，号令失当。中外皆言太监马永成、谷大用、张永、罗祥、魏彬、邱聚、刘瑾、高凤造作巧伪，淫荡上心，击球走马，放鹰逐犬，徘优杂剧，错陈于前，至导万乘（皇帝）与外人交易，狎匿媟亵，无复礼体。日游不足，夜以继之，劳耗精神，亏损圣德。""今永成等罪恶既著，若纵不治，将来益无忌惮，必患社稷。"请明正典刑，潜消祸乱。正德皇帝派司礼监太监陈宽、李荣、王岳等与阁臣商讨处理办法，意欲将八人安置南京。刘健、谢迁等拟乘机杀除。宦官王岳向正德皇帝陈奏，赞同阁议。焦芳

密报刘瑾。刘瑾与马永成等八人连夜去见正德皇帝，伏地哭泣，刘瑾反诬王岳结纳阁臣欲限制皇帝出入。正德皇帝大怒，即命连夜逮捕王岳，发落南京，任命刘瑾掌司礼监，马永成掌东厂，又恢复西厂，由谷大用掌领，缉查朝臣。次日，群臣上朝，见形势大变，刘健、谢迁、李东阳三阁臣上疏乞休。正德皇帝准刘健、谢迁致仕，李东阳留任。王岳在赴南京途中，被刘瑾派人杀害。刘、谢罢后，焦芳与吏部侍郎王鏊入阁预机务。正德皇帝即位年余，前朝旧臣中除李东阳外，多被罢退了。

在这个过程中，朱厚照明显是在利用宦官与朝臣进行斗争。朝臣有关裁抑宦官的上书建议他一概不准，朝臣因此请辞他也不准，非要等到朝臣要么被宦官弄得灰头土脸了，要么在与宦官斗争的过程中心力交瘁了，他才发给敕书准予致仕，还要做出一副厚待前朝老臣的样子。而就这么赶走了两位老臣，提拔了和宦官们交好的焦芳以后，刘健好像还没有认识明白朱厚照的心态，还是就要发扬"文官死谏"的精神，居然还向朱厚照提出了那一堆针对宦官和其本人起居卜游戏的"勿为"……他大概是真的没把朱厚照当回事儿，朱厚照在下旨让阁臣和宦官一起商量处置"八虎"以后，就又偏袒了一把。结果不允许皇帝游戏的刘健等人自请致仕了。这回索性连敕书也没有了，朱厚照干脆连礼送回乡的表面文章都懒得做了。

朱厚照帮助刘瑾战胜并且赶走了刘健，刘瑾也更得朱厚照倚信，进而刘瑾就开始擢用亲信，排斥异己。不过朱厚照对这些也不是很在乎，在他看来刘瑾本身就是忠于他的家奴，没有皇权的支持刘瑾就是废物，所以不管刘瑾用谁最后也是一样得给他朱厚照干活儿的。

至于宦官和文臣之间的矛盾，他更是不在乎，只有他们相互倾轧才能显出皇帝的重要性，双方如果不借助皇权的话是谁也消灭不了谁的。朱厚照虽然放任双方相互倾轧，但是他一般都是会偏袒宦官的。因为在他的价值体系里宦官显然更听话更有用，既可以陪他开心又可以帮他干活，在他的概念里，皇帝的日子就应该是这样的。而文臣就让他头疼多了，不仅不陪他开心，而且随时和宦官为难，弹劾宦官。问题是宦官是听命于皇帝的，弹劾宦官就是弹劾皇帝，这他会听不明白吗？所以他必须站在帮他行使皇权的宦官一边对付文臣。

户部尚书韩文首先上疏弹劾八党，刘瑾伺机报复，正德元年（1506年）十一月，发现有人以伪银输交内库，因指罪韩文，落职罢官。给事中周昂疏救，被指为"党护"，除名。东宫旧官少詹事兼翰林学士杨廷和职掌诰敕，当以次入阁。正德二年（1507年）三月的一次日讲中，与翰林学士刘忠向朱厚照致讽谏语，对佞幸有所指斥。朱厚照对刘瑾说："经筵讲书耳，何又添出许多后来！"（听得相当清楚明白，智商一点儿问题都没有，对于文官的反感程度完全能够感觉得到）刘瑾乘机说："二人可令南京去。"（关键是皇帝也打算这么办）于是杨廷和被改任为南京吏部左侍郎，刘忠改任为南京礼部左侍郎。刘瑾又将原大学士刘健、谢迁、尚书韩文、杨守随、林瀚、都御史张敷华、郎中李梦阳、主事王守仁、检讨刘瑞、给事中汤礼敬、御史陈琳等五十三人,列为奸党,榜示朝堂,传宣群臣跪于金水桥南宣戒。由此开创了内宦指朝臣为朋党的恶例!(关键在于从朱元璋就是严防官员结党营私,朱厚照认定官员们集体对付宦官的实质就是结党对付自己!)

故正德皇帝悉以天下章奏付刘瑾,而刘瑾则日益诱导武宗戏玩娱乐。刘瑾往往"候帝娱,则多上章奏,请省决,帝口:'吾安用尔为,而一烦朕!'瑾由是自决政"。孝宗弘治末年,原拟限制宦官出镇。刘瑾传旨,内阁撰敕,镇守太监悉如巡抚、都御史制度,干预刑名政事。宦官权势更盛。刘瑾权势倾动朝野,群臣章奏先具红揭投刘瑾,号"红本",然后再上通政司,号"白本",都称刘太监而不敢称名。刘瑾不会批答章奏,拿到家中,与妹婿礼部司务孙聪及松江市侩张文冕商量处理,交焦芳润色。正德三年(1508年)六月二十六日早朝,在丹墀发现一封匿名信,告刘瑾不法状。刘瑾当即下令召百官跪伏奉天门下,严加责问。五品以下官尽收入狱,共三百多人。次日,大学士李东阳上疏申救,刘瑾也听说此信乃宦官所写,才释放百官。时当盛暑,一些官员竟因不耐热渴而死。刘瑾操纵东厂与西厂,侦查官员行动。提督西厂的谷大用,分遣官校远出各地侦事,勒索贿赂。刘瑾又立内行厂,亲自掌管,屡起冤狱,邻里皆坐,造成一片恐怖。

刘瑾当政,贿赂公行,"凡入觐、出使官皆有厚献"。给事中周钥勘事归，因无计筹措钱款纳贿而被迫自杀。刘瑾令"天下巡抚入京受敕，输瑾赂。延绥巡抚刘宇不至，逮下狱。宣府巡抚陆完后至，几得罪，既赂，乃令试职视事"。及至正德五年刘瑾获罪抄家时，抄出财物竟有金二十四万锭又五万七千八百两，元宝五百万锭又一百五十八万三千六百两，宝石二斗，金甲二，金钩三千，玉带四千等。刘瑾在短短的五年内，即搜刮了如此巨大的财富，可见其贪得无厌、贪贿索贿到了何等疯狂的程度。

吏部尚书焦芳助刘瑾除刘健有功，对刘瑾称"门下"，呼刘瑾"千岁"。正德二年（1507年）八月，刘瑾荐用他为谨身殿大学士，与李东阳、王鏊同值内阁。十月，正德皇帝又起用东宫旧臣杨廷和入阁，由南京户部尚书改任京师户部尚书兼文渊阁大学士。刘瑾因李东阳、杨廷和曾在孝宗朝予修会典，摘取会典中的失误，将李、杨降俸二级，以为钳制。后因纂修《孝宗实录》成，复还。刘瑾企图控制内阁，多方擅作威福。正德四年（1509年）四月，王鏊因与焦芳、刘瑾不和，请求致仕。刘瑾用刘宇入阁。刘宇原为右都御史总督宣府大同军务，因焦芳之介，向刘瑾行贿万金。刘瑾大喜，说"刘先生何厚我！"入朝为左都御史。焦芳入阁后，吏部尚书由兵部尚书许进改任。刘宇进为兵部尚书。刘瑾又借故迫令许进致仕，任刘宇为吏部尚书。吏部为六卿之长。王鏊致仕后，刘宇入阁，兼文渊阁大学士。刘瑾的另一亲信张彩进为吏部尚书。张彩，原为吏部主事，历任文选司郎中，由焦芳荐与刘瑾，得刘瑾赏识，超拜吏部右侍郎，一年之中自郎署而长六卿。刘瑾荐刘宇入阁，实为擢任张彩掌管吏部。刘宇受命后，即请告归里省墓。张彩得刘瑾倚信，因焦芳受贿荐官甚多，逐渐失和。张彩向刘瑾揭露焦芳。正德五年（1510年）五月，焦芳也被迫乞归。焦芳、刘宇、张彩等依附刘瑾得致高位，贪贿诛求，被称为"阉党"。

从以上的历史事实中是可以发现一些比较重要的信息的。一、朝臣集团与宦官集团双方已形同水火，这从双方以"奸党""阉党"互称可见一斑；二、两个集团都不是铁板一块，双方阵营里都有对方的成员，如王岳、焦芳等人；三、也正是由于焦芳等朝臣投入宦官集团，才使得宦官集团对于朝政的介入和操纵要较之前朝的影响力大了很多；四、朱厚照在这个过程中很好地扮演了幕后老板的角色。在这场正德初年的政治权力较量中，角斗的双方是文官和宦官，尽管从表面上看，刘瑾获得了全面的胜利。因为他达到了权势熏天、左右朝政的地步，甚至于在私下集团内部可以享有"千岁"的称呼。

但是朱厚照自始至终都是把刘瑾当作是工具来看待和使用的。朱厚照不乐意处理朝政事务，才让刘瑾替他处理，而不是刘瑾拿朱厚照当傀儡，这是一定要弄清楚的问题。朱厚照做皇帝是要享福的，批奏章这种辛苦的工作交给刘瑾就好了，至于刘瑾会不会批奏章，那不是朱厚照关心的事情。如果刘瑾处理不了奏章的事情，就和他不能让朱厚照开心的结果是一样的，朱厚照会把他换掉，找另外一个人把这件事情做了，当然皇帝自己是不干的。

至于换掉刘瑾,从后来的史实看,确实不过像是朱厚照掸掉龙袍上的一个虱子那样轻松。所以说最后的胜利者是皇帝朱厚照。

正德皇帝将朝廷政事委付给刘瑾和阉党诸臣,在宫中多方享乐,挥霍无度。正德二年(1507年)修理南海子及制造元宵灯诸项工程,用银二十余万,尚未完工。又在西华门别构院落,修筑宫殿,造密室于两厢,名为豹房。正德皇帝每天去游乐,或即歇宿,命内侍环值,名为"豹房祗侯"。又召教坊乐工承应,将河南诸府乐户精技业者,遣送入京,日以百计。正德三年(1508年),正德皇帝又谕钟鼓司太监:"近来音乐废缺,非所以重观瞻",要礼部选三院乐工,严督教习,并责令移文各布政司,精选通艺业者,送京师供应。正德皇帝的游乐,造成极大的靡费。正德元年光禄寺查看所征厨料及内外近侍官员每日所费酒馔,比弘治元年增加一倍。

为继续修理南海子等未完成工程,正德二年(1507年)八月,公然下令卖官集银。阴阳僧道医官有缺,许其生徒及仕宦子孙、农民纳银送部,免考授官,分为四等。军民客商人等纳银,许授七品以下散官,荣其终身,仍免杂徭,分为三等。民间子弟纳银,许授都、布、按、府、州、县诸司承差、知印吏役,分为八等。正德三年(1508年)四月,再次卖官,令军民输银者授指挥、佥事以下官。

正德五年(1510年),刘瑾遣大理寺少卿周东度田宁夏,周东为了向刘瑾献贿,度田时以五十亩为一顷,多征亩银,并"征马屯租甚急，敲扑惨酷"，激起戍卒将士的愤怨。藩王宁夏安化王朱寘鐇乘机起兵反叛，争夺皇位。他设计袭杀了周东、总兵姜汉等，颁布"清君侧"的檄文，指斥刘瑾内外交结，图谋不轨。陕西守臣将安化王刊印的檄文封奏朝廷，刘瑾匿而不报。朝廷派前右都御史杨一清为提督，泾阳伯神英为总兵，太监张永监军，率军西讨安化王。大军至宁夏，安化王已被宁夏游击将军仇钺设计擒获。西讨途中，提督杨一清乘机联络张永扳倒刘瑾。八月，张永押解安化王至京向正德皇帝献俘，并呈上安化王讨刘瑾的檄文，揭发刘瑾意图谋反。武宗遂命连夜逮捕刘瑾。正德皇帝"亲籍其家，得伪玺一，穿宫牌五百及衣甲、弓弩、衮衣、玉带等违禁物"，不禁勃然大怒说：奴才果然要造反！于是将刘瑾下狱审讯，六科弹劾刘瑾罪行三十余条，将刘瑾凌迟处死，榜示天下。

不过关于刘瑾的死，还有另外一段历史记载，可以从另外一个角度反映正德时期和以往明王朝的政治经济状况。所以给读者照录于下：

刘瑾执政期间，组织科道官对天下军民府库、钱粮、各边年例银、两淮盐运司革支盐引、都司卫所军器，乃至夫运、柴炭等进行查盘。查盘首先是打击反对派官僚的一种手段。这里面尤其值得注意的，是刘瑾对各边年例银的查盘。

年例银是朝廷每年分解各边的银两，包括食盐开中改折的部分和朝廷对边费的贴补，数量相当大，且有急剧增长的趋势。如正德元年（1506年），宣府和大同在五万两年例银之外，又分别送银六十一万两和四十万两，辽东在十五万两年例银之外，又送银三十三万四千两。正德三年（1508年）三月，户部安排送各边年例银，"诏不许。谓各边既设屯田，又有各司府岁输粮草，天顺以前初无户部送银之例，其例始于成化二年（1466年）。盖或因警报，或以旱潦，事变相仍，行权宜接济之术耳。而其后遂为岁额，且屡告缺乏，得无盗取浪费之弊耶？"两个月后，刘瑾奏请查盘各边年例银用度："弘治十五年（1502年）至正德三年，预解过辽东、大同、宣府、宁夏、甘肃、榆林各边年例银并奏讨银两共五百四万六千七百五十三两有奇，乞差给事中、御史分行稽核籴买粮料草束用若干，折放过若干，见存若干，有侵盗浪费诸弊，从实参奏。"边饷边银屡告缺乏有许多原因。刘瑾认为，"各边粮草缺乏，马匹罢（疲）惫，皆由官不得人。"他还说，巡抚总理等官，"既治边无方，以致邑烂糠秕百有余万"，等到事发，则"全罪仓官小民"。官僚失职造成的损失确实惊人。正德二年（1507年）十二月，给事中安奎等奏：宁夏大河口驿新旧草烂十四万三千三百束有奇，典守者捏称邑烂成灰。正德三年（1508年）八月，礼科给事中曹大显等奏：查盘延绥等处仓库，粮料邑烂糠秕者三万六千余石，布匹邑烂者三万三千三百二十余匹。九月，给事中蒋金等奏：查盘建昌松潘等仓，侵盗邑烂者计万余石。一方面是负担过重，朝廷不堪支付，另一方面是官员失职，造成巨大浪费。刘瑾把查盘当作一件大事，不时举行，并用经济制裁的手段惩治官员。在查盘中被劾官员，开始多被逮下狱，后来改为追赔罚米，赔银多至千两，罚米多至千石。他们中有一些是无辜者，另有一些当治罪而未治罪者，而相当一部分被治罪的官僚确为失职。罚米很容易引起官僚们的不安和反感，但对后一部分官僚来说，要他们分担朝廷的经济压力，有其合理之处。除了查盘之外，清丈土地是刘瑾做的又一件事情。刘瑾对清丈土地的自觉意识或许不如查盘，其意义却要更大。从正德元年十月刘瑾开始把持朝政以后，屡有清丈土地的记载。

正德二年（1507年）十一月，命户部侍郎王佐等踏勘徐保所进皇庄田四千三百余顷，量出余地给无田民种之，如例起科。敕守臣踏勘汝府获（嘉）、辉（县）二县三桥坡田地，共一百三十一顷余，赐该府者七十顷。其余为退滩无粮地，只以原赏地与之。十二月，命巡按直隶御史赵斌清理大同无粮地，得五千九百五十九顷余，清理宣府原设听拨屯田地四百五十三顷余，失额并无粮余地二千零十八顷，照数造册，备考。同月，命司礼监太监王高金、户部员外郎冯颙查勘泾王奏请土地，赐王为业者二百零五顷，其余各类土地一千七百余顷，难以给赐。锦衣卫逮系有关人员至京究问（后仍以其中无粮地七百余顷赐之）。正德三年（1508年）二月，户科给事中段豸查勘山东活碱地官民地一千二百七十八顷余，可办纳存留以备常赋，死碱官民地六百三十九顷余，可折纳布钞以宽民力。四月，命巡按陕西监察御史张彧清理宁夏等卫屯地，新增四千四百余顷，户部议，有抛荒者，亟召人佃种。五月，命监察御史李瑛清查甘州等十二卫古浪等三所屯田，清出膏腴田三千余顷，除补原额之数外，尚有一千余顷，拨军壮余丁承种。六月，山东巡按周熊查山东屯田，比永乐年间多一万八千三百五十余顷。户部议，已清田粮行各卫征纳。正德四年（1509年）二月，派户部主事李思仁核实张允于弘治初所献徽府河南鹿邑、直隶亳州田土，得地六千一百九十余顷，起税二万四千余石，以二千石给徽王，其他输河南有司。

从这些处置来看，刘瑾清丈土地，是为了查革隐漏，增加税地，以保证"租税不失原额"。值得注意的是，正德三年（1508年）三月以后，即议革罢年例银之后，刘瑾把注意力转到对屯田的清丈上来。这不是偶然的。刘瑾把年例银和屯政联系在一起加以考虑，看到了屯政败坏和年例银日益增加之间的逻辑关系，因而，在革罢年例银之后，才特别重视清丈屯田。正德四年（1509年）七月以前，清丈屯田还是局部的现象，到八月，开始对屯田进行全面的丈量：派户部侍郎韩福赴辽东、兵部侍郎胡汝砺赴宣府、大理寺丞杨武赴大同、通政司左通政丛兰赴延绥、大理寺少卿周东赴宁夏、尚宝寺卿吴世忠赴蓟州、兵科给事中高涝赴沧州。这与成、弘年间清理丈田"止于腹里"的状况相比，无疑是大为改观。不但范围扩大，而且用法严厉。高涝丈沧州等地草场屯地，劾治不职官员六十一人，其中包括他的父亲高铨。史称"涝畏瑾，遂并劾其父，士论薄之"。对此事的是非姑且不论，但官员自劾其父，足见当时清丈法令之严。

在对屯田的全面清丈中，除了继续强调以前提出的基本规定

外，还统一规定了限制内外镇守官占田的数额，即所谓"养廉田"。正德四年（1509年）闰九月，户部提出裁减内外镇守等官田，诏曰："内外镇守官，朝廷重托，俱准以水旱地各十顷，副总兵半之；分守、监枪、游击各旱地十顷，守备半之，免其征税。其余愿自佃种者，照例起科，多余田地拨与空闲舍余人等承种佃种，明立文册。敢有奏讨并吞并者，科道官查记重罚之。"清丈过的免征地，四面立石作为标记，"严禁移换侵占"。可见，"限田"的规定确曾一度认真执行过，也收到了一定的实效。

刘瑾在作出限田规定的同时，还针对勋戚庄田采取了措施。兵部左侍郎胡汝砺奏报，对"查出地土宜照例起科，革去管庄人役。各家愿自种者听，不愿者拨与附近空闲舍余种纳，还量定地利厚薄以定则例，依顷亩粮数以立案册"。半年以后，吴世忠提出另一项建议："东胜、兴州等卫所屯田，多占种盗卖者，田租拖欠终年，积弊已久，若一一置之于法，人情未免不堪。除官豪占种及知情典买不首者依律究问外，其余情不得已者量为处分，田仍给主，价亦免追。若本主无力，另给附近军民屯种。如买主不系官豪，情愿纳粮者听。惟在租税不失原数耳。"提出这一更为灵活、变通的规定，显然是考虑到韩福在辽东"所行过刻"，以致激起兵变的教训。以"溢额为功"，是对清丈的最常见的批评。刘瑾清丈亦遭此议，如说周东清丈宁夏屯田，"希瑾意"，以五十亩为一顷。此外，还有人批评刘瑾以清丈为名敛银收贿。也是这个周东，"亩敛银为瑾贿"。但这些都不足以说明刘瑾清丈的性质。

刘瑾清丈，特别是清丈屯田，是朝廷和官豪人家争夺土地的斗争，以官豪为主要的打击对象。刘瑾清丈屯田形成了很大的声势，可以说，它是张居正度田以前最重要的一次清丈活动，意义重大。以宦官而主持这一重大举动，尤为难得。正德五年（1510年）四月，宁夏发生了安化王朱寘鐇反叛事件。朱寘鐇原认为，"若推我为主，以诛瑾为名，必成大事"。他以反刘瑾起兵，得到许多武臣的拥戴。事变产生的第一个结果，是朝廷停止了清丈屯田等行动，将各处原差丈量土地官员撤回。这实际上宣布了刘瑾政策的失败。

列举这部分历史记载无助于刘瑾的评价的改变，也并非为其鸣冤翻案。刘瑾本身也是死于权力倾轧的斗争，他执政时对各路对手狠辣无情，那他自己一旦落败也必然是同等待遇，甚至是被加倍返还的。从查盘银钱到清丈土地，刘瑾从目的到手段都并不高尚，完全是在进行政治斗争，所以不必扯双方的正义性问题。但是从这部分历史却可以发现明朝发展到中期所积累的不少问题。从土地兼并到府库钱粮的混乱，从边关补贴的漏洞到屯田制度的溃败，从暗中上下其手、通同作弊到武装反抗抑制兼并，凡此种种，大明王朝的地主官僚们的表现实在也没有比他们所痛恨的宦官们更高尚多少，明王朝如果不进行严加整顿，恐怕前景已经开始显露出颓唐、黯淡的势头了。

朱厚照诛杀了刘瑾以后，满朝文武有一种扬眉吐气的感觉。可见刘瑾狐假虎威折腾这些大臣也是不善。大家普遍觉得皇帝是不是可以回心转意了，毕竟也玩了五年了，而且刘瑾的表现如此不堪。但是此后发生的事情表明，政治节奏没有改变，朝政仍在宫中内决，经由内宦传谕。太监张永于正德七年（1512年）被劾罢职，司礼监由太监魏彬独掌。就在之前的一年，也就是刘瑾伏诛的第二年，也就是正德六年（1511年），江西、四川爆发农民起义，如果说这两个地方的起义距离京城尚远，还不足以引起朱厚照的重视，那么几乎同时爆发在直隶地区（今河北）的刘六、刘七起义就不能不引起朱厚照的注意了，历时一年，随着刘六、刘七的起义被镇压，朱厚照再次恢复了继续玩乐的节奏。而刘六、刘七起义发生的大背景正是京师周边地区以皇庄扩充为代表的大规模土地兼并，据历史记载：在北京附近的皇庄在正德元年（1506年），一月之间增加七座，不久又增加二十四座，占田共三万七千五百九十五顷。有皇庄的扩充于前，上行下效，就有贵戚们土地兼并在后，例如正德时，庆阳伯夏臣一次受投献地也有一万三千八百余顷。从皇室到贵戚，一面大肆土地兼并，一面又因赋税不足而横征暴敛，走投无路的农民如何能够不起义？而征收的银钱又变成从皇帝到贵族享乐之用，这就是正德年间的实际状况，请看历史的记载：

正德皇帝在宫中西华门修建豹房，聚集珍玩禽兽及乐工侍女，日夜在豹房游乐。正德七年（1512年）又行扩建。十月，工部奏报："豹房之造，迄今五年，所费白金二十四万余两。今又增修房屋二百余间，国乏民贫，何以为继！乞即停止，或量减其半。"正德皇帝不听。正德九年（1514年）十月为修复乾清宫和坤宁宫,派官员远至四川、湖广、贵州收买竹木,为此而向全国加赋一百万两。正德十年(1515年)又修太素殿、天鹅房、船坞等,用银二十余万两,役军匠三千余人,岁支工米万有三千余石,盐三万四千余引。大学士李东阳因谏阻调三边兵,于正德七年(1512年)致仕。正德十年(1515年)杨一清以吏部尚书入阁,与大学士梁储等上疏请停建太素殿等工,正德皇帝不理。

朱厚照营建的"豹房"属于他的污名之一,也是颇有争议的事件之一。争议的原因倒不在于花费银钱的多少,而在于"豹房"的性质问题。贬朱厚照的基本都是直接定性为淫乐场所,褒朱厚照的是按照罗马斗兽场的性质来定义"豹房"的。笔者个人观点是不必急于把"豹房"的性质定义得那么清楚,那样反而将其功能简单化了。上面的历史记载也很清晰,从珍玩到禽兽再到乐工、侍女等,不一而足。这就比较符合朱厚照那个爱玩的天性了,"豹房"应该是朱厚照私人的全方位、多功能、综合性娱乐场所。对朱厚照而言,以上这些都是可以取乐的不同玩法。玩豹子和玩其他项目于他是没什么区别的。这里就得需要说明一个问题了,这就是关于历史上对朱厚照荒淫好色的评价了。

朱厚照有两个硬伤。一是"度"的问题掌握得不好,这是朱厚照一直存在的问题,在其他的事情上,"度"也同样把握得不好。二是他一直没有子嗣。不过朱厚照自己对继承人问题貌似是不着急的态度,第一是他比较年轻;第二是他又开始开发出新的玩法了,那就是打仗。朱厚照玩的可不是小男孩的打仗游戏,他迷恋

的是真正的作战，而且是亲自带兵到边疆平叛作战。他找到了新的玩伴，从这时起，在五年的时间里，这对君臣多次进出京城，北上南下，把个大明王朝搅得是天翻地覆，把其余臣工吓得是心惊肉跳，史载：

前朝太监钱能的家奴钱宁，得正德皇帝宠幸，赐国姓，收为义子，掌管锦衣卫事。钱宁乘大同宣府兵调来京畿镇压农民起义，向正德皇帝荐引大同游击江彬。正德皇帝见江彬善骑射，得与游乐，擢任都指挥佥事。钱宁与江彬陪侍豹房，与正德皇帝同卧起。正德皇帝命居庸关太监擒献虎豹，又在豹房建护国佛寺，听任番僧往来。番僧绰吉我些儿向正德皇帝献秘术。正德皇帝在豹房与女乐淫乐，以至夺取臣下妻女。被劾罢官的原延绥总兵官马昂将已嫁有孕的妹妹，进献正德皇帝，入侍豹房。正德皇帝又至马昂家索取马昂小妾，马昂将妾杜氏献上，又进献美女四人。马昂因而得授为右都督，两弟也都进升军职。御史徐文华、都给事中石天柱等连续上疏，请遣出孕妇，正德皇帝不理。

正德皇帝在宫中享乐不足，多次着便服出宫，去街市游玩，到教坊观乐。江彬与钱宁争宠，劝正德皇帝出游宣府，说"宣府乐工多美妇人，且可观边衅，瞬息驰骋千里，何必郁郁居大内，为廷臣所制！"

正德十二年（1517年）八月，正德皇帝与钱宁、江彬等经昌平，到居庸关，传令开关。巡关御史张钦拒不奉命，持宝剑坐在关门下，说："敢言开关者斩。"正德皇帝不得已，只好返回昌平。几天后,张钦出巡白羊口,正德皇帝急令谷大用代替张钦,乘机出关,九月间到达宣府。江彬在宣府为正德皇帝营建镇国府第,将豹房所储珍宝和巡游途中收取的妇女纳入府中。正德皇帝每夜行,见高屋大房,即驰入索取宴饮,或搜取妇女。正德皇帝日夜在府第淫乐,称为"家里"。阁臣梁储及大臣等上疏力谏,正德皇帝不纳。

正德皇帝在边地不惜制造边衅,作战取乐。自署"总督军务威武大将军总兵官",驻阳和,命大同总兵官王勋等率军出击鞑靼边兵,在应州城北交战,正德皇帝自阳和领兵来援。鞑靼兵退,明军也还驻大同。鞑靼兵死十六人。明军死五十二人,重伤五百六十三人。十一月,正德皇帝回到宣府。闰十二月十六日,在宣府祝贺胜利,欢庆立春。正德十三年(1518年)初启程回京,传令群臣盛服相迎。正月初六,到达京城,文武群臣迎驾于德胜门外。彩幛数十,彩联数千,序词都称"威武大将军",庆功祝捷。正德皇帝饮庆功酒,对大臣们说:朕在榆河亲自斩首虏一级,你们也知道嘛!正德皇帝以作战为游戏而竟自夸耀,荒唐达于极点了。

回京后半月,又去宣府游乐。大学士杨廷和等又上疏谏阻,说"今四方水旱相仍,饿殍载道,朝廷每差官赈济,犹恐不及,若复劳师费财,其何以堪!伏望深居大内,颐养天和"。不报。二月初,正德皇帝在宣府,右副都御史黄瓒又上疏请正德皇帝回宫,仍不报。几天后,皇太后王后病死,正德皇帝才不得不回京治丧。

正德皇帝回京服丧，又传旨，欲轻骑察看山陵工程，遍祭诸陵，意在外出游猎。翰林修撰舒芬上书，请正德皇帝在三年之内，深居不出。给事中石天柱自刺血写血书力谏，正德皇帝不听。大学士杨廷和因疏谏不听，请求致仕。正德皇帝不准。三月间，正德皇帝亲往昌平祭陵，随后去密云游猎。京畿各地盛传要搜括子女进奉，民间惊扰，永平知府毛思义为安民心，下令说，大丧未毕，车驾必不出此，必奸徒矫诈！正德皇帝得知，大怒，将毛思义逮捕下狱。五月，去喜峰口游玩后返京。指挥黄勋诬告巡按直隶御史刘士元得知正德皇帝出游，曾令民间藏匿妇女，正德皇帝又将刘士元囚入京师，下锦衣卫狱。

七月，正德皇帝又传旨再去宣府。这次别出心裁，诡称北征，化名朱寿，自称大将军，以江彬为副将军，命阁臣草拟诏书，称"北寇屡犯边疆"，"今特命总督军务威武大将军总兵官朱寿，率六军往征"。大学士杨廷和、梁储等极力谏阻，说"万一宗藩中援祖训，指此为言，陛下何以应之？"正德皇帝不听，杨廷和称病不出，梁储拒不草诏，正德皇帝执剑威胁说："不草制，吃此剑！"梁储说，"愿就死，臣死不敢奉命！"正德皇帝只好不再颁诏，与江彬等仓促出城，廷臣多不来送行。正德皇帝等过居庸关，历怀来、保安诸城堡，到宣府。八月又自万全左卫，历怀安、天成、阳和，至大同。群臣纷纷上书劝谏。杨廷和等又上书，说"圣驾出巡，今已一月，内外人心，栗栗危惧"，"今陛下当无事之时，为有事之举","谏亦不闻,言亦不入","窃恐朝廷之忧不在边方,而在腹里也"。正德皇帝仍不以为意,下敕给吏部加朱寿镇国公,岁支禄米五千石。九月初,去偏头关。十月,西渡黄河,至榆林。十一月,至绥德州。十二月,东渡黄河,至山西石州,文水、太原。太原晋府乐工杨腾妻,为乐户刘良之女,姣美善歌,正德皇帝见而悦之,遂载以归,宠冠诸女,称"美人",饮食起居必与偕行。左右或触上怒,托求刘女,一笑而解。连江彬等幸臣,也称她为"刘娘娘"。正德十四年（1519年）正月,正德皇帝自太原至宣府,二月回到京城。

正德皇帝此次出游,历时半年之久。所经之处,地方官员乘机科敛扰民,人心惶惧。在山西时,近侍掠取良家妇女,以供正德皇帝幸御,多至数十车,往来道路。居民传告,多逃亡避祸。

正德皇帝回京后,大学士杨廷和等请明诏天下,自今以后不复巡游。二月间,正德皇帝又敕谕吏部：镇国公朱寿加太师。谕礼部：威武大将军太师镇国公朱寿,今往两畿（北京、南京）、山东祀神祈福。谕工部：急修黄马快船备用。正德皇帝准备去江南巡游,杨廷和等力谏不听。三月间,两京六科给事中、十三道御史纷纷上疏谏阻南游。六部官员也上疏劝谏。正德皇帝将谏阻南巡的兵部郎中黄巩等六人下锦衣卫狱。金吾卫都指挥佥事张英持刃以死谏,卫士夺刃,逮治,杖杀。因劝谏南巡而被逮下狱的官员多至三十余人,被杖死者十余人。

正德皇帝的江南之游,在一片反对声中未及成行,江西南昌即爆发了宁王宸濠之乱。王守仁起兵讨乱时，曾上书正德皇帝劝谏，说："陛下在位十四年，屡经变难，民心骚动，尚尔巡游不已，致使宗室谋动干戈，冀窃大宝。且今天下之觊觎，岂特一宁王？天下之奸雄，岂特在宗室！""伏望陛下痛自刻责，易辙改弦，罢奸回以动天下忠义之心，绝游幸以杜天下奸雄之望。"正德皇帝并未因而痛自刻责，反而把出兵平乱看作是巡游江南的时机。仍自化名朱寿。传旨，"令总督军务、威武大将军、总兵官太师、镇国公朱寿亲统各镇兵征剿"。阁臣杨廷和及朝臣纷纷上书谏阻，正德皇帝不听，下谕说，再有犯颜来奏者，治以极刑。王守仁擒宸濠的捷报尚未到京，正德皇帝即于八月间出发亲征，大学士梁储等扈从，江彬统领军事。

正德皇帝到达涿州。接王守仁奏疏，将亲自押解宸濠来京，献俘。梁储请正德皇帝回京，正德皇帝不允，敕谕王守仁候驾。九月，自保定到达临清。正德皇帝独自乘船至张家湾迎接刘妃同行。十月，自临清出发。十一月，过济宁、徐州，至淮安清江浦。在清江浦捕鱼取乐。十二月至扬州。又去仪真捕鱼，进至南京停驻。江彬等沿途派遣官校至民家勒索鹰犬、珍宝，拘括妇女，民不堪扰。

正德皇帝出征前起用太监张永提督军务、查核逆党。张永先行，至杭州。王守仁自南昌械系宸濠，欲来京献俘，得诏中止。途经杭州，将宸濠交付张永，返回南昌。江彬与太监张忠等迎合帝意，欲夺功耀武，拟令王守仁先将宸濠释放，再由正德皇帝领兵擒拿。张永来南京谏阻。正德皇帝命王守仁巡抚江西，重行报捷。正德十五年（1520年）七月，王守仁报捷，称"奉威武大将军方略讨平叛乱"。闰八月，正德皇帝在南京设广场，立大纛，环置诸军，令释放宸濠等，去刑具，然后再行擒拿，行献俘礼，祝贺胜利。

正德皇帝自南京北返，沿途仍多方作乐。自瓜州过江，登金山至镇江游玩。九月，至清江浦，自乘小舟，在积水池捕鱼为乐，船翻落水，被侍从救出，惊悸得病。十月，北还至通州，十二月在通州处死宸濠，焚尸扬灰。凯旋还京，在南郊祭祀天地。正德皇帝在拜祭时，吐血，一病不起。正德十六年（1521年）三月，死于豹房，庙号武宗。

回望正德朝这十六年，总体评价是朱厚照自始至终都没有找到当皇帝的正确节奏。明朝的各种弊端是从正德年间开始由隐性转化为显性的。朱厚照把一个并未治理好的烂摊子扔给了继任者同时也留下了最后一个前所未有的难题给了高层，大明王朝第一次绝嗣了！这是一个空前棘手的问题，其母不得不在丧夫十六年后再次面临丧子之痛，而且还顾不得自己的哀痛，因为必须要马上解决皇位继承人的问题。经过与大臣们的紧急磋商，决定采取"兄终弟及"的继承方式。他们集体选择了明宪宗第四子，兴献王朱祐杬的世子朱厚熜继承皇位。这是一个合乎礼法的选择，但也是一个让他们事后集体后悔到想剁手的决定。因为这个决定不仅伤害的是他们自己，也给大明王朝带来了将近半个世纪的伤害。

大明王朝的历史即将跨入一个新的时代,长达四十五年的嘉靖时代大幕即将开启。

嘉靖皇帝的名字朱厚熜没多少人知道,他的庙号"世宗"也没多少人知道。但是他的年号"嘉靖"却是中国古代王朝当中知名度最高的年号之一。因为在民间,"嘉靖"被解读为"家家皆净"。他治下出过古代清官的代表级人物海瑞,出过权奸的重量级选手严嵩,出过抗倭名将戚继光,出过与倭寇之乱,同时还有著名的"海禁"政策……总之,朱厚熜的时代是一个有故事的时代。至于他本人,热衷于修道、炼丹,同时也是一个权谋高手,特别是在皇帝这个高危职业,平均寿命三十几岁的群体中,能够以花甲之年辞世,也算是比较长寿的了。和嘉靖本人一样,这个时代也充满了变数和争议,尤其是在正德十六年(1521年),当朱厚熜还是一个十五岁的少年时,他本人和满朝文武,都还不能确定即将开启的嘉靖时代的未来会是一种什么景象。当然他们谁都没有料到,这个时代从揭幕仪式就呈现出一种异乎寻常的火爆和不和谐节奏,这给这个时代投射下了第一抹阴影。究竟是什么事情呢?我们一看历史的记录就一目了然了。

正德十六年(1521年)三月丙寅,皇帝朱厚照驾崩,无子继承皇位。刚袭封兴王的朱厚熜入继大统。四月二十二日,当朱厚熜与迎驾的定国公徐光祚、驸马都尉崔元、大学士梁储、太监谷大用等一行从安陆驻地到达京师附近时,突然被挡了驾。原来是朝中主事的大臣们要朱厚熜由东安门入文华殿,待百官三上笺劝进,再即帝位。这是皇太子即位礼。然而,朱厚熜并不是一个任人摆布的人,他以武宗遗诏上"继统得人"和"兄终弟及"为据,声明自己是来当皇帝,不是来当太子的。杨廷和请依礼部具仪,入居文华殿,上笺劝进,择日登极。朱厚熜仍不允。皇太后懿旨,改为即日在行殿劝进、宣告即位。朱厚熜自大明门入宫,在奉天殿即皇帝位。这次争议是朱厚熜与内廷和朝臣的第一次较量。朱厚熜不甘屈从,显示出皇帝的权威,进而赢得了胜利。后来的继统争议也于此露出端倪。

这段历史的背后其实透露出当时明朝的高层内部出了很大的麻烦。因为正德皇帝朱厚照死后并无子嗣继承皇位。宁王朱宸濠之乱刚刚平定,明王朝又面临着宗藩夺位的危局。皇太后张后(孝宗后)命太监张永、谷大用和内阁大臣谋议扶立新帝。首辅内阁大学士杨廷和在位十余年,权位最重,且已预有谋划,因据《皇明祖训》中兄终弟及之义,倡议迎立宪宗之孙、孝宗之侄、兴献王佑杬之子厚熜嗣位。这时,佑杬已死,厚熜年十五岁,袭王封。杨廷和之议,得到大学士梁储等阁臣的赞同,张太后照准,遂命谷大用与梁储等前往安陆藩邸,以拟作的武宗遗诏迎接嗣君厚熜(世宗)来京继位。新君继位前由杨廷和理政。明朝自成祖以后,历代皇帝嗣位,多由皇太后主持其事,但继位的皇帝出自阁臣的提名,则是前此所未有。皇帝继位前,由阁臣杨廷和奉太后懿旨综揽朝政,也是前此所未见。这表明阁臣的权位已日益严重,并不仅是司票拟的文臣。当年在朱棣面前战战兢兢求生存的那个秘

书班子历经百年终于壮大了,也等来了自己叱咤风云的机会。所以名为"兄终弟及",实则控制幼主,以达成"挟天子以令诸侯"之势。

这个过程中出了两个岔子,造成内阁功败垂成并遭反噬。其一是对新主不摸底,认为只是十五岁的少年而已（看来当年看错朱厚照的教训还不够深刻）。而实际上据历史记载：朱厚熜生于安陆藩邸,幼读经书。十三岁时,父佑杬死,以世子继理藩国（这起码就不是对于政治一无所知的人物）。对于突然而来的承继皇位,原无准备,对于宫廷及朝中诸事,也无经历。朱厚照宠信宦官佞幸,淫乐无度。内廷宦官与朝中大臣之间也是矛盾重重,相互倾轧。朱厚熜继统,既无朝中师保可为倚恃,又无藩府旧臣随从辅佐,少年天子入京师,不啻只身入虎穴,前途是艰险的。这使他不能不对周围的各种陌生的势力,心存戒备、以防不测之变的发生,又不能不极力维持皇权,以免成为被人操纵的工具。史称其"多谋"而又"刚愎",正是这种特定的历史环境的产物。

如果说轻敌已经是第一个失误的话,那么岔子之二就更让人感觉不可思议了。"兄终弟及"的即位方式本不应该是大事,但要解决一个世系的问题,通俗讲就是嗣皇帝的皇位继承自哪位皇帝要说清楚。常见解决方式就是直接过继。但这次不知道是哪个环节出了问题,选择朱厚熜就是看中他年幼并且生父已经去世了。然而谁也未能料到的是偏偏朱厚熜在这个问题上是抵死不让步,还让这场风波在历史上留下了一个名称叫作"大礼议"。按说在最初的即位礼仪问题上，朱厚熜的表现已经应该让包括太后在内的高层有所警觉了。名分问题直接涉及到家族、个人的核心利益，作为太后必须保证孝宗皇帝朱祐樘的帝系不能断绝（虽然事实上已经断绝了），而对于朱厚熜而言，则是双重利益系于一身，既要抓住这个难得的机遇为亡父寡母争名分（利益），同时还要保证自己不能成为被后宫、权臣（关于这个本质问题他倒是看得极其清楚）所操控的傀儡皇帝。但是到阁臣这儿，利益似乎就有点上不得台面了，说穿了就是想控制这个小皇帝。当然太后也是这个想法，所以双方才能合作对付朱厚熜。这是朱厚熜与后宫、权臣双方的关注焦点所在，无可避让了，因此双方必然施以全力相搏。双方的交锋在朱厚熜下诏定次年为嘉靖元年以后正式开始，有关的历史记述相当详细而精彩：

朱厚熜即位五天后，令礼官集议兴献王主祀称号。礼部尚书毛澄请示杨廷和以后，会同公卿台谏六十余名官员上疏：以朱厚熜为入继之君，应效汉定陶王、宋濮王故事，"以孝宗为考，兴献王及妃为皇叔父母"。朱厚熜阅疏，恼火地说："父母可移易乎？其再议。"毛澄等仍坚持前议，杨廷和也亲自上言要皇帝服从礼部之议。朱厚熜坚决不从。此时，观政进士张璁上《大礼疏》，提出与杨廷和不同的"继统不继嗣"的论说，朱厚熜得到支持很高兴，即将杨廷和召来，宣布要"尊父为兴献皇帝，母为兴献皇后"。杨廷和也不肯让步，"先后封还御批者四，执奏几三十疏"，并公开声称：在这个问题上，"异议者即奸谀当诛"。到了十月间，

杨廷和见势不得已,乃草敕下礼部,称奉慈圣皇太后懿旨,"本生父兴献王宜称兴献帝,母宜称兴献后"。朱厚熜暂时接受了这个妥协的结果。

礼部的这个奏议反映了明朝文官集团的堕落,他们如果连一个两全其美的方案都搞不出来的话,那只能让人怀疑他们到底是读书读死了还是别有用心,而这样的方案还能被提交到皇帝面前,连首辅杨廷和一并质疑不算是冤假错案。以藩王世子承继大统,保证孝宗皇帝帝系不绝,这对于朱厚熜而言绝非强人所难,他再有个性也不至于如此不通天理人情。但是要求他从此必须管叫了十五年的爹叫叔(虽然已经去世),管自己的亲娘叫婶(尚在人世且已到京城),这对任何人而言都属于过分了。这也算是这群两榜出身、饱读圣贤书的知识分子把"存天理,灭人欲"思想发挥到极致了。可这个天理也得让人过得去啊!当时也不至于不改口叫叔就得国破家亡的地步不是。如果这些文官给出的方案是在承认朱厚熜亲爹名分的基础上再让他认孝宗当爹,他要再不同意属于无理取闹。礼部的现有方案如果换一个对象是完全可行的,要么父母双亡(孤立无援),要么五岁及以下(年幼无知)。但是如果立这样一个皇帝,那么太后和内阁(首辅)就得承担操纵幼主的舆论压力,其实是双方都想这么干还怕承担责任,担心有政治把柄落对方手里,各怀鬼胎的结果就弄成了这种局面。

与朱元璋时期相比,这是一种精神上的堕落,高层表现出的是事到临头的自私自利而不是勇于担当的勇气,这就是明朝政治已有喜气的体现。礼部的方案过不了这个十五岁皇帝的关，这个年龄什么都懂了，还有着强烈的叛逆性，很平常的事情都可能会平地起风波，何况这些文官拿他当小孩耍弄，他要不愤怒就奇怪了。而且在这个问题上，朱厚熜也并非是孤立的，除张璁之外，一批中下层官僚，如主事桂萼、霍韬，同知马时中，员外郎方献夫，给事中熊浃，郎中黄宗明，经历黄绾等，以及个别上层官僚，如前朝老臣杨一清，湖广巡抚席书等，赞同和发展了"继统不继嗣"的理论，形成了相当大的声势。姑且不论这些人是不是抓住这个机会逢迎皇帝以求私利，即使如此，也只能说是以内阁首辅杨廷和为代表的高层处置失当，授人以柄而已。这也反映了文官集团虽然力量壮大，但也不是铁板一块的团结，这也为以后皇帝的各个击破留下了隐患。

这个事情最终以双方拉锯半年然后妥协结束。但是双方都没有觉得达到目的，都觉得自己是吃亏的一方。这个世界上最麻烦的情况就是这样了，半年的折腾换来的仅仅是更大的动荡开始而已。原因很简单，事情到了这步了，双方的互相信任与合作基础就已经不复存在了，彼此都已经觉得对方不好合作（控制）了，那就只能在政治斗争中分出高低胜负了，这对于双方，对于明王朝都是一个明显双输的结果。

时间进入嘉靖元年（1522年），暂时妥协的双方再起争斗，这一次一直延续到嘉靖三年，过程相当的惨烈，结局是以文官集团的重大损失而黯然收场。范文澜先生在其《中国通史》里对这

个场面描述相当细致而精彩,特照录于下:

世宗姑且同意称兴献帝、后,而不称皇,本是一时的妥协之计。十一月间,又称奉太后懿旨,加"皇"字,称兴献皇帝与兴献皇后。杨廷和封还世宗手诏,拒不发布。朝臣也附和上疏,力争不可。嘉靖元年(一五二二年)正月,礼部右给事中熊浃则上言:"兴献王宜尊以帝称,别立一庙。""母妃则尊为太后,徽号如慈寿之例"。熊浃是大学士费宏的同乡。不久之后,费宏即调熊浃出朝,任按察司佥事,以免得罪杨廷和,牵连自己。礼部毛澄乘清宁宫后之小宫发生火灾,上疏说是"变不虚生,宜应之以实",又说御执父母又各加一皇字,不可以告天下。给事中安磐上疏,说"兴"是藩国不可加于帝之上,"献"是谥号不可加于生存之母。世宗迫于众议,改为皇太后、皇后加上尊号,慈寿皇太后(孝宗后)加上尊号为昭圣慈寿皇太后。皇嫂皇后(武宗后)加号庄肃皇后,本生母兴献后加号兴国太后,祖母邵氏皇太后(宪宗妃)加号寿安皇太后。三月间正式行礼,奉上尊号。生父仍号兴献帝,不加皇字。世宗此举,显然是不得已的退让。杨廷和至此已先后四次封还世宗的御批,执奏近三十疏,并多次以去就力争。十一月,世宗祖母寿安皇太后病死。杨廷和奏称:上为孝宗后,不宜为孝宗之庶母持祖母承重服。世宗不采其议,自定宫中服丧二十七日。十二月,原兵科给事中史道升任山西佥事,上疏说是杨廷和察觉他的弹劾奏章,因而调出外任,并说"先帝(武宗)自称威武大将军,廷和未尝力争。今于兴献帝一皇字考字,乃欲以去就争之,实为欺罔"。杨廷和上疏自辩,并请致仕。世宗下诏抚慰,说他"及国势危疑之际,又能计擒逆彬,俟朕从容嗣统,功在社稷"。杨廷和奉诏留任,但与世宗之间的矛盾,日益加深了。

巡抚湖广都御史席书曾草拟奏疏,附和张璁、霍韬之议,称兴献帝宜定号"皇考兴献帝"。疏成未能奏上,吏部员外郎方献夫上疏,也提出继统不继嗣之论,请宣示朝臣改议"称孝宗曰皇伯,称兴献帝曰皇考,别立庙祀之"。十二月,南京十三道御史方凤等上疏,说"吏部员外郎方献夫与张璁、霍韬议礼非是"。一年之后,南京刑部主事桂萼又上疏议礼,并将席、方二疏附上,请世宗速发明诏"称孝宗曰皇伯考,兴献帝曰皇考,兴国太后曰圣母,武宗曰皇兄"。嘉靖三年(一五二四年)正月,世宗交付文武群臣集议。杨廷和见世宗有意变更前议,又因谏言罢遣内宦提督苏杭织造,未被采纳,遂又上疏请求致仕。此时世宗的统治已渐稳固,并已厌于杨廷和的跋扈难制,遂诏允杨廷和致仕归里。言官交章请留,世宗不听。

杨廷和致仕,自是当时震动朝野的一件大事,也是新帝旧臣之争的一个转折。礼部尚书毛澄于嘉靖二年(1523年)二月因老病致仕,死于归乡途中。八月,吏部侍郎汪俊继任礼部尚书。次年二月,杨廷和离京,汪俊联络朝官上疏,仍持原议,说"宜考孝宗",并说,诸章奏,只有张璁、霍韬、熊浃与桂萼议同,其他八十余疏二百五十余人,都同臣议。世宗将奏疏交付有司,敕召席书、桂萼、张璁等来京集议。

张璁、桂萼等在南京闻讯，随即上疏，说："今之加称，不在皇与不皇，实在考与不考"。三月，世宗颁诏：本生父兴献帝、本生母兴国太后，今加称为"本生父皇考恭穆献皇帝"、"本生母章圣皇太后"。又称："朕本生父已有尊称，仍于奉先殿侧别立一室，尽朕追慕之情。"这时，张璁、桂萼已行至凤阳，从邸报上看到新诏，又上奏疏，说："臣知'本生'二字，绝非皇上之心所自裁定，特出礼官之阴术。"六月，张璁、桂萼至京师，被擢任翰林学士。方献夫为侍讲学士。此前，礼部尚书汪俊因再次上疏，遭世宗斥责，致仕。席书继任礼部尚书，到任前，由侍郎代管。七月，世宗采张璁、桂萼等议，派司礼监太监谕内阁去掉"尊称"中的"本生"二字。内阁自杨廷和去后，蒋冕继为首辅，仅两月即疏请致仕。毛纪代为首辅，力言不可，世宗斥责说："你们无君，也要让我无父吗？"毛纪等惶惧而退。世宗正式诏谕礼部："本生圣母章圣皇太后，更定尊号曰'圣母章圣皇太后'。于七月十六日恭上册文，遣官祭告天地宗庙社稷。"礼部奉诏拟定仪注奏止。世宗制准。

世宗去"本生"二字的敕下，又引起一场风波。朝臣纷起上疏谏阻。首辅毛纪与新入阁的大学士、原吏部尚书石珤（宝）也上疏谏止。疏俱留中。七月十五日，朝会方罢，吏部左侍郎何孟春对百官说："宪宗朝，百官哭文华门，争慈懿皇太后葬礼，宪宗从之，此国朝故事也。"杨廷和之子、翰林修撰杨慎说："国家养士百五十年，仗节死义，正在今日。"编修王元正、给事中张翀等遂摭留百官于金水桥南，声言今日不参加力争者，必共击之。于是九卿自尚书、侍郎至员外郎、主事、司务等二百二十人跪伏于左顺门候旨。世宗命司礼监太监传旨劝令退去，群臣必求谕旨。再次传谕姑退，群臣仍跪伏喧呼，企图迫使世宗屈服。

世宗在位三年，于朝政逐渐熟悉。杨廷和去后，对于抗旨臣下，渐趋严厉，屡加斥责。面对左顺门的严峻形势，世宗行使皇权，采取镇压措施。先将为首者翰林学士丰熙、给事中张翀等八人逮捕，又逮五品以下官员一百三十四人下狱，命四品以上八十六人待罪。锦衣卫奉诏拷讯丰熙等八人，编伍谪戍。其余四品以上者夺俸，五品以下杖责。被杖致死者十六人。

七月十六日，世宗率文武群臣奉册宝，上生母蒋后尊号为章圣慈仁皇太后。十八日，奉安生父神主，上尊号为皇考恭穆献皇帝，均不再有"本生"二字。九月间，经席书、张璁、桂萼等与群臣集议，世宗正式颁诏定大礼；"称孝宗敬皇帝曰皇伯考，昭圣怀惠慈圣皇太后曰皇伯母，恭穆献皇帝曰皇考，章圣皇太后曰圣母。"次年，在太庙旁建世庙（后改称献皇帝庙）奉祀献帝。大礼之议，世宗终于战胜朝臣，取得全面的胜利。

回顾这段被称为"大礼议"著名事件的过程，令人惕然心惊的首先是明代文官集团的能量，竟然能在短时间内串联起上百人，对最高皇权发起挑战。虽然最终完败，但也足以表明这已经是一个颇有活动能量的政治集团了。它的逐渐成形有着多方面的因素，既存在着对明朝早期政治上的粗暴压制以及中期宦官势力坐大的

自然反弹；也有着科举制度所自然催生的官僚之间诸如"同年""座师、门生"一类的千丝万缕的关系网；同时从朱元璋、朱棣时期开始的御史言官、内阁制度的开创都对这个集团的形成、壮大起到了推动作用。在看到的其能量的同时，也能够为人所注意到的是这个集团成员间的貌合神离。文官集团内部的不团结也是由来已久的，这恐怕既有来自于皇权的分化、打压，也有文官们"文人相轻"的固有缺陷所致。其不团结直接削弱了整个集团的力量，不仅造成此次与皇权较量的失利，而且宦官势力的坐大也与部分文官集团成员的纵容、投靠、甚至甘为驱使是密不可分的。也正因为力量的膨胀和内部的分化，整个文官集团在行动的过程中，愈发地表现出目标的迷茫性和手段的单一性、激烈性相结合，从而造成发力方向、着力点与目标之间渐行渐远，以致最终以惨重的损失收场。

　　这场斗争对于明朝中后期的高层政治环境是有着不良影响的。它使文官集团的分化加剧，对于皇权更难以形成比较有效的纠偏力量不说，集团自身出现党争的危险直接就增大了。不能不说明朝后期那种难以遏制的党争的风气的最终火星就是在这个过程中酝酿和点燃的。而且文官集团在这个事件处理过程中的手段是相当值得商榷的，以那个"左顺门事件"为高潮，达到非常激烈的程度，确实颇有一股"文死谏"的感觉。但是，那句"今日不参加力争者，必共击之"。可就给所谓的气节说涂抹了一层诡异的颜色了，这是同仇敌忾的结果吗？这是赤裸裸的道德绑架加人身威胁！无论是考虑同僚的面子还是自己的生命安全，谁敢不去呢？但是这还谈什么正义性？还不够讽刺的呢。问题是采取这么激烈的态度和手段是因为朝廷的什么重大问题？是关系到国破家亡还是国计民生？还是华夷之辨？都不是，就是皇帝的父亲是谁的问题，而且还必须得听文官的。这实在是一个让人非常费解的事情。

文官集团的真实目的到底是什么呢？这个问题，其实当事人是非常明白的，嘉靖七年（1528年）六月，年轻的皇帝朱厚熜在事过之后敕定议礼诸臣之罪时说："杨廷和为罪之魁，怀贪天之功，制胁君父，定策国老以自居，门生天子而视朕。"这就非常清楚地点明了事情的实质在于权力斗争，根本和什么正义感一点儿边都不沾。所以皇帝也以此对议礼作出权威性的总结，并定议礼大臣之罪：杨廷和为罪之魁，革职为民；毛澄病故，削生前官职；前阁臣蒋冕、毛纪，前吏部尚书乔宇，前礼部尚书汪俊俱已致仕，各予革职，冠带闲住；前刑部尚书林俊革去生前职衔；前吏部侍郎何孟春、前吏部文选郎中夏良胜发原籍为民等。事实上这个事件除了对于文官集团自身的消极影响之外，就是进一步恶化了原本就比较脆弱的明朝君臣关系。

朱厚熜本来就是以外藩世子身份承继大统，在孤身面对群臣的情况下，他的那种不安全感是完全可以理解的。如果从首辅开始，能够推己及人，以诚相待，按照朱厚熜那种孤立无援的态势，不说是成就一段君臣千古佳话，至少也能和平共处、同舟共

济,不会落到这种敌我矛盾状态。结果直接造成从嘉靖皇帝亲政开始,君臣关系一直比较紧张,文官集团的表现也实在是让嘉靖很难从心底里认同他们,这也在一定程度上影响了朝政的正常运行,所以有史家评价:("左顺门事件"的处理)杖责臣下十余人致死,不免失于严酷。对于才有可用、过有可原的阁部诸臣斥逐过多,也削弱了朝廷的力量。

嘉靖皇帝从一开始就对大臣猜忌防范心理很重,所以他对于人臣一直都是比较苛刻的,这不是单纯对一般的大臣,就是对内阁首辅、六部尚书、地方督抚这些高官大员的处理他也是同样不客气的。例如:嘉靖二十四年(1545年)九月的一天,已成为首辅的严嵩和吏部尚书熊浃被召至西苑。"上谓嵩、浃曰:'朕得一句,曰阁老心高高似阁,可对之。'嵩、浃闻命皆惶悚伏地,不敢仰视。上曰:'若不能对,朕代对曰天官胆大大如天。'嵩、浃惶悚益甚,伏不能起。"当面说阁臣"心高高似阁",吏部尚书"胆大大如天",这无疑是一种警告了。在这一段的记述里,朱厚熜的手法属于诛心之举。拐弯抹角地告诉臣下说自己已经不信任他了,而且认为他有不臣之心,这在那个年代是诛九族的大罪了,哪个大臣听完还能没吓晕过去,这心理素质已经属于上乘的了。潜台词是让这俩把尾巴夹好了,在自己面前要老老实实地做人,否则就等着死吧。所以严嵩不大敢蒙骗嘉靖,因为皇帝什么脾气的都好对付,但唯独没有准脾气的最可怕,不知道什么时候翻脸不认人了。嘉靖对他俩用的就是这个节奏。可见嘉靖为人其心之险,也是权谋的高手。但是嘉靖这么对待他俩并不是由于厌烦他俩了，朱厚熜对待臣下都这样，一碗水端平的节奏。

朱厚熜对于大臣的猜忌心极重，这亦可从嘉靖朝官吏的频频罢官得见一斑。从嘉靖二十年（1541年）到嘉靖四十年（1561年）并没有发生什么大案，七卿中却有二十五人次被罢官：

嘉靖二十年（1541年），都御史王廷相为民；二十一年（1542年），刑部尚书吴山削职；二十三年（1544年），兵部尚书毛伯温为民；二十四年（1545年），吏部尚书熊浃为民，兵部尚书戴金免；二十五年（1546年），吏部尚书唐龙谪为民，兵部尚书路迎免；二十六年（1547年），户部尚书王杲谪戍；二十八年（1549年），礼部尚书孙承恩、兵部尚书赵廷瑞免；二十九年（1550年），户部尚书李士翱闲住，兵部尚书丁汝夔弃市；三十年（1551年），兵部尚书王邦瑞革职，刑部尚书顾应祥降调；三十一年（1552年），吏部尚书李默、刑部尚书应大猷闲住，兵部尚书赵锦谪戍；三十二年（1553年），吏部尚书万镗为民；三十四年（1555年），兵部尚书聂豹闲住；三十五年（1556年），起用不到三年的吏部尚书李默下狱死；三十六年（1557年），工部尚书赵文华为民；三十七年（1558年），兵部尚书许论革职；三十九年（1560年），户部尚书马坤闲住，刑部尚书郑晓闲住；四十年（1561年），礼部尚书吴山闲住，刑部尚书冯天驭闲住。其中还不包括疏辞不肯就任而被罢免的官员。

除了警告、罢官，朱厚熜对于大臣们的杀戮也从来不会手软

的。明朝方面大员受处罚、被罢官、被杀也不在少数。蓟、辽的总督，巡抚，从嘉靖二十一年（1542年）到嘉靖四十五年（1566年），有二十七人次受到不同程度的处罚。顺天巡抚张汉，建议大将可专杀偏将裨将，以树军威。此议颇不合朱厚熜的口味，他对身边的大臣都缺少信任感，增强在外大帅的权威又怎能放心？有言官弹劾张汉刚愎，世宗就把他发配到边远的镇西卫。御史陈九德推荐张汉是可用之材，也被斥为民。张汉流放二十年，死于戍所。

南方各省督、抚则多受倭乱的牵累。首先蒙难的是浙江巡抚朱纨。其后，嘉靖三十四年（1555年），总督江南、江北、浙江、山东、福建、湖广诸军的南京兵部尚书张经，浙江巡抚李天宠被杀。从嘉靖三十二年（1553年）到三十九年（1560年），应天巡抚十易其人。彭黯迁南京工部尚书，畏倭寇，不等继任到来便离任而去，被下狱除名。方任丁忧，陈洙才不足，未任。屠大山失事，下狱为民，陈洙谪戍，张景贤考察夺职，赵忻因金山兵变贬官，陈锭罢去，翁大立免职。虽然上述官员的罢免或被杀，基本是事出有因，但同时也反映朱厚熜对官吏特别是高级官吏的制裁是很严厉的。

看起来将近半个世纪的时光流逝并未能够冲刷掉昔日少年心中的恐惧和怨恨。尽管朱厚熜由少年步入了老年，但是对于当初那些官僚们带给他的伤害仍然是铭刻于肺腑的。所以反过来，他也用手中的皇权狠狠地报复了这些官僚，如猫戏鼠般将他们玩弄于股掌之上长达四十余年。嘉靖皇帝确实是聪明过人的类型，其权谋手段也足以制约臣下，以确保皇权不被任何旁人所觊觎。但他同时也囿于自身的局限，未能在制约的同时整合臣子的力量，在施政当中也就未真正能有效地解决明中期以后的各种社会矛盾。并且这种令臣下动辄得咎的做法是不利于主观能动性的调动的，在当时会影响到嘉靖朝的行政效率，而在以后，其子孙效法他这一思路和做法，以至于最终走向了众叛亲离的大结局。

尽管嘉靖驭下比较刻薄寡恩，但是其所谓的"新政"还是有相当的实际意义。嘉靖即位的时候，明朝的情况已经不那么乐观了。土地兼并问题积重难返。嘉靖时，天下额田已减少一大半，国家的税收财政已无以为继。嘉靖八年（1529年），霍韬奉命修会典。他指出，从洪武到弘治，天下田亩已减强半，"若湖广额田二百二十万，今存额二十三万，失额一百九十七万。河南额田一百四十四万，今存额四十一万，失额一百三万。广东额田二十三万，今存额七万，失额十六万"。"田亩之失，或拨给于王府，或欺隐于猾民，或委弃于寇贼"。

嘉靖初年，丈量土地的舆论相当强烈。因为丈量土地是朝廷解决土地失额的最主要手段。但嘉靖皇帝不同意通行丈量，理由是"恐纷扰"。有观点说这或是因为他对土地失额的严重性尚无充分的认识，或是因为他缺乏同豪势家族作一番较量的勇气和魄力。这种观点未免有点把朱厚熜看扁了。"恐纷扰"其实把意思已经说得很透彻了。就是说时机不合适，别横生枝节，干扰斗争大方向。看前文就很清楚了，他的斗争大方向是"大礼议"跟内

阁血战呢,如果现在就急着丈量土地,两线作战不说,这不是直接把所有人都推到阁臣的阵营里去了吗?自己变成孤家寡人了,恐怕不用斗就彻底败了。

能够知道讲究斗争策略和方式,年轻的嘉靖皇帝称得上是少年老成。而且他也并非真的不知道土地兼并的严重后果,所以等到嘉靖八年(1529年),朱厚熜彻底解决了"大礼议"的所有对手们以后,就开始敕谕户部清查庄田,对强占民田者,俱还原主。嘉靖九年(1530年),桂萼在入参机务期间,曾上疏建策清查新增田地及编审徭役。朱厚熜批准施行。这次改革,因次年桂萼因病乞休归里而未能进一步展开。而桂萼所开创的将税粮与徭役各审定交银若干,统一征收,以求均平的"一条鞭法"的改革效果是显著的,为后世的赋役制度改革提供了借鉴。这个后来产生重大影响的"一条鞭(编)"法,在嘉靖时期已逐渐在各个地区实施,这对于解决土地失额问题是一个貌似看起来切实可行的办法。

嘉靖十年(1531年),朱厚熜听取了户部的建议,下令查革王府以山场湖陂荒地为名强占的民田。此后,又进一步下令,只准许王府留用封国之初所请庄田,此外,不得议留。应该说,这些清查庄田、还田于民的措施是不可能从根本上抑制土地兼并的趋势的,但在一定程度上给了那些农民以希望,一定程度上缓和了已很紧张的社会矛盾和阶级矛盾。

除了抑制土地兼并的措施,嘉靖时期,还在一些地区不同程度地实行了赋役制度改革。朱厚熜所采取的这些改革新政,在抑制宦官和外戚勋贵势力的发展上颇有成效，起了一些积极的作用。清查庄田，还田于民，对赋役制度的改革，都旨在抑制土地兼并的发展，增加国家赋税收入，平均人民的负担，是利国利民的措施，然而，这些改革仅是在局部范围内，且"数行数止"，未能全面而持久地展开，因而它的成效也很有限。

其中的原因也并不复杂，主要还是在于朱厚熜本人的态度上。以他的能力，不是看不出来土地兼并的后果，但是土地兼并不是一个马上就能致命的问题，起码在嘉靖初期还不至于让明朝走到亡国的地步。但是皇权的巩固对于朱厚熜的意义就不一样了，从走进紫禁城那天开始，他就见识到自己治下的这个文官集团的能量了，如果不能有效地压制住他们的话，皇位易手、性命不保是就在眼前的危险，更何况还有后宫、外戚、宦官势力的潜在威胁需要他及时剪除，而如果解决土地兼并造成了几方势力联手的后果，那对于朱厚熜而言才是最严重的局面出现了。所以朱厚熜囿于局势和自身的限制，一直都没有能够把解决土地兼并这个问题提到关乎国家生死存亡的战略高度来认识，整个朝廷从上到下也不能形成解决土地兼并问题的紧迫感和共识。

朱厚熜的别号很多，但是都离不开真人、真君、帝君之类，短者如"雷轩"，长者如"太上大罗天仙紫极长生圣智昭灵统三元证应玉虚总掌五雷大真人玄都境万寿帝君"，可见其对道教的迷信。明朝自开国以来，即礼重佛、道。宪宗宠信僧继晓，广封僧道官。武宗、刘瑾也大兴佛寺，番僧入于禁苑，僧道传升官充斥于朝。明太祖曾封授龙虎山张道陵的后裔张正常为真人。宪宗、孝宗两朝多次封授他姓道士为真人。所以可见和历朝历代一样，明朝的皇帝一直也是有拿宗教作为思想统治工具和精神寄托的传统的。朱厚熜曾与大臣们共同讨论宗教问题。霍韬说，僧道盛者，王道之衰。方献夫说，尼僧道姑，有伤风化，应将现在者发回改嫁，以广生家。朱厚熜认为他们的意见都很正确，也发过"天下僧道无度牒者，其令有司尽为查革"的诏令。但他不是要取消道教，而是要把道教变成更皇家化、更贵族化的宗教。思路倒是没问题，就是要加强对宗教的控制。这个在明朝中后期社会开始发生变化的情况下，从避免宗教蛊惑人心，扰乱社会还是有一定的实际意义的。

朱厚熜入宫后不久，便与道教结缘。嘉靖二年（1523年），太监崔文等在钦安殿修设醮供，请世宗拜奏青词。嘉靖三年（1524年），龙虎山上清宫道士邵元节被征入京。他在宫中祷雪应验，世宗因之宠信不疑，封其为"致一真人"，在京城西建真人府，并遣缇骑四十人供洒扫，赐田三十顷，免其赋役。嘉靖十五年（1536年），加授其为礼部尚书。十八年（1539年），邵元节死，恤典同伯爵例。邵元节死后，方士陶仲文得到世宗宠信。世宗先封其为"神霄保国宣教高士"，后朱厚熜得病，既而痊愈，他认为这是陶仲文祈祷之功，故授其为少保、礼部尚书，后又加授太傅，食一品俸。数年之内，陶仲文官至三孤，可见道人术士在世宗心目中的地位。

然而，与之截然不同的是谏官的命运。嘉靖十八年（1539年）九月，朱厚熜竟欲令太子监国，以便自己去静修炼道。太仆卿杨最上疏反对，"帝览之大怒，逮系镇抚司考讯，久之死狱中"。二十年（1540年）正月，御史杨爵上疏请禁除邪佞之术，"帝大怒，命镇抚司长系之"。自此以后，廷臣再也不敢谏阻，神仙祷祀之风愈演愈烈。

朱厚熜中年以后，"专事焚修，词臣率供奉青词，工者立超擢，卒至入阁"。当时阁臣袁炜、严讷、李春芳、郭朴俱以善撰青词而入阁，时人讥之为"青词宰相"。其实，"青词宰相"远不止这几位，其他如顾鼎臣、夏言、严嵩、徐阶也都以善撰青词而得到世宗的青睐。这就已经开始背离"任人唯贤"的基本大原则了。皇帝的个人爱好不能凌驾于国家之上，这是皇帝统治思路是否在正轨的基本底线。从个人角度，能够驾驭爱好有益于身心放松和沉迷于爱好，为爱好所绑架，是心智正常的成年人与未成年人的分水岭，就这点而言，朱厚熜与其先祖们的差距有些过大。

而国库还得为朱厚熜的个人爱好进行买单，斋醮造成财力的浪费是很惊人的。例如，斋坛匾额要用赤金书写："时每一举醮，无论他费，即赤金亦至数千两。""其操笔中书官，预备大管，泚笔令满。故为不堪波画状，则袖之，又出一管。凡讫一对，或易数十管，则袖中金亦不下数十铢矣。"有的中书官因善书写而升卿贰，有一中书官因善揩油而致富，有一中书官既升了官又发了财。朱厚熜迷信方士，从嘉靖中叶以后开始大量服用丹药。及至朱厚熜中年"边供费繁,加以土木、祷祀,月无虚日,帑藏匮竭。司农百计生财,甚至变卖寺田,收赎军罪,犹不能给"。财政经济已经到了崩溃的边缘。自于谦领导北京保卫战胜利以后,明朝和蒙古就进入了一种小规模、高频率的骚扰战争状态,双方都没有了那种一劳永逸解决对方的能力和心思,这对于明朝是具有消耗性伤害的。而且差不多同时又在东南沿海抵抗倭寇的侵扰,军费支出,日益浩大。朱厚熜的奉道修玄,屡建宫殿,造成庞大的靡费。阁部诸臣,以严嵩为首,贪贿公行,侵吞国帑。官员上下效尤,吏治腐败。明王朝陷入了严重的财政危机。下面我们来看比较详细的历史记述:

军费浩繁——嘉靖时,军屯制已渐消失,边防军需要国家补助军费(即所谓"年例")。卫所军制衰落后,募兵制由国家募兵,按月发饷,也增加了军费开支。军中将领多方贪污,变军饷为私财。嘉靖三十九年(1560年),给事中罗嘉宾等查核倭寇猖獗以来督抚诸臣侵吞军需的数字,高者达十万四千,次者也有三、五万,其他或以万计,或以数千计。史料保存的军费开支数字,嘉靖三十年(1551年)诸边费六百余万,嘉靖二十九年(1550年)十月至嘉靖三十一年(1552年)正月,诸边年例二百八十万外,新增二百四十五万有奇,修边、赈济诸役又八百余万。当时户部每年岁入只有二百万,军费开支已成为明王朝的沉重负担。

皇室靡费——朱厚熜崇道教,每年不断修设斋醮,造成巨大的靡费。早在嘉靖初年,户科左给事中郑一鹏即奏称:"臣巡视光禄，见一斋醮蔬食，为钱万有八千。"(《明史·郑一鹏传》)《明书》卷八三记载："嘉靖中岁用黄蜡二十余万斤，白蜡十余万斤，香品数十万斤。"为行修玄，还大事营建。《明史·食货志》说："朱厚熜营建最繁，十五年以前，名为汰省，而经费已六、七百万。其后增十数倍，斋宫、秘殿并时而兴。工场二、三十处，役匠数万人，军称之，岁费二、三百万。其时宗庙、万寿宫灾，帝不之省，营缮益急，经费不敷，乃令臣民献助；献助不已，复行开纳，劳民耗财，视武宗过之。"说朱厚熜"劳民耗财"过于武宗，自是史家警世之词，但朱厚熜的靡费，的确也是巨大的。（关键是嘉靖时期的整体财政状况较之正德时期更加严峻）

阁臣贪贿——自朱厚熜迁居西苑修玄，内阁权位甚重。严嵩自嘉靖二十一年（1542年）入阁，参预机务，前后凡二十年，中间一度被黜，再次出任首辅也有十余年。这二十年是明朝边患频仍的二十年，也是明王朝日益昏暗的二十年。张廷玉《明史》将严嵩列入"奸臣传"，说他"窃权罔利"。所谓窃权实为专擅相权，诛除异己。这当与朱厚熜修玄诸事多付内阁，严嵩"独承顾问"有关。身为首辅而罔利营私，则与张璁的"持身特廉，痛恶赃吏"形成鲜明对比。嘉靖三十一年（1552年）南京御史王宗茂上疏弹劾严嵩"久持国柄，作福作威，薄海内外，罔不怨恨。如吏、兵二部，每选请属二十人，人索贿数百金，任自择善地，致文武将吏尽出其门"。"往岁遭人论劾，潜输家资南返，辇载珍宝，不可胜计，金银人物，多高二、三尺者，下至溺器，亦金银为之。""广市良田，遍于江西数郡。又于府地之后积石为大坎，实以金银珍玩，为子孙百世计。"（《明史·王宗茂传》），嘉靖三十七年（1558年）刑部主事张翀上疏说："户部岁发边饷，本以赡军，自嵩辅政，朝出度支之门，暮入奸臣之府。输边者四，馈嵩者六。臣每过长安街，见嵩门下无非边镇使人。未见其父，先馈其子。未见其子，先馈家人。家人严年，富已逾数十万，嵩家可知。私藏充溢，半属军储。边卒冻馁，不保朝夕。"（《明史·张翀传》）嵩子世蕃原为尚宝司少卿，后进为太常寺卿。严嵩晚年，世蕃代为处理政务，更加骄横不法，诛求无厌。家有黄金三万余两、银二百余万两，珍宝等又值数百万。

　　严嵩父子索贿受官，朝廷上下，文武吏员激增。宪宗成化时，全国武职人员超过八万，文职约二万余。嘉靖时增至数倍。上行下效，自朝廷至地方各级官员行贿送礼，形成不可遏止的贪风。嘉靖三十三年（1554年）九月，户科给事中杨允绳上疏说倭患不止，原因在于"近者督抚命令不行于有司"。其所以如此，又是由于"督抚莅任，例赂权要，名'谢礼'。有所奏请，佐以苞苴，名曰'候礼'。及俸满营迁，避难求去，犯罪欲弥缝，失事希苞覆，输贿载道，为数不赀。督抚取诸有司，有司取诸小民。有司德色以事上，督抚醲颜以接下。上下相蒙，风俗莫振。"（《明史·杨允绳传》）嘉靖三十七年（1558年），刑科给事中吴时来上疏说："今边事不振，由于军困；军困由官邪；官邪由执政之好货。若不去嵩父子，陛下虽宵旰忧劳，边事终不可为也。"

嘉靖末年，明廷财政日益窘困，有其多方面的原因。如上所述，边境战事频仍、军费浩大、皇室斋醮营建所费不赀和严嵩父子为首的文武官员贪贿公行是最主要的原因。嘉靖二十三年（1544年）年八月，户部报告"太仓积贮粮米有余"。但嘉靖二十八年（1549年）年史载："是时边供繁费，加以土木祷祀之役月无虚日，帮藏匮竭。司农百计生财，甚至变卖寺田，收赎军罪，犹不能给。乃遣部使者括逋赋。百姓嗷嗷，海内骚动。"户部报告，太仓银库岁入二百万两，以前一年大约所出一百三十三万，常余六十七万，近岁一年大约所出三百四十七万，视之岁入，常多一百四十七万。"及今不为之所，年复一年，将至不可措手矣。"嘉靖三十年（1551年）户部尚书孙应奎建议"加派"赋税，自北方诸府暨广西、贵州外，其他量地贫富，骤增银一百一十五万有奇。后来，京边岁用，多者过五百万，少者亦三百余万，岁入仍不能抵岁出之半。嘉靖三十二年（1553年）所发京边岁用之数为五百七十三万，竟超出当时太仓岁入银二百万额三百七十三万。嘉靖三十七年（1558年）二月，大同右卫告警，"帑储大较不及十万两，而边臣奏讨日棘"。明王朝的日子越来越不好过了。而随着财政状况的日益恶化，社会动荡也在加剧，各地不断发生的各种暴动都在侵蚀着已经开始风雨飘摇的大明江山。

早在嘉靖初年，各地人民即不断举行武装起义，以反抗明王朝的统治。嘉靖中叶以后，军费浩繁，财政窘困，赋税与徭役日益加重，人民的反抗也更为频繁，见于记载的武装斗争不下于四、五十次，涉及几乎所有省区。起义者以农民为主，盐徒、矿工和散兵游勇也加入了斗争的队伍。

以农民为主体的武装起义而外，嘉靖时期还多次发生兵变。起因或由于月粮减少，或由于将官督役严急，或由于政府剥削加重。兵变实质上也是人民反抗的一部分。其规模较大者，有以下几次：

嘉靖三年（1524年）大同兵变——起因是巡抚都御史张文锦令镇卒在大同城北九十里筑五堡，并迁徙二千五家百镇卒往守。镇卒以无安全保障，不肯服从，遂在郭鉴领导下发动兵变。八月杀参将贾鉴，又杀张文锦。明廷派按察使蔡天佑为大同巡抚，安弭军兵。十一月，大同再次兵变。明廷命兵部侍郎胡瓒、都督鲁纲率师往讨，郭鉴被官府擒斩，其父郭疤子继起反抗。嘉靖四年（1525年），郭疤子等四十人被蔡天佑捕杀。嘉靖十二年（1533年）大同兵变。这年十月，大同总兵官李瑾命镇卒挖壕沟，督促严急，役卒王福胜、王保等数十人鼓噪兵变，杀李瑾。十一月，巡抚潘仿逮捕王保等七十余人，杖死十余人。次年，大同城中管粮郎中詹荣等，又擒捕兵变首领黄镇等九人。

嘉靖十四年（1535年）辽东兵变——辽东诸卫所，旧制每个军士，佐以余丁三，每一匹马给牧地五十亩。后来巡抚副都御史吕经减少余丁，编入均徭册，又尽收牧地入官，士卒深为怨恨。三月，吕经巡视辽阳，命士卒增筑边墙，督役严急，诸军大噪，火烧均徭册，幽禁吕经。广宁、抚顺士卒也发动兵变。巡按御史曾铣宣布废除吕经的新制，参加兵变者逐渐减少。七月，曾铣查清辽阳、广宁、抚顺兵变主要发动者的姓名，在同一天里捕捉数十人。

嘉靖三十九年（1560年），振武营兵变——振武营是南京尚书张鏊为抗倭而招募的一支军队。二月，因减少月粮，发饷逾期，遂发生兵变，杀死督储侍郎黄懋官。守备太监何绶许给赏银十万两，南京兵部侍郎李遂给予免死券，以安抚士卒。局势稍定，又秘密逮捕兵变为首者二十五人。

除了以上这些对于明朝财政雪上加霜的用兵行动，就是有关边境的作战行动了。不仅是对蒙古的，东南沿海"倭寇"侵扰明朝，更是消耗了明朝大量财力。

日本国南北朝的战乱，以南朝的失败而告终。十四世纪末，北朝的足利义满建立了室町幕府的统一政权。但到十五世纪后期，足利氏逐渐名存实亡，日本的封建藩侯又纷纷割据称雄，号称六十六国，互争雄长，史称"战国"时代。这些众多的日本诸侯国，都争着与明朝通商，但又受到明朝"朝贡"贸易的限制。被称为"倭寇"的日本海商与海盗，便分别在藩侯的支持下在中国沿海实行武装抢掠。至嘉靖时，海防废坏，倭寇剽掠得志，无所忌惮，日益严重。嘉靖二年（1523年）五月，日本左京兆大夫内艺兴遣僧宗设，右京兆大夫高贡遣僧瑞佐及宋素卿先后至宁波。宋素卿原是宁波人，后来投奔日本。他贿赂明市舶太监，得先查阅瑞佐货物，市舶司设宴时也使瑞佐上坐。宗设不平，袭杀瑞佐，还杀死

明备倭都指挥刘锦、千户张镗等,大掠宁波沿海诸都邑。这次争贡事件,暴露了明朝海防的废弛、将佐的无能和吏治的腐败,使日本封建主、武士、商人更加轻视中国。

市舶司是明朝政府专管海外贸易的机构,争贡事件起于掌管市舶的内官贪受贿赂。但明朝的一些官员却认为"倭患起于市舶",于是罢市舶不设。罢市舶之后,日本船舶投托沿海的豪绅奸商,或称侵没商货,用抢掠来进行报复;或互相勾结,在沿海地区劫掠。嘉靖时期倭患严重的主要原因,是中国的巨商和海盗与倭寇相勾结。沿海各地的"海商大贾""浙闽大姓",为了谋取厚利,大规模地进行走私贸易,成群分党,分泊各港,明朝政府不能禁止。后来竟成为亦商亦盗,兼行劫掠。

从这部分史实不难发现,所谓"倭寇"确实是日本海盗,或者就是不法的日本人。但"倭寇之乱"的参与者更多的却是中国人。可以说没有众多的中国人作为内应,倭寇就是想对中国进行侵扰(如果说侵略战争就高估对方了),恐怕也很难取得多大的效果。而中国人的参与,就得分析明朝的有关状况了。

明朝作为中国古代倒数第二个王朝,其与之前的王朝(秦以后)本质上是一致的,都是典型的农业文明社会,那么传承已达千年之久的重农抑商政策基本仍然有效,强调"重义轻利"道德观念的儒家思想所熏陶教育知识分子在社会中仍然处于精英地位,因而社会的整体价值观也仍然是重农轻商。但是随着生产的发展,明朝商业贸易的水平也大大超过前代,工商业群体的实力也较前代有明显增长。从这个角度来看，明朝又与前代有着一定的变化区别，其社会内部确实在发生着变化，从社会风气到价值观，都在一定程度上受到商业气息的影响。这种变化仍然在量变而非质变的范畴以内，工商业群体尽管经济力量有所增长，无论是民间影响力还是实际力量，与国家政权仍然相去甚远。因此哪怕一个基层官吏如果为难一个大商人，后者也是无力抗衡的，除非商人与高层官吏勾结，但这种行为是为国家所忌讳的，也没有哪个高官敢于公开维护工商业群体的利益。

再联系到明朝中期以后尤其是嘉靖时期的实际状况，随着王朝日趋非正常化，从事国内或海外贸易的商人群体的生存状况会愈发恶化。如这段史实中所述，基层官员以关闭合法贸易来解决和掩盖贸易中的各种非法问题，这本身是一种"懒政"思想所致，但如果联系前文明中期以来的实际情况，就可以理解这不是个别人的个别行为，而已经成为一种难以扭转的风气和趋势。更麻烦的是这种行为并不会被国家所制止，因为自然经济仍然居于主体地位，与海外的贸易并不为国家所急需，联系前文郑和下西洋部分内容可以理解明政府对外贸的基本态度，所以中止正常贸易很容易就被执行了。但一旦执行，海边居民的生存条件将被恶化，海边地区无法从事农业，而这些渔民是没有民族主义意识的，这等于给已经存在的逃税漏税、杀人越货的海盗团伙准备了充足的后备力量。国内的海盗力量再和日本的不法商人与海盗一勾结，这个形势就急转直下了。

明朝政府不仅没有能够从海外贸易的关税中贴补已经不足的财政收入，反而还要支出额外的军费对倭寇进行剿灭，这使得明朝的财政收入处于进一步雪上加霜的状况。更严重的是，这种政策还将进一步演化成对于中国有着越来越消极影响的"海禁"政策，而明朝的这种严格限制对外贸易的政策又会被继承的清王朝给进一步继承并转化为"闭关锁国"政策，并执行了几乎整个清朝统治时间。这给中国在嘉靖以后的三百余年带来了严重的问题。嘉靖年间开始的"海禁"政策在事实上关闭了中国对外的大门，当然始作俑者朱厚熜还不会料到，他在剿灭倭患的同时，嘉靖时代也差不多快要谢幕了。

朱厚熜晚年多病，仍然信奉道教，专意斋醮，又服食方士所进内含铅硫的丹药，往往烦躁难制（这在相当程度上加速了他的死亡）。嘉靖四十五年（1567年）十二月庚子，朱厚熜由西苑迁回乾清宫的当天即死去，庙号世宗。《明史》评价他："若其时纷纭多故，将疲于边，贼讧于内，而崇尚道教，享祀弗经，营建繁兴，府藏告匮，百余年富庶治平之业，因以渐替。虽剪剔权奸，威柄在御，要亦中材之主也矣。"应当说，这是公允之论。嘉靖皇帝自始至终都没有丧失自己的权力，但是嘉靖时代没有能够为大明王朝起到续命的作用，反而在行将结束之时让人们看到了"山雨欲来风满楼"的节奏，此时此刻距离大明王朝结束已经只有不到八十年的光景了。

回光返照

据历史记述：世宗晚年似亦有意于刷新政事，内阁所拟谕旨，均亲自修改，但年事日高，国事日非，已处于无计可施的境地。真是应了那句"人之将死其言也善"的俗话了，但历史最终不再给他机会了。在位长达四十五年的嘉靖皇帝带走了属于他的时代。临终遗诏第三子裕王朱载坖继位，朱载坖改次年（1567年）年号为隆庆（其实他登基时已经是1567年了）。隆庆时代的开启，让当时的人们似乎看到了新的希望。从宣宗皇帝以后，明朝就一直没有成年皇帝即位，成年的隆庆皇帝似乎让人们又看到了"仁宣之治"的曙光。但是很快，人们的希望被现实打得粉碎。隆庆时代的第一缕不和谐杂音是从内阁发出的。

穆宗在裕王府时，高拱曾以翰林院编修为王府侍讲九年。穆宗即位，以阁臣加少保兼太子太保。嘉靖末任吏部侍郎的陈以勤和礼部侍郎张居正，也曾先后为王府侍讲。穆宗擢任陈以勤为礼部尚书兼文渊阁大学士、张居正为吏部左侍郎兼东阁大学士，入阁参预机务。

内阁首辅徐阶在世宗死后代拟遗诏颁布，并未与李春芳、高拱等阁臣商议。遗诏内称："只缘多病，过求长生，遂致奸人乘机诳惑。祷祠日举，土木岁兴，郊庙不亲，朝讲久废。既违成宪，亦负初心。天启朕衷，方图改辙，遽婴疾病，补过无缘，（《实录》作'由'）"又称："自即位至今，建言得罪诸臣，存者召用，没者恤录，在系（《实录》作'监'）者即先释放复职，方士人等，论厥（《实录》作'查照'）情罪，各正典刑（《实录》作'刑章'）。斋醮工作采办诸劳民事，即行停止。"徐阶自拟的遗诏，纠正了嘉靖末年的一些弊政，穆宗遵诏实行，获得朝野的称誉，但诏中代拟的世宗自责之词，轻重之间却未能与阁臣多加斟酌，不免招致非议。高拱原与徐阶不和，穆宗即位后，自以为是王府旧臣，得新帝倚重，力斥徐阶遗诏是诽谤先帝，应当治罪。徐阶与高拱各自指使言官，弹劾对方。穆宗初即位，阁臣之间就已相互攻讦不止。吏科给事中胡应嘉被阁臣郭朴议解职。言官指为高拱挟私怨报复。隆庆元年五月，高拱愤请致仕。穆宗命以少傅兼太子太傅、尚书、大学士养病。九月，郭朴致仕。次年七月，徐阶也获准致仕。阁臣李春芳继任首辅。

穆宗在位仅六年即病死。自即位后即传示不朝，不召见大臣。他虽然不再崇奉道教，但广修宫苑，在后宫游玩享乐，朝廷政事多倚付内阁。徐阶致仕后的次年，穆宗又召回高拱入阁。史称内阁首辅李春芳，恭谨自饬。内阁政事，多由裕王府旧臣高拱、陈以勤、张居正等掌理。内阁的权位也更重了。

　　随着明穆宗朱载垕的英年早逝，明朝的历史似乎用了六年的时间原地转了一个圈又回到了原点。历史似乎是跟明王朝开了一个残酷的玩笑，不管人们有多么不愿意相信事情的真相，总是不得不去面对。明穆宗于隆庆六年（1572年）五月去世，其子朱翊钧即位，其后来的庙号是明神宗，诏改翌年为万历元年（1573年）。登上皇位的明神宗只是一个十岁的孩子，幼主临朝的局面再次出现。政务由穆宗陈皇后及神宗生母李贵妃主持。阁臣张居正与司礼监秉笔太监冯保相结纳，冯保素与首辅高拱有隙，在太后面前诉说高拱擅权不可容，于是太后下旨，将高拱逐出朝堂，由张居正接任首辅。陈皇后与李贵妃"内任冯保，而大柄悉以委居正"。张居正是明皇朝最有权势的首辅，当时阁臣吕调阳、张四维皆"恂恂若属吏，不敢以僚自处"。李贵妃在训责神宗时，则往往说："使张先生闻，奈何！"神宗听了很害怕。当张居正父丧归乡时，朝廷大事专门派人"驰驿之江陵，听张先生处分"。张居正还朝，一路上，守臣率长跪，抚按大吏越界迎送，身为前驱。道经襄阳、南阳，藩王襄王、唐王俱抵郊外迎候，设宴款待。史称："帝虚己委居正，居正亦慨然以天下为己任，中外想望丰采。"张居正在万历初柄政的十年中，可以说是权侔帝王了。正是凭借着这样的权势，张居正雷厉风行地推行了一系列的改革政策，对明皇朝的旧政积弊进行了大刀阔斧的革新。历史上称为"张居正改革"。

　　整顿吏治。为了改变"贪官为害"、"驱民为盗"、吏治腐败的局面，改变因循敷衍、没有实效的官场恶习，张居正创立了"考成法"，用以考核官吏的政绩。"考成法"规定评判官吏政绩好坏的标准以"安静宜民者"为上，"沿袭旧套虚心矫饰者"列下考。其方法是逐级考核，抚按以上述标准考核属吏，吏部以之考核抚按一级，朝廷以之考核吏部。如抚按不能悉心甄别、如实考核，则抚按为不称职，吏部应秉公汰黜之；如吏部未能精心核实处理，则吏部为不称职，朝廷宜秉公处置。逐级考核之外，还有随事考成的制度，即规定六部都察院及各衙门之间来往公文、传达处理均根据"道里远近，事情缓急，立定程期，置立文簿存照"。如有延误者，各级官吏都有责举报。如此月考、岁考，建立了严密的考核制度，使得"纪纲法度莫不修明"。张居正据考成法裁革了一大批庸懒无能的官吏，奖励提拔了廉能有才干的官吏。考成法的实施也在组织制度上保证了其他各项改革措施的顺利推行。

经济方面的改革。（1）清理逋欠田赋。为了增加田赋收入，缓解财政危机，张居正不得不接二连三地下令清理积欠的租赋。万历元年（1573年），诏令"自隆庆改元以前逋租，悉赐蠲除，四年以前免三征七"，第二年又规定，拖欠七分之中，每年带征三分。次年又规定"输不及额者，按抚听纠，郡县听调"。张居正将之列为官吏考成的一项内容，令"朝下而夕奉行"，迅速扭转了明皇朝财政窘迫的困境。至万历四年，（1576年）"太仓粟充盈，可支十年"，"太仆寺亦积金四百余万"。（2）清丈田地。为了解决长期遗留的"豪民有田不赋，贫民曲输为累，民穷逃亡，故额顿减"的社会矛盾,张居正于万历六年(1578年)下令在全国清丈田地,并严令强宗豪民不得挠法,否则严惩不贷。万历九年(1581年)丈量完竣,计田地的总额比弘治时期多三百万顷。这个数字中虽有个别官吏为邀功而改用小弓丈量以求田多的情况,但清查出来的田地大部分是强宗豪民的田地则是毫无疑问的。史称清丈以后"豪猾不得欺隐,里甲免赔累,而小民无虚报"。(3)赋役制度改革。"一条鞭法"的赋役改革,嘉靖年间,在张璁的主持下,曾在一些地区推行过,但"数行数止,至万历九年乃尽行之"。万历九年(1581年),张居正在全国范围内推行了"一条鞭法"的赋役制度改革。"一条鞭法"的内容为:将赋役以及土贡方物等杂征皆合并为一项,一律征银,按人丁和田亩分摊;赋役额数以州县为单位,原有赋役额不准减少;赋役额由地方官直接征收。"一条鞭法"统一了赋役,简化了征收项目和手续,减少了中间环节,便于管理,在一定程度上抑制了豪强漏税和官吏贪污的弊病,减轻了贫穷小民的负担,保证了朝廷的田赋收入。史称:"赖行一条鞭法,无他科扰,民力不大绌"。

整饬边防。鉴于明中期以来"虏患日深,边事久废","守备单弱"的状况,张居正竭力整饬边防,擢用了一批有才干的将领守御边疆。如用名将李成梁镇辽,小王子部众十余万数次入寇辽左,均被李成梁力战击败。戚继光镇蓟门十六年,边备修饬,蓟门晏然。而在他之前十七年间,"易大将十人,率以罪去"。史称,由于张居正知人善任,努力整饬边防,故使这一时期"边境晏然"。

此外，张居正在整理驿递、裁汰冗官、整理学校方面多所改革。

这场改革始于万历元年，至万历十年基本结束。它是明中叶以来地主阶级革新自救运动的继续和发展，也是明后期政治、经济关系新变动的深刻反映。其范围，覆盖政治、经济诸方面。具体步骤是：前五年以政治改革为重点，后五年以经济改革为主要任务。其间充满着矛盾和斗争。就其实际效果而论，有的可取，有的失算。其结局，归于失败，以悲剧告终。其亮点和关键在于经济领域的改革，一是清丈全国田亩；二是推广"一条鞭法"。这是万历初年整个社会改革的中心环节，也最有意义与成绩。

清丈田亩，又称"清丈田粮"，目的是为了纠正田制混乱。这是继洪武朝之后进行的又一次全国性的土地大清丈。洪武朝那次大清丈，与"赋役黄册"相配套，编造了"鱼鳞图册"，为明代田赋征收奠定了基本框架。在封建社会，土地自始至终是关系到农业能否发展、农村能否安定、农民能否生存的根本问题，也是农民与地主矛盾的根源。官豪势要为了逃避田赋，并向农民榨取更多地租，不断隐瞒土地，霸占土地，转嫁赋税。到了明中叶以后，"鱼鳞图册"已面目全非，赋役征派日益不均，国家赋税收入越来越少，"私室日富，公室日贫，国匮民穷"，田亩已是非清不可了。

万历六年（1578年）十一月，万历皇帝朱翊钧下令在福建进行试点。中心问题是为了改变有田者不交纳税粮、无田者苦于赔纳的怪现象，使田亩与税粮挂钩。由于万历皇帝朱翊钧态度明确，张居正指导得力，坚决排除阻力，试点工作进行得颇为顺利。至万历八年（1580年）九月，福建"清丈田粮事竣"。万历皇帝朱翊钧与张居正因势利导，趁热打铁，立即通行全国清丈。户部奉旨就清丈范围、职责、政策、方法、费用、期限等制定了八项规定，于同年十一月下发各地。至万历十年（1582年）十二月，各省均按三年期限基本完成，总计支出新增一百四十余万顷。有些地方还重新编造了"鱼鳞图册"。这是明代田制与赋制的又一次综合整治，成绩显著。

推广"一条鞭法"，是当时经济改革的又一出重头戏。一条鞭，又称"一条边"、"条边"、"一条编"、"条编"等。其重点是变通赋与役的征收方法。它和清丈田亩一样，也是在嘉靖、隆庆以来各地逐步试行的基础上发展起来的。万历皇帝朱翊钧的功劳，是支持把它推广到全国，实现了中国古代赋役史上一次伟大的变革，为实行货币地租创造了条件。这是大明王朝进入末期的时候唯一的一抹亮色。有观点认为万历皇帝朱翊钧在位的最初十年励精图治，有所作为。问题是他还没有亲政，还只是一个十岁的儿童。真正励精图治、试图挽狂澜于既倒的是张居正，是他的"元辅张先生"。

万历皇帝自己也明白这个道理，所以当万历九年（1581年），一条鞭法已在全国各地"尽行之"，这标志着整个改革已经取得了重大胜利的时候，而且这一年又巧逢张居正入内阁十五年，明神宗为了表彰他为国振兴而"苟利社稷，死生以之"，赐伯爵禄，加上柱国、太傅,写敕奖谕,荫一子为尚宝司丞。太傅与太师、太保,并称三公,其尊崇仅次于太师,非一般大臣所能享有。这是对张居正的特殊恩宠,也是对他的改革的充分肯定。从万历十年(1582年)初开始,张居正病倒在床,明神宗频频遣使慰问、赐物。至同年六月十一日,张居正已危在旦夕。明神宗以论辽东战功,进他为太师,荫一子为锦衣卫世袭指挥同知。文臣没有生前加三公的,只有死后才能赠给。在明代,一人而独享三公之殊荣者,唯有张居正也。在此之前,明神宗还多次说过不仅要破例赏赐张居正,而且要特殊优待他的子子孙孙("先生子孙,世世与国咸休")。万历十年(1582年)六月二十日,张居正与世长辞。一代名相谢世,皇上悲痛,下令辍朝一日,举国哀悼,赐祭九坛,礼视国公兼师傅,赠上柱国,谥文忠。

此时此刻,大明王朝显然是君贤臣明,其乐融融,一片祥和景象。人们似乎都感觉是盛世即将来临的征兆,以至于普遍忘记了一句古训"月盈则亏,水满则溢"的道理,张居正同样不能例外。万历十一年(1583年)三月,张居正去世后九个月,明神宗下诏追夺张居正的官秩,并抄了他的家。张居正的改革成果也大多付之东流。直到崇祯年间,后人又重新给了张居正及其改革以公正的评价:"故辅居正,受遗辅政,事皇祖者十年。肩劳任怨,举废饬弛,弼成万历初年之治。其时中外乂安,海内殷阜,纪纲法度莫不修明。功在社稷,日久论定,人益追思。"当时的人们普遍惊诧于形势的急转直下,或者是不由自主地被卷入到这场平地而起的政治风暴中而无法看清事情的内在联系。今天我们回望历史，重新复盘，终于可以有机会理性地分析其中的始末缘由。

张居正的悲剧并非单一因素导致，并不是一句"威柄之操，几于震主，卒致祸发身后"就可以轻描淡写地带过去的。张居正是成也改革，败也改革，其命运的关键在于其改革和其中的利益分配问题。张居正改革缘起于土地兼并的恶化，其改革时，大明王朝已经到了风雨飘摇之际，作为统治高层的一分子，他不甘心就这样被出局而无所作为，所以他要以一种牺牲局部和次要利益的阶级自觉性来换取统治的长治久安。长期以来，历朝历代的抑制土地兼并为什么如履薄冰般的艰难，原因前文已述，这是违背地主阶级本身的阶级属性的行为，这是动本阶级自身奶酪的行为。俗语有云："断人财路如杀人父母"。张居正改革的本身就已经是走在了与自身阶级离经叛道的路上（起码地主阶级中有相当多的成员是这种共识）的一种自救行为。但是地主阶级对他非但不会心甘情愿地感恩戴德，反而会集体寻机遏制这种"叛变"行为。

万历皇帝身后是整个地主阶级，如果他不肯向整个阶级让步，那么他很快也会追随张居正而去的，这个世界上因为宫廷政变而告别人世的统治者也不在少数。这就从另一个角度让我们看到了地主阶级已经开始整体走向了难以挽救的没落。曾几何时，当这个阶级初登政治舞台之时，是何等的励精图治，意气风发，所以那时的统治者才能有代表先进潮流的气度和心胸，才能有"商鞅身死，秦法不废"的千古佳话。如今，张居正人亡政息的悲剧性结局，不是简单的过河拆桥、兔死狗烹的道德问题，而是反映出地主阶级作为统治阶级和其统治下的整个社会已经步入了没落和了无生气的穷途末路，这是多少个张居正也解决不了的问题。

张居正悲剧的另一因素在乎于体制造成。中国历朝历代都有一个共同现象，就是辅政者必然以悲剧结局谢幕（偶尔有几个例外）。这就是君主专制、皇权至上的必然结果。主宰一切的皇权天然合法拥有和行使者只能是皇帝，其他任何试图靠近和操纵皇权的人物，不论掌权时如何不可一世，最终都会因为不合法的身份而被清除掉，除非其人能够改变自身的身份，做到合法拥有皇权，但那是另一个叫作改朝换代的故事了，与辅政已经不是一回事了。所以这是帝制时代体制的死结，任何人也无力改变。而且很多帝王是以除辅臣来立威，摆脱前朝的影响，所以单从行为而言，万历皇帝所作所为似乎也没有什么出格的。然而实际则大不然。

张居正不同于一般的辅臣，他的改革是在给大明王朝续命。有观点认为张居正是过于偏执和强硬，以至于遭到万历帝的报复。这是在替万历帝开脱。"乱世用重典"，当时的明朝状态，如果不用铁腕政策，雷霆手段，什么改革措施能推动得下去？再说了，自古以来的改革，有哪一次不是铁腕政策才能保证成功的，没有这一点，凭什么那些既得利益者能够让出利益。对于这个问题，万历皇帝心知肚明，他知道如果没有张居正，就没有他的新政，也没有那时"太仓粟充盈，可支十年"的繁荣气象。但是知道还要如此行事，而且改革还是他和张居正一起做的，万历六年他已经十六岁了，虽然没有亲政，但是批准、推动这都有他的份儿，否定张居正、否定张居正的改革，等于否定他自己的前十年。就这样，为了巩固皇位，为了巩固皇权，他还是干了。但是他忘记了一点，张居正已经去世，朱翊钧如何折腾他的后人他都看不见，也不会难受的。那些活着的大臣都看得见。如何对待死人是给活人看的，张居正什么身份，与万历什么关系，大家心里清楚。如今这样的下场，众人难免扪心自问比张居正如何，张居正以天子之师，如此谋国，尚且难免祸及后人，那换成旁人，一旦有个为政闪失，其结局令人不免胆战心惊。有道是：君视臣如草芥，则臣视君若寇仇。万历一朝，张居正身后，自此再无真心谋国之臣也是万历皇帝咎由自取。所以他最终的结果是收获皇权，丧失人心与江山。可谓是丢了西瓜捡芝麻，与其祖嘉靖类似，为人精明但格局有限，不是真正为君之材。说其格局有限已经是客气的说法了，实际上万历皇帝在清算张居正的过程中，手段狠辣，其为政作风颇为下作，通史中有细致描写，附录于下，以飨读者：

　　明神宗心里明白，张居正在世时，他是如何重用张居正，并许下了多少诺言。而今要实现这个转变，必须寻找时机，找到借口，不能平白无故地说张居正是坏人。而且要有计划，有步骤。问题是从哪里下手？

　　明神宗素以"贪财好货"闻名。当时他的弟弟潞王朱翊镠即将结婚，需要一大笔开支。其母李氏为儿子的婚费焦急，多次催促神宗赶紧筹办。神宗舍不得动用内府的丰富积蓄,又顾虑大臣再批评他天天随意挪用国库的钱,正巧,这时有一个名叫张诚的贴身太监向他秘密奏报,说经过长期暗中侦查,张居正和冯保"宝藏逾天府"。神宗一听,怦然"心动",而且怀疑张居正积蓄多于冯保。加上冯、张二人以前对他约束太严,使他时存反感,及渐长而"心厌之"。于是就不管什么冯"大伴"和"元辅张先生",也不顾不是"谋反、叛逆与奸党"不可抄家的祖宗法律了。经过权衡利害得失,决定先拿冯保开刀。

万历十年十二月,以"冯保欺君蠹国,罪恶深重",免去东厂提督,押到南京软禁,抄家没产,神宗得到金银一百余万两,珠宝瑰异无算。

当时,冯保和张居正是互为依存,生死与共,谁也离不开谁。冯保垮台,张居正必在劫难逃。由于张居正生前是内阁首辅,又是太傅、太师,影响很大,所以在做法上有些不同。先大造舆论,形成"举朝争索其罪"的强大声势,将张居正重用的人统统罢去,同时为从前反对张居正的人一一恢复名誉或官职。然后再步步升级,彻底搞臭。万历十一年三月,诏夺上柱国、太师兼太子太师。八月,复夺"文忠"谥号。万历十二年四月,辽王次妃王氏状告张居正强占辽王庄田和金宝万计。遂以侵盗王府资产罪,命抄张氏在京与江陵老家财产,总计得银十多万两、黄金数万。八月十三日,诏削张居正官秩,夺所赐玺书、四代诰命,公布罪状,曰:"张居正诬蔑亲藩,侵夺王坟府第。箝制言官,蔽塞圣聪。私废辽王。假丈量田土,骚动海内。专权乱政,罔上负恩,谋国不忠。本当破棺戮尸,念效劳有年,姑免尽法。其弟都指挥居易,子编修嗣修,子张顺、张书,都着永远戍边。"自此开始,"终万历世,无敢白居正者"。

言官群起上疏,弹劾张居正,并及居正荐引的官员。礼部尚书徐学谟,被劾党附居正,诏令致仕。辽东名将李成梁也被劾"附居正饰功"。兵部尚书张学颜疏辩成梁战功非妄,也因而被劾,自请致仕。驻守蓟镇的名将戚继光被调驻广州,抑郁而死。

张居正死后调任刑部尚书的潘季驯上疏力救,诏留空宅一所,田十顷供养居正八旬老母。不久之后,潘季驯也被言官弹劾"党庇居正"落职为民。

原内阁首辅张四维于一五八三年四月因父丧归里,不久死去。申时行继任首辅,荐引吏部侍郎许国为礼部尚书兼东阁大学士入阁。自御史至给事中等言官,弹劾朝官,仍不休止。被张居正罢免又得复任的言官,自不免挟嫌报怨。新进的言官则以弹劾锋锐博取守正君子之名,冀得升进。迎合帝意,以投机取宠,弹章多有望风扑影,虚事夸张。沈德符《万历野获编》即指出"江陵(张居正)身后,攻之者寻敝索瑕,以功为罪",又说:御史杨四知弹劾张居正贪侈,诸公子打碎玉碗玉杯数百只,这些事有谁见到?(《万历野获编》卷九,补遗卷二)御史丁此吕弹劾礼部右侍郎高启愚主持南京科试,曾出试题"舜亦以命禹",是劝张居正篡位。神宗将高启愚削籍为民。内阁首辅申时行说丁此吕

是"以暧昧陷人大逆",吏部尚书杨巍请调丁此吕出朝。御史江东之、李植因首先弹劾冯保,得神宗信任,交章弹劾申时行、杨巍"阻塞言路"。申、杨上疏以辞官力争,神宗不得已,诏准杨巍之议,调丁此吕出朝。内阁大学士许国尤为愤慨,连上三疏求去,说:"昔日颠倒是非在小人,今乃在君子(指言官),党同伐异,罔上行私。"内阁诸臣与江东之为首的言官,逐渐形成对立。

万历十一年(1583年),是大明王朝最后的命运转折点,在这一年,张居正真正地走了,新政实际上废了,万历也彻底变了,朝政终于也乱了。夕阳西下的大明王朝的最后一抹亮色也消失了。万历十二年(1584年),这也是一个农历甲申年,万历皇帝终于可以走出了自己心里那片张居正的阴影了,可以开始扬眉吐气地做皇帝了。但是他不知道的是,就在上一年,他等于自己亲手掐断了大明王朝的续命之脉,从此再也没有什么力量能够阻止大明王朝向着无尽的黑暗深渊一路坠落下去了。而此时距离另一个甲申年,也就是万岁山的最后时刻也不过就仅仅只有区区一甲子的时间而已了。在这剩下的六十年里,各种历史记录为我们留下了大明王朝的最后印记,这其中充斥着各种的光怪陆离,各种的匪夷所思,各种的乌烟瘴气,各种的亡国之象……

从万历十一年(1583年)十二月初一日起,明神宗一面对张居正进行清算,一面以"病"为借口,不亲郊庙,不见廷臣。内治不修,上梁不正下梁歪。继张居正为首辅的张四维,"及代柄,务倾江陵以自见,尽反其所为。所裁冗官秕政,一切复之"。

而后主阁者申时行等人,"亦蹈其故智,使纪纲陵迟,侵渔日恣,吏贪而民玩,将惰而兵骄,国储动荡"。万历十三年(1585年)正月,四川建武所兵变。万历十四年(1586年)十月,礼部主事卢洪春奏曰:明神宗"日夜纵饮作乐"。从同年起,为争立皇太子,演成了旷日持久的"国本之争"。十五年(1587年)十一月,湖广郧阳发生兵变。

万历十六年(1588年)八月,明神宗不顾南北各地大饥荒,为身后之计,大肆挥霍,加紧修建"寿宫"。十七年(1589年)正月,太湖、宿松地方爆发农民起义,饥民数万闻风响应。三月,云南永昌卫士兵暴动。四月,广东白莲教起义。至同年十二月底,太仓外库银只剩下三十一万余两,"利孔已尽,无复可开"。初年改革的积蓄,用得近乎精光。

这一年,明神宗因为有人批评他唯好酒色财货,暴跳如雷,大怒不止,从此章奏留中不发。

万历十八年(1590年)二月,再罢日讲,"自后讲筵遂永绝"。缺官严重而不补,也是从这一时期开始的。

万历十九年(1591年)十月,京营武官闹事,直冲入长安门。举朝惊骇,人心不安。是时,明神宗也不得不承认这样严峻的现实:"近年以来,人各有心,众思为政……以致国是纷纷,朝纲陵替,大臣解体,争欲乞身,国无其人,谁与共理。内治不举,外患渐生,四夷交侵。"可惜他非但不吸取教训,反而越走越远,继续大逞酒色之乐。万历二十年(1592年)正月,御史冯从吾奏言:

陛下郊庙不亲，朝讲不御，章奏不发，而"每夕必饮，每饮必醉，每醉必怒"，真是"内治不举，外患渐生"。同年二月，宁夏致仕副总兵官哱拜起兵反叛；五月，日本发动侵朝战争；其时西南又发生播州杨应龙之乱。明神宗被迫令军三路出征，史称"万历三大征"。西征、东征、南征，历时十余年，丧师数十万，耗银千万两；兵连祸结，国库空虚，百姓遭难。明神宗本人至此也彻底完成了由勤变懒的过程，昔日"少年天子"的气派与风采，已经不复存在。代之而来的是，成年累月深居九重，一味发脾气整人、嗜酒、恋色、贪财。

在"三大征"尚未结束的时候，万历二十四年（1596）三月，乾清、坤宁二宫被火化为灰烬。"只知爱钱"的明神宗，乘机以"修建宫殿"为名，从同年六月起，陆续派出大批太监为矿监、税使，到各地"开矿榷税"，大肆搜刮钱财，迫害官民无数。明朝历史上著名的为时近二十年的"矿税使之祸"，从此开始。这也是他在位期间历时最久、为祸最烈的弊政。

明代朝廷差官"开矿"，始于明初洪武；遣使"榷税"，在中叶时亦已有之，皆因得不偿失，后多废止。这次神宗"患内廷匮乏"，担心因"三大征"耗费数多而影响皇室的高消费，不顾臣民的一再反对，一意孤行。凡有关"开矿榷税"之事，有求必应，"乞请之章，无日不上，批答之旨，无日不下"。至万历三十三年（1605年）为止，解进内府的银子约为五百余万两，被矿税使等私吞者尤多，"大约以十分为率，入于内帑者一，克于中使者二，瓜分于参随者三，指骗于土棍者四"。其实这些银两，并非开矿、征税所得，不开矿也征银，不经商亦征税，"矿不必穴"，"税不必商"，都是公开掠夺而来的。因此遭到各阶层的强烈反抗，纷纷暴动、起义，时称"市民运动""市民风潮"或"城市民变"。

派矿税使四出，是明神宗贪财思想的一次集中大暴露。关于他的贪财，事例极多。远在抄张居正家产时，有大臣批评他"重货而轻人"。就连最起劲帮他大反张居正的御史李植也说："皇上称我为儿子。每次看到抄得金银宝玩，必是喜欢。"在派矿税使之前，吏科给事中李沂因批评他贪财，而被削籍回里。稍后大理寺评事雒于仁，冒死写了一篇《四箴疏》，说他患的是"嗜酒""恋色""贪财""尚气"四病。不久，又有人说他平日"好逸""好疑""好胜""好货"。在矿税使横行之日，万历三十二年（1604年）正月，内阁首辅沈一贯奏曰："皇上视财太重，视人太轻；取财太详，任人太略。"直到他去世前一年，还有人说他是"唯贿是闻"。

"开矿榷税"，闹了近二十年方告结束。史载："当是时，帝在位日久，倦勤，朝事多废弛"。"章奏不发，大僚不补，起废不行"。"自阁臣至九卿台省，曹署皆空，南都九卿亦止存十之二。天下方面大吏，去秋至今（即万历三十九年），未尝用一人，陛下万事不理"，上下隔绝，而"廷臣部党势渐成"。"陛下万事不理"，此话一针见血，说得何等尖锐、深刻、准确。由于明神宗晏处深宫，不补缺官，早在万历三十年（1602年）南北两京已缺尚书三人，侍郎十人，科道官九十四人；全国缺巡抚三人，布政监司六十六人，知府二十五人。不仅"曹署皆空"，而且自万历三十七年（1609年）起，不少大臣纷纷封印出城，拜疏自去，许多办事机构陷于瘫痪状态，政务荒废。至于"延臣部党"，问题尤其严重。廷臣部党，就是延臣分门立户，结党相争。结党，又称"植党""朋党"。万历朝廷臣党争，从一开始就存在。先是以"阁部之争"为主要形式。后来顾宪成等人在无锡东林书院聚众讲学、议论朝政，形成一股反对派势力，人称"东林党"。于是，宣、昆、齐、浙、楚诸党互为犄角，专以攻击"东林"为能事，"东林党议"由此始。《明史·选举志》云：弘、正、嘉、隆间，士大夫廉耻自重，迨万历时"党局既成，互相报复，至国亡乃已"。经过万历三十九年（1611年）京官考察，东林党人已被排斥殆尽，所剩无几，后来便被一网打尽。

在东林党议无休无止之时，由于明神宗私爱贵妃郑氏之子、福王朱常洵，坚持其王府庄田"务足四万顷之数"，才肯让其出京之国，于是在朝廷又掀起了一场长达七八年之久的福王庄田之争。福王庄田之争刚刚过了一年，万历四十三年（1615年）五月初四日酉时，又发生了晚明历史上著名的梃击太子东宫案，作案的是一个名叫张差的蓟州男子，史称"梃击案"。它是明末宫廷三大案（梃击、红丸、移宫）的第一案，也是最重要的一案。外人闯入宫廷，这类事在明代多有发生，光是万历朝就有好几次，结果都是不了了之。对这次"梃击案"，当时有两种截然相反的看法。一种以为张差是一个疯人，是一次偶然事件；另一种则认为张差非疯子,是明神宗爱妃郑氏使人有意加害皇太子朱常洛的阴谋活动。起初,皇太子也以为"必有主使"。是时,郑贵妃一再指天发誓,自明无他。明神宗见事涉郑氏,加上多年来人们一直议论他不善待皇太子,感到事情重大,怕火烧自己,很快就亲自定张差为"疯癫奸徒",并命"毋得株连无辜,致伤天和",只处决张差及与之有关的太监庞保、刘成二人。并特地为此于同月二十八日,一反常态,二十五年来第一次召见大臣,宣布他的命令,将此案草草收场。

就在明神宗晏处深宫,"万事不理",导致从内廷到外廷闹得不可开交之际,东北辽东"后金"迅速崛起,不断出兵南犯,向明军发动进攻,辽东战争爆发。万历四十四年(1616年)正月初一日,"后金"政权正式建国,终于成为明朝的主要威胁。自此明朝辽东的形势也随之每况愈下。尤其是经过东征援朝战争和矿税使高淮乱辽以后,辽东边防空虚,军民困甚,供应艰难,加上明神宗用人不当,明军屡屡败北。万历四十七年(1619年)三月,萨尔浒之战,明军四路大军,三路全军覆没,丧师九万,败局遂成。辽东战争每年约需银四百余万两,明神宗为了应付这笔庞大的军费,自万历四十六年(1618年)九月起,先后三次下令加派全国田赋,时称"辽饷"。明末"三饷(辽饷、剿饷、练饷)加派"开始。加派非但无济于事,反而激起了全国人民的强烈不满,纷纷投入反对明皇朝的革命洪流。明神宗自己也因此情绪低落,愁眉不展。

万历四十八年（1620年）三月，明神宗因长期酒色无节，加上辽东惨败，国事困扰，终于病重不起。同年七月二十一日，在弘德殿咽下了最后一口气。二十二日发丧，二十三日颁布遗诏，命皇太子嗣位。九月初十日尊谥曰显皇帝，庙号神宗。十月初三日，安葬于定陵。

明神宗在位四十八年，前十年奋发图强，中间十年由勤变懒，最后近三十年"万事不理"。他的主要特征是贪酒、贪色、贪财而又贪权，始终"魁柄独持"，可谓操权有术，从这一点说，他不是一个庸人之辈，但他又缺乏明太祖、明成祖那样的雄才大略。他即位于十六世纪七十年代初，终于十七世纪二十年代。当时，正是整个世界处于翻天覆地的大变动时期。中国封建社会也已经发展到晚期，"天崩地裂"，新的生产关系开始萌芽，生产力有了巨大发展，也同样处于由古代社会向着近代社会转型的剧变前夜。在这个历史的大变动中，由于几千年中国封建制度的顽症根深蒂固，加上他沉溺酒色、财货的心理病态，非但未能使中国跟上世界新潮流，迎来新时代的曙光，相反在他的手里把明朝推向绝境，加快了其终结的历史进程。"故论者谓明之亡，实亡于神宗"。

无力回天

到万历四十八年(1620年)为止,曾经的一甲子时间已经只剩下两轮了。到了这个份儿上,万历皇帝的继承人再做什么也来不及了,大明王朝的政局只剩下一个字——乱!二十四年的时间是从开始乱到最后,最让人哭笑不得的是就这样的二十四年居然还有两代三位皇帝,泰昌、天启、崇祯三个年号。

万历四十八年(1620年)八月朔日,太子常洛即帝位(光宗)。下诏改次年(1621年)为泰昌元年。结果,泰昌年号只用了一个月。

光宗即位,内阁辅臣只有方从哲一人。给事中亓诗教依从哲意,推吏部侍郎史继偕、南京礼部侍郎沈纮入阁。二人俱在籍,未及入朝,又以礼部侍郎何家彦、刘一燝、韩爌等并为礼部尚书兼东阁大学士,并召前大学士叶向高入阁。光宗病,内侍崔文升进泻药,光宗一昼夜泻三、四十起,臣僚又怀疑崔文升受郑贵妃指使谋害光宗。杨涟上疏劾崔文升用药无状,又与御史左光斗、吏部尚书周嘉谟等迫使郑贵妃自乾清宫迁出,移居慈宁宫。光宗病危，召见张惟贤、方从哲、刘一燝、韩爌等人入宫，册李选侍为皇贵妃，命方从哲等辅立皇长子由校。鸿胪寺丞李可灼进所谓"红丸"药，自称仙方。光宗服后，九月朔日病死。

光宗死后，李选侍与由校居乾清宫。刘一燝与内监王安骗过李选侍，扶由校出宫，至文华殿，与张惟贤等叩头呼万岁，拥由校居慈宁宫（太子宫）。尚书周嘉谟等官疏请李选侍迁出乾清宫，移居哕鸾宫（宫妃养老之宫），以防止选侍干政。后皇子由校还居乾清宫，即帝位（熹宗），改次年（1621年）为天启元年。

邹元标（原南京礼部尚书），光宗时起为大理卿，进为刑部右侍郎，天启元年还朝。赵南星在光宗时起为太常少卿。高攀龙在熹宗即位后起为光禄丞，次年进为光禄寺少卿。东林党官员在朝中权势之盛，为前此所未有。大学士方从哲庸碌柔懦，被东林言官指斥纵容崔文升、李可灼，熹宗即位后，当年即辞官致仕。东林官员势盛，转而攻讦异己。客魏相结，内廷与朝官的斗争仍在继续。

这些斗争和泰昌还是天启都没有关系，实际都还是万历末年的斗争延续。这也是万历政治乱象的进一步发酵。但是这还只是开个头而已，更大更诡异的政治风暴还在后面呢。而且朝廷内部的斗争一定会影响到边境的作战，而边境的作战战局又会引发新的一轮宫廷政治斗争风暴，从现在开始，明朝的朝局将陷于这种恶性循环的政治斗争并难以自拔，整个王朝已经所剩无几的活力和财富也将被这个日益变得失控的政治怪兽所最终吞噬。例如：

萨尔浒战后,兵部右侍郎熊廷弼在辽东整饬军纪,修筑城濠,制造兵器,并奏请调集十八万兵分驻要地,边防渐有起色。熹宗即位后,御史台弹劾熊廷弼"无谋""欺君"。万历四十八年(1620年)十月,熊廷弼辞官。辽东巡抚袁应泰为兵部右侍郎,接代辽东经略。

天启元年(1621年)三月,金努尔哈赤亲统大军攻打沈阳,水陆并进。明总兵官贺世贤、尤世功二将战死。金军迅速攻占沈阳,乘势攻取辽阳。

辽阳是明辽东都指挥使司所在地,是辽东军事和政治的中心。袁应泰急撤奉集、威远诸军,并力守辽阳。引水注濠,沿濠列火器,军兵四面环守。金兵来攻,袁应泰亲自出兵督战,兵败。袁应泰宿城外军营防御。金兵掘城西闸放濠水,自城东进兵度濠,战败守城诸将。袁应泰入城与巡按御史张铨等固守,诸军列盾大战。袁应泰兵败,自缢死。张铨被俘,不屈,被害。金军得辽阳,先后占领辽河以东七十余城。得辽阳后,诸贝勒均主张还师。努尔哈赤说:"国之所重,在土地人民。""且此地乃明及朝鲜、蒙古接壤要害之区,天既与我,即宜居之。"四月,金国自赫图阿拉迁都辽阳,作为新的据点。八旗人户也迁居沈阳、辽阳一带。明失辽东,整个形势不同了。

金攻陷辽阳,辽河以西军民纷纷逃窜,自塔山至间阳二百余里烟火断绝。明廷擢任广宁守将王化贞为巡抚,收集散亡,人心稍定。又起用熊廷弼为兵部尚书,驻山海关,经略辽东军务。王化贞部署诸将，沿辽河设六营分守。熊廷弼以为今日只宜守广宁，不宜分兵。如一营溃则诸营俱溃，西平堡也将不能守。王化贞遣部将毛文龙袭取镇江（今辽宁丹东），金兵围攻四卫屯民。朝廷以取镇江为奇功，熊廷弼则斥为奇祸。经略与巡抚，诸多不合。王化贞拥兵十四万在广宁，不听节制。熊廷弼在关上，徒具虚号。天启二年（1622年）正月，努尔哈赤向广宁进兵，围困四平堡。王化贞尽发广宁兵出战，在平阳桥与金兵相遇。总兵刘渠、祁秉忠在沙岭败死。部将祖大寿逃走。王化贞部下中军孙得功降金，为内应。王化贞弃广宁南逃，随同溃兵难民入关。金兵追至塔山回师。四月，明廷拘捕熊廷弼、王化贞入狱，审勘兵败丧师之罪，并判死刑。

明失辽东，亡国之祸已迫在眉睫，朝廷内部仍在结党互斗。熹宗少年即位，处理日常章奏，多委之内监。皇帝自宫中传旨，例由内监传谕，客、魏等因得预政。东林官员夺得朝中政柄后，为要巩固其权势，就要战胜内廷势力。客氏、魏忠贤（魏进忠改名）等结纳朝臣，形成阉党，为要巩固权势，操纵朝政，也不能不反击东林，进而迫害不附己的朝官。熹宗一朝，东林党与阉党争夺政权而展开的斗争，通过一系列事件而愈演愈烈。其实明朝到了这个阶段，以东林党为代表的文官集团已经势力膨胀了，天启皇帝是不可能制约得了他们的，所以像以往一样，一定是走上依靠宦官的老路，而文官集团怎么可能让步，所以双方一定是做殊死争斗，通史之中的记述详细而周到，记录如下：

追论三案 熹宗即位后，高攀龙、邹元标等交章追论崔文升进泻药、李可灼进红丸事，首辅方从哲因而去职。言官又进而追论万历朝张差梃击案，弹劾郑贵妃弟郑国泰及侄郑养性。李选侍移宫时，内监田诏等曾乘机盗取宫中宝物，被揭发，交法司按治。刑部尚书黄克缵秉承魏忠贤意，疏请宽宥。御史焦源溥上疏反对，并将张差梃击案，李可灼进红丸案与李选侍移宫案，一并追论。说李选侍一宫人"阻陛下于暖阁，挟陛下以垂帘"，"移宫始末不可得为抹杀，盗宝诸阉不可得为宽宥"。李选侍移宫后，已被熹宗削去贵妃封号，在宫中厚养，不再预政。焦源溥疏追论梃击、红丸、移宫三案，显然旨在打击内廷。此后，东林官员相继上疏追论三案，实际也是企图削弱客、魏，争取熹宗，政治目的是明显的。

但是，深居宫中的熹宗如果失去内廷的依恃，势将成为孤立无援的虚位，政权将全归朝臣。这当然是熹宗和明皇室所不能容忍的。天启元年（1621年）正月，熹宗下诏嘉奖魏忠贤"侍卫有功"，又赐客氏田二十顷。御史王心一抗疏，说"梓宫（光宗柩）未殡，先念保母之香火；陵工未成，强入奄寺之勤劳，于理为不顺，于情为失宜"。熹宗不听。四月，熹宗立皇后张氏，礼成，赐魏进忠名忠贤，荫侄二人。给事中程沆奏称"祖制非军功不袭，国典不宜滥与"，熹宗又不听。大学士刘一燝奏请遣客氏出宫，熹宗以护祐皇后为名，说等待皇考（光宗）大葬后再议。五月，客氏与魏忠贤指使给事中霍维华劾奏内监王安出宫，又命参与盗宝被赦出狱的内监刘朝杀王安，奏称自杀。王安被杀，斩断东林朝官

与内廷的联系，客、魏更加擅权。九月，光宗葬礼完毕。刘一燝再请依前旨，遣客氏出宫。熹宗被迫遣出客氏，不久又召客氏入宫。吏科给事中侯震旸上疏再谏，直指"宫闱禁地，奸珰群小睥睨其侧。"熹宗怒，贬侯震旸。廷臣连续上疏请逐客氏，都遭贬谪。十月，东林要员叶向高进为首辅，请停"中旨"，凡事均由阁臣议拟。熹宗当然不予采纳。

客、魏得熹宗支持，权势日盛。吏部尚书周嘉谟力救被贬的言官，并将劾奏王安的给事中霍维华调出朝外。魏忠贤指使给事中孙杰劾奏周嘉谟受刘一燝嘱，为王安报复。周嘉谟请辞，魏忠贤矫旨罢周嘉谟。叶向高疏请留周嘉谟，不报。左都御史张问达进为吏部尚书，邹元标为左都御史。官员黜陟之权，仍操在东林党人手中。

天启二年（1622年）春，客、魏集团指使孙杰攻讦刘一燝。刘一燝上疏自辩，辞官，得熹宗允准。叶向高上疏称"客氏既出复入，一燝顾命大臣，乃不得比保母。"熹宗不理。东林官员继续上疏追论三案。王之寀因梃击案被贬，恢复故官，上"复仇疏"，追论梃击、红丸二案，说是为先帝复仇。礼部尚书孙慎行上疏，劾方从哲包庇李可。光禄少卿高攀龙又劾郑养性，并请将崔文升"明正典刑"。大学士韩爌、吏部尚书张问达等亦上疏追论红丸案。熹宗将李可灼遣戍，崔文升放南京。

朝官与内廷，东林与客、魏之间的斗争，日益激化。天启二年（1622年）春，给事中侯震旸等上疏劾大学士沈㴶交通内阁，并劾客、魏搆杀王安。福建道御史周宗建上疏攻沈㴶，并直斥魏忠贤"目不识丁，阴贼险狠"。刑部尚书王纪，也劾沈㴶与魏忠贤交通事。七月，沈㴶也劾王纪审讯熊廷弼狱时，包庇廷弼。熹宗以王纪回奏违慢，斥为民。叶向高上疏说王纪、沈㴶交攻，王纪被斥非其罪。诸臣交章救王纪，熹宗不允。沈㴶也上疏请辞，得准辞官。

十月，东林要人左都御史邹元标，因在京建首善书院讲学，被劾。魏忠贤传旨"宋室之亡，由于讲学。"邹元标被罢官归里。新科状元文震孟，授翰林院修撰，上"勤政讲学疏"，辩及邹元标事。魏忠贤传旨廷杖文震孟，大学士韩爌力救。文震孟被贬秩调外，罢官归里。邹元标去后，工部右侍郎赵南星继为左都御史。

沈㴶罢后，廷推原礼部尚书孙慎行入阁，熹宗不予点用。天启三年（1623年）正月，依附魏忠贤的礼部尚书顾秉谦、南京礼部右侍郎魏广微为东阁大学士，入阁参予机务。礼部右侍郎朱国桢、朱延禧也同时升任尚书入阁。内阁自首辅叶向高以下，原已有韩爌、何家彦、朱国祚、史继偕等五人，现增至九人。魏忠贤倚信的顾、魏入阁，使内阁也陷入党争。

三月，御史周宗建因被魏党给事中郭巩劾奏误荐熊廷弼，上疏反驳郭巩并直攻魏忠贤。称王安死事为魏忠贤"一大罪案"，并说"今权珰报复，反借言官以伸；而言官之声势，反假中涓而重"，历举黜侯震旸、黜王纪、去邹元标、逐文震孟等事，是"内外交通，驱除善类"。熹宗企图平息纷争，郭巩、周宗建经廷议

各夺俸三月。三月，朱国祚辞官获准。七月，史继偕致仕。

天启三年（1623年）癸亥，为官员考察之年。左都御史赵南星助吏部尚书张问达主京察。在京庶官年老有疾、贪酷失职及才力不及者凡二百三十五人，分别革职或降调。南京官员不胜任者也分别降调。赵南星在万历朝曾任考功郎中，参与京察。因忤齐、楚、浙三党，被贬官为民。癸亥京察时，赵南星力斥三党官员故给事中亓诗教、赵兴邦、官应震、吴亮嗣等"先朝结党乱政"，议当罢黜。吏科给事中魏应嘉力持不可。赵南星不听，著《四凶论》攻亓诗教等，终于罢黜。此前，周嘉谟为吏部尚书时，三党的重要官员多已被罢离。经赵南星再次计察，三党在朝官员所余无几。同年十月，吏部尚书张问达致仕。赵南星进为吏部尚书，又掌握了官员黜陟之权。魏忠贤颇重赵南星盛名，曾遣甥傅应星谒见，赵南星不纳。大学士魏广微三次来访，赵南星均拒不会见。叶向高、韩爌等执政，赵南星掌吏部，魏忠贤等阉党不能不有所顾忌。赵南星等东林官员不与阉党合作，因而获得清誉。但东林党人以"清流""正人"自诩，对三党官员心存报复，对政见不合者均斥为"邪人""邪党"，甚至直指为阉党。被东林排斥的官员，便投依阉党求存。东林执政后反而在朝官中日益孤立，客、魏的势力却日渐增长了。

内廷中，后妃与客、魏之间也在互斗。熹宗皇后张氏深恶客、魏，常对熹宗指责客氏、魏忠贤过失，并曾面斥客氏，欲绳之以法。张后怀孕，客、魏派亲信宫人侍奉。张后不久流产，有人怀疑是客、魏指使宫人用计堕胎。熹宗裕妃张氏也与客、魏不合，竟被客、魏幽禁于别宫，饿死。成妃李氏也遭幽禁，被斥为宫人。张后孤立无援，客、魏逐渐驱逐宫中异己势力，掌握了内廷。

天启三年（1623年）十二月，魏忠贤受命总督东厂，成为朋党之争的一个转折。东厂设于明成祖时，用以缉察官民，例由司礼监秉笔太监提领，直属于皇帝。东厂掌刑，理刑官员由锦衣卫军官担任。北镇抚司专治诏狱。神宗时厂卫已很少缉事。魏忠贤掌东厂，厂卫成为镇压异己的工具。天启四年（1624年）四月，给事中阮大铖指使同官傅櫆与魏忠贤甥傅应星劾奏内阁中书汪文言与左光斗、魏大中（吏科都给事中）交通为奸利。汪文言曾在万历朝离间齐、楚、浙三党，交结内监王安，又曾出入于韩爌、赵南星、杨涟、左光斗、魏大中等人之门。劾奏汪文言，意在株连东林官员。汪文言下镇抚司诏狱，镇抚司刘侨只将汪文言革职，不株连他官。魏忠贤将刘侨削籍，另任亲信许显纯为镇抚司。此后，又命左都督田尔耕掌锦衣卫事。魏忠贤从此完全掌握了厂卫。

同年六月，左副都御史杨涟上疏弹劾魏忠贤二十四大罪，说自宫廷至大小臣工不知有皇上，只知有忠贤。"宫中、府中，大事、小事，无一不是忠贤专擅。""皇上为名，忠贤为实。"杨涟疏上，魏忠贤惧，求韩爌调解，韩爌不理。魏忠贤向熹宗哭诉，客氏从旁进言。熹宗下诏切责杨涟。朝官相继上疏，先后百余疏，熹宗均不理。大学士叶向高上奏说，杨涟一人之言，容有过激。未几而诸疏继至，举朝闃然。皇上如想保全魏忠贤，不如叫他自请归

第,远势避嫌。熹宗旨复,称忠贤勤劳,责群臣附和。叶向高告请归籍。

朝官攻魏党,遭到失败。客、魏集团利用厂卫,转而迫害朝官。叶向高去后,魏党顾秉谦成为首辅。顾秉谦与阁臣魏广微同谋,用墨笔点《缙绅便览》一册,点出叶向高、韩爌、杨涟、左光斗、周宗建等百余人,称为"邪人",密告魏忠贤,逐步设计陷害。又点出依附魏党的"正人"六、七十人,以备进用。十月,吏科给事中魏大中弹劾魏广微,魏大中被降职调外。左都御史高攀龙与吏部尚书赵南星被诬陷罢官。左光斗起草奏书,弹劾魏忠贤、魏广微三十二斩罪。疏未奏上,魏忠贤已得知消息,即削去左光斗与杨涟的官籍。不久,又逐韩爌出朝。数月之间,朝官被罢逐者先后数十人。

同年十二月,魏忠贤又将已革职的汪文言逮捕,交锦衣卫北镇抚司许显纯拷问,借以株连预谋陷害的大臣,涉及赵南星、杨涟、左光斗、魏大中、周朝瑞等十余人,兴起大狱。汪文言下狱两月,备受酷刑,不屈。许显纯将汪文言打死,伪造供词,说杨涟、左光斗、周朝瑞曾为辽东败将杨镐、熊廷弼说情,是贪受了贿赂。左光斗入狱,五日一审,裸体受椊、夹、棍等刑,不能跪起,平卧堂下受讯,死于狱中。杨涟在狱中备受酷刑,土囊压身,铁钉贯耳而死。魏大中等也都被酷刑拷打而死。赵南星流放边地,死于戍所。辽东战败,阉党祖王化贞,而力斥杨镐、熊廷弼。为杨、熊求缓刑的官员,被牵入汪文言案,指为受贿,多被锦衣卫逮捕下狱。阉党进而追查东林党人，追削李三才、顾宪成等人的官籍，毁各地东林讲学书院。各地官员不附阉党者，均被指为东林党，被夺官者达三百余人，下狱处死及流放边地者数十人。

熹宗即位以来，神宗时的张差梃击案，光宗死前的红丸案和李选侍移宫案，成为朝臣之间互相攻击的题目。天启六年（1626年），霍维华建议编修《三朝要典》，以顾秉谦等为总裁，为三大案中获罪的宦官翻案，借以陷害东林官员，指责王之寀、孙慎行、杨涟是制造三案的罪魁祸首。杨涟入狱受审，"移宫"即是一大罪名。由此又株连到一批官员。同年，苏州织造太监李实弹劾南京巡抚周起元、松江知府张宗衡、同知孙应鲲等多人，魏忠贤把他们逮捕入狱。阉党迫害的官员，从朝官扩大到地方，更进而残害各地居民。东厂和锦衣卫的缇骑（侦探）在各地访查，有人议论魏忠贤奸恶即被处死，甚至割舌剥皮，极为酷毒。阉党的权势日盛，对人民的镇压也越来越残酷了。

魏忠贤势盛，阉党称他为九千岁（比皇帝少一千岁）。浙江巡抚潘汝桢与太监李实在杭州西湖边为魏忠贤建立生祠供奉，号普德祠。各地官员，相继效尤。除福建外，各省都纷纷建立生祠，木雕魏忠贤像供奉。顺天府官员在国都北京崇文门内和宣武门外，也建立魏忠贤祠。

客、魏集团中有所谓五虎、五彪作为爪牙。五虎是朝官崔呈秀（御史）、田吉（兵部尚书）、吴淳夫（工部尚书）、李夔龙（副都御史）、倪文焕（太常卿）。五彪是厂卫刑狱官田尔耕、许显纯、孙云鹤（东厂理刑官）、杨寰（锦衣卫东司理刑）、崔应元（锦衣卫指挥）。此外，又有十狗、十孩儿、四十孙等名目。依附客、魏的官员们逐渐形成政治集团，遍布各地，明朝的统治更加昏暗了。

天启二年（1622年）金占领广宁后，山海关以东广宁以西，成为进一步争夺的地区。明失广宁后，命兵部尚书王在晋经略辽东。王在晋倚用兵部职方主事袁崇焕，擢任宁前兵备佥事。王在晋主张在山海关外八里铺筑重关，派兵四万驻守。袁崇焕建策守宁远卫。以为宁远是山海关以东广宁之西的要冲，进则据锦州，退则守宁远。大学士、兵部尚书孙承宗行边，采纳袁议，自请督师。命大将满桂与袁崇焕驻守宁远，祖大寿等督筑宁远城。经过四年的经营，到天启五年（1625年）时，已练兵十一万，造甲胄炮石及各种兵器数百万，城堡数十处。孙承宗与袁崇焕计议，遣将分据锦州、松山、杏山、右屯及大小凌河，修筑城郭。这年十月，孙承宗去职，高第任经略。他以为关外必不可守，命诸将撤入关内。袁崇焕为宁前道，提出驳议，说"官此当死此，我必不去。"高第撤走锦州、松山、杏山、右屯、大小凌河等地兵民入关。

金在1625年（天命十年，明天启五年）三月，自辽阳（东京）迁都沈阳，成为正式的都城。天启六年（1626年）正月，努尔哈赤率大兵攻宁远。十七日渡辽河，二十三日至宁远，声言以二十万兵攻此城。袁崇焕与满桂、祖大寿等召集将士，誓死守城。袁崇焕写血书，激励将士。二十四日，金兵攻城。明兵发动西洋大炮，枪炮、药罐、雷石齐下，金兵不能进。次日，又攻城不下，死伤兵士五百，将官数员，只好解围。二月初，努尔哈赤收兵回沈阳。《清太祖武皇帝袁崇焕手迹实录》卷四记载说："帝自二十五岁征战以来，战无不胜，攻无不克。惟宁远一城不下，遂大怀忿恨而回。"辽宁之战，金锐气受挫，推延了向山海关进取的日程。这年七月，努尔哈赤得病，去清河温泉沐养。因病重返回，八月十一日死于距沈阳四十里的瑷鸡堡途中。庙号太祖。

努尔哈赤建国后，在位十一年，先后兼并女真诸部，建立制度，攻占辽东，定都沈阳，为清朝的建立奠定了基础。

袁崇焕击退金兵，取得胜利。天启六年（1626年）三月，被任为辽东巡抚。魏忠贤随即派内监刘应坤出镇山海关，企图夺取兵权。袁崇焕抗疏谏止，熹宗不听。朝廷论宁远战功，魏忠贤竟掠为己功，加恩三等。天启七年（1627年）五月，金兵围锦州，不能克，六月还军。魏忠贤指使言官弹劾袁崇焕"不救锦州"。七月，袁崇焕被迫辞官。魏党霍维华继任兵部尚书，八月，明熹宗病死。

整个天启七年就是这么乌烟瘴气的，天启皇帝到死还留下了一个大难题：没有皇位继承人。不过有前边的经验了，这次也只好就是"兄终弟及"的解决方法了。明嘉宗朱由校在天启七年（1627年）八月间病死，遗命皇弟由检继帝位。熹宗病，朱由检奉召入受遗命，即帝位。改次年年号为崇祯。

崇祯帝即位后诛灭魏、客集团，起用被斥逐的文武重臣。垂危的明朝，似乎又露出了一线转机。不过也只能是似乎了，崇祯

皇帝当然是不甘心当亡国之君，但是国运气数将尽也是无奈的事情，因为到了这个时候，崇祯皇帝所面对的局面已经非常危险了，文官集团一如既往的膨胀；关外的清朝已经是跃跃欲试，准备取而代之的节奏了；关内的农民战争实际已经到了总爆发的阶段了。这几个问题哪怕遇到一个，都是让统治者无能为力的节奏，更何况他遇见三个同时出现。内部掣肘争斗，内外强敌压境，不要说是崇祯皇帝，就是太祖朱元璋恐怕也无回天之力了。所以崇祯皇帝还强撑了十七年，也是实属不易。从这个角度说，他比那个"木匠"哥哥要强，起码没有醉生梦死，沉迷于自己的小天地。还是有做皇帝的责任感的，不过他悲剧在形势比人强，前代的帝王把明朝的资源吃光耗尽，留给他空虚的府库和糜烂的吏治，还有党争有术，御敌无方的官僚集团，他做是错，不做还是错，做多错多。在历史的记录上，留下的是崇祯君臣的抱薪救火般的狼狈与无奈，也留下崇祯君臣明知不可为而为之的悲凉，更留下崇祯皇帝最终众叛亲离，孤家寡人的不甘心……

　　崇祯帝在1627年八月即位。九月，魏忠贤请辞东厂。崇祯帝不许，但将客氏迁出外宅，魏忠贤因而失去内廷依恃。十月，云南道御史杨维垣连章弹劾阉党兵部尚书崔呈秀。兵部武选主事钱元悫直接弹劾魏忠贤如王莽、梁冀、董卓，又列举魏党爪牙，请"明暴其罪，或殛或放。"自朝中部院官员至贡士纷纷上疏，揭露魏忠贤及阉党罪恶。崇祯帝得到朝官的拥戴，十一月下诏斥魏忠贤"盗弄国柄，擅作威福"，安置凤阳。随即撤去镇守边地的宦官。魏忠贤见大势已去，行至阜城自杀。崔呈秀被免官，归蓟州，也在家中自缢死。十二月，崇祯帝又处斩客氏及其子侯国兴。崇祯元年（1628年），戮魏、崔尸，处死许显纯等。魏党多被斥逐，崇祯帝又敕告部院说，"巨恶魏忠贤窃先帝之宠灵，擅朝廷之威福，密听群奸，矫诬善类。"对于被诬陷的官员，"今应褒赠即与褒赠，应荫恤即与荫恤，应复官即与复官，应起用即与起用，应开释即与开释。"崇祯帝随即起用大批官员。崇祯元年（1628年）四月，袁崇焕再受任兵部尚书，督师蓟辽。十二月，前大学士韩爌再次入阁，为首辅。明朝政局，为之一新。因被指为东林党人而遭斥逐的朝官相继起复。编修倪元璐上疏请毁《三朝要典》，说：梃击、红丸、移宫三案起初虽有争议，都还不可偏非。后来逆珰（指魏忠贤等）借三案杀人，群小借三案求富贵，弄得面目全非。崔魏诸奸所编《要典》，无法翻改，只有销毁。崇祯帝准予销毁并命韩爌、钱龙锡等公布魏党罪恶。

袁崇焕受命后，七月间入见崇祯帝，要求"户部转军饷，工部给器械，吏部用人，兵部调兵选将"，都要内外配合。自信五年全辽可复。但他担心被人陷害，向崇祯帝说："事任既重，为怨实多。""况图敌之急，敌亦从而间之，是以为边臣甚难。"八月初，袁崇焕到宁远赴任，首先镇压哗变的川、湖兵，整顿军纪。又改组边防，合宁远、锦州为一镇，命祖大寿驻锦州，以中军副将何可刚为都督佥事，驻宁远。调蓟镇赵率教驻守山海关。上疏说："臣自期五年，专借此三人。"袁崇焕部置既定，辽东边防军事，大有振作的气象。这时，皇太极的主要兵力用于朝鲜和蒙古。1629年二月，皇太极致书袁崇焕议和，称金国汗奉书袁老大人，不用天聪纪年，只用干支（己巳年），以示对明朝的尊重。

皇太极对朝鲜作战得胜，割断明朝与朝鲜的联系。早在1621年，明将毛文龙领兵援助朝鲜抗金，由总兵官晋为左都督，设镇皮岛（在鸭绿江口东部，朝鲜称为椵〔音皮 pí〕岛）。朝鲜被迫降附金，毛文龙独守皮岛，孤立无援。金向毛文龙招降。1629年五月，袁崇焕阅兵双岛，毛文龙来会。袁崇焕以通敌及曾附魏忠贤的罪名，斩毛文龙于帐前。皮岛明兵失统帅，军心离散，多有叛亡。

1629年十月，皇太极发动了以掳掠奴隶和牲畜为目的的侵略战争。皇太极亲自领兵从大安口龙井关越过长城，进攻遵化。崇祯帝起复孙承宗为兵部尚书，驻守通州。十一月，明山海关总兵赵率教领兵四千援遵化，在作战中败死。满洲兵占领遵化，随即进攻蓟州、三河、通州。袁崇焕、祖大寿自宁远领兵入援，至蓟州。皇太极向明朝施反间计，对俘虏的杨太监透露金国与袁巡抚已有密约，然后放杨太监回京报告。十二月，崇祯帝逮捕袁崇焕，下锦衣卫狱。命大同总兵满桂出战，败死。崇祯三年(1630年)正月，满洲兵占领永平、迁安、滦州，进攻昌黎，被守城明兵击退。三月，皇太极自领大兵俘掠大批人畜返回沈阳。五月，孙承宗收复遵化、永平、迁安、滦州诸城，击败金军阿敏部。金兵退后，明朝审理袁崇焕案，原属魏党的官员乘机报复，攻击袁崇焕与大学士钱龙锡"擅主议和，专戮大帅（指毛文龙）。"八月，崇祯帝磔（剐刑）

袁崇焕于市。钱龙锡下狱，得免死，罢官流放。1631年八月，皇太极发兵攻大凌河城。祖大寿杀何可刚降金，被放回锦州。

1629年袁崇焕斩毛文龙后，皮岛部将辽东人孔有德、耿仲明走往登州。1632年，与毛文龙部将李九成等起兵反明，攻陷登州。孔有德自号都元帅，耿仲明为总兵官。明旅顺副将陈有时与毛文龙子毛承禄在旅顺和广鹿岛响应。明朝派重兵征讨，李九成败死，毛承禄被擒。1633年六月，孔有德、耿仲明率部泛海降金，皇太极亲迎二降将，入宫赐宴。以孔有德为天祐兵都元帅，耿仲明为总兵官。同年十月，明继任广鹿岛副将尚可喜至沈阳朝见。皇太极以尚可喜为天助兵总兵官，驻军海州。

自袁崇焕杀毛文龙，崇祯帝杀袁崇焕，明朝辽东将领相继叛降。一度显露转机的明朝边防，又趋于瓦解了。

天启年间，山东、河北地区以徐鸿儒为首的农民起义，曾经发展为颇大的规模。崇祯时，农民战争的巨大风暴，逐渐转移到陕西、河南。这是因为徐鸿儒起义遭到明朝的残酷镇压，农民群众付出巨大的牺牲，斗争转入低潮。清朝建号后，连年出兵河北、山东地区侵扰，这一地区广大农民抵抗清军的抢掠，成为主要的斗争目标。

陕西地区是明朝西北的边防地区。驻在这里的明皇室藩王贵族，占据大量田地，攫括巨大的财富。藩王凭借权势，向佃户收租，不准拖欠。王侯都成巨富。李自成农民军进入河南时，即向老百姓宣告说："王侯贵人剥穷民，视其冻馁，吾故杀之，以为若曹"。

陕西、河南地区是农业生产落后的地区,也是阶级压迫严酷的地区。宗王以下,各地官僚地主都占有大量土地。农民遭受地主的敲剥,还要承担官府的压榨。1598 年(万历二十六年)至 1627 年(天启七年),因抵御金兵,多次加派税银,称为"辽饷"。辽饷按照亩数加征税,不问产量的多少和年岁的丰歉。农民起义爆发于陕西、河南,发展到山西和湖广,明朝赋税剥削的繁重是原因之一。

陕西地处西北,榆林、绥德、延安均设军卫,军户耕种屯田,极为困苦。军官奴役兵丁和耕种的佃客人丁,称为"奴客"。他们遭受着比一般农户更为严酷的压榨。农民起义爆发后,即纷纷参加起义。在明末农民战争中,奴客与军丁多已脱籍参加起义。至于那些世代为军官的世禄之家,也多已被消灭了。

陕西、河南自天启至崇祯年间,连年饥荒。遭受地主、官府和军官压榨的人民,更加断绝了生路。陕北的延安、庆阳一带,民间采摘山间的蓬草和树皮作食物充饥,甚至挖掘山里一种叫作青叶的石块来充饥,吃下后即腹胀而死。崇祯二年(1629 年)四月,路经延安的官员马懋才向崇祯帝奏上《备陈灾变疏》,陈述他所见到的情景:"如安塞城西,有粪场一处。每晨必弃二、三婴儿于其中。有涕泣者,有叫号者,有呼其父母者,有食其粪者。""更可异者,童稚辈及独行者,一出城外,便无踪影。后见门外之人,炊人骨以为薪,煮人肉以为食,始知前之人皆为其所食。而食人之人,亦不数日面目赤肿,内发燥热而死矣。于是死者枕藉,臭气熏天。县城外掘数坑，每坑可容数百人，用以掩其遗体。臣来之时，已满三坑有余。而数里以外，不及掩者，又不知其几许矣。小县如此，大县可知；一处如此，他处可知。"他最后说："然则现在之民，止有抱恨而逃，飘流异地，栖泊无依。恒产既无，怀资易尽，梦断乡关之路，魂销沟壑之填，又安得不相率为盗乎？"

明王朝自崇祯帝即位，诛灭客、魏，一时颇有意于振兴朝政，挽救危亡。但魏忠贤败后，阉党仍企图操纵朝政，长期延续的党争并没有消除。崇祯帝对文臣多所疑忌，对武将任意杀戮，屡逐朝臣，屡斩败将。统治集团长期动荡，上下官员贪贿风行，军兵日益虚溃。内外交困的明朝，临近了它的末日。

崇祯二年（1629年）十二月，崇祯帝特旨任命周延儒为礼部尚书兼东阁大学士，入参机务。周延儒是万历时的状元，曾为少詹事掌南京翰林院事。崇祯帝即位后，为礼部右侍郎，上言辽东防务，多合帝意。钱龙锡获罪后，周延儒于崇祯三年（1630年）九月，又进为首辅。原礼部尚书温体仁，得周延儒之助，于同年六月兼东阁大学士辅政。温体仁与吏部尚书王之光请起用魏党王之臣。周延儒沮议，说："若用之臣，崔呈秀也可昭雪了。"崇祯帝因而止议。温体仁蓄谋倾复周延儒，指使言官弹劾周延儒徇私纳贿。崇祯六年（1633年）六月，周延儒辞官出阁。温体仁进为首辅，得到魏忠贤余党的支持，再来贬斥东林。被指为东林党人的朝官原以杨涟、左光斗为领袖，杨、左被害后，最有威望的人物是文官文震孟。文震孟，天启时状元，授修撰，曾上疏弹劾魏忠贤，遭受廷杖，免官。崇祯帝即位，召为日讲官，上疏指责王之光等欲翻逆案。崇祯八年（1635年）七月，特授礼部左侍郎兼东阁大学士。温体仁佯为优容，在崇祯帝前借故陷文震孟落职。温体仁独专相权。

温体仁排斥文震孟等东林官员出朝，便又蓄谋控制复社。复社是继东林之后的又一个文人社团。明末各地文士纷纷结为文社，江苏的应社、复社等合并组成复社，标榜"复兴古学"，评选文章。入社者称为同志。太仓人张溥（字天如，号西铭）乡试第一，为时所重，主选时文。与同里进士张采（字受先）同为复社领袖。崇祯二年（1629年），复社在吴江尹山召开大会，次年又在金陵集会，崇祯五年（1632年）在苏州虎丘大会。这时复社势力已自江苏发展到江西、福建、湖广、贵州、山东、山西等省，各地到会同志多至二千余人。张溥于崇祯四年（1631年）中进士，改庶吉士。复社同志除二张外，吴伟业、吴昌时、陈子龙等均成进士，为一时名士。复社品评官员，议论时政，被称为"小东林"。东林文士多援助复社，考试的举子也多依附复社以求得中。复社逐渐形成影响科举的议政集团。不得入复社的人攻击复社"党同伐异"。温体仁将兴大狱查治复社。但他也随即遭到宦官曹化淳的弹劾，指斥他结党营私。崇祯十年（1637年），温体仁被免官归里，次年病死。

温体仁先后任相八年，是崇祯朝任相时间最长的首辅。温体仁去后，礼部尚书刘宇亮为首辅，左金都御史薛国观为礼部侍郎兼东阁大学士。陕西韩城人薛国观，万历时进士，天启时依附魏忠贤仇视东林。崇祯时，又参与大治魏党，反对起用魏崔党人，因温体仁之荐入阁。崇祯十一年（1638年），刘宇亮出朝督师，以罪罢职。次年二月，薛国观为首辅。复社吴昌时为礼部主事，与东厂理刑吴道正揭发薛国观行贿事。崇祯十三年（1640年）六月，崇祯帝罢薛国观，放归里。八月，又以行贿有据，处死。张溥与吴昌时等复社官员支持在家闲居的周延儒再次出相。吴昌时交通内监，劝崇祯帝起复周延儒入阁。崇祯十四年（1641年）二月，周延儒恢复原职，九月，以吏部尚书、中极殿大学士进为首辅。周延儒依复社所荐，起用黄道周、刘宗周等东林旧官，又起用魏党马士英督师凤阳。吴昌时得周延儒信用，交结厂卫，纳贿揽权。周延儒奏请罢废厂卫缉事，颇得人望，却招致厂卫和宦官的忌恨。锦衣卫骆养性与宦官交结，弹劾周延儒、吴昌时贪贿之罪。崇祯十六年（1643年）年，周延儒削官，赐自尽。吴昌时处死。首辅改任庸碌无能的陈演。薛国观的门生魏藻德入阁辅政。明朝的末日已经到来了。

崇祯朝自周延儒以下历任宰相以至大小官员，贪污纳贿，成为不可抑止的颓风。崇祯帝向官员们提出"文官不爱钱"。户科给事中韩一良上疏说："皇上平台召对，有文臣不爱钱之语，然今世何处非用钱之地，何官非爱钱之人？向以钱进（纳贿得官），安得不以钱偿（贪污）？"他还说："县令为行贿之首，给事（谏官）乃纳贿之魁。"（《三朝野记》）崇祯帝对臣下疑忌甚多，责罚甚严。有人弹劾，即或杀或逐。在位十七年间，任相者（内阁大学士）前后更换五十人，被处死和被流放的各二人。刑部尚书先

后更换十七人。崇祯帝专擅自用，臣下多求避祸自保。明王朝中枢的统治，日益陷于土崩瓦解之中。

万历天启以来，各级军将虚报兵额，贪污军饷，作战的精兵越来越少。一万兵额通常只有六千，另四千作为家丁的粮饷。家丁即军将私养的兵丁，成为军队的中坚。锦州总兵吴襄（吴三桂之父）所领兵士，按册有八万，其实只有三万。三万人中只有三千可用，即是家丁。吴襄对崇祯帝说，这三千人都是"细酒肥羊"，"纨罗纻绮"，衣食华美。所以一年需饷百万，还嫌不足。

明初，各镇的主兵（正兵）即足以镇守其地，后来不足，增加募兵；又不足，再增加客兵。客兵越来越多，军饷也逐年增长。明初边饷约需五十万两。万历时，增加到二百八十五万六千两。天启时，又增加到三百五十三万七千余两。朝廷杂项开支，万历时不过三十四万；崇祯时已增加到六十八万。朝廷总开支共五百余万两，岁入不过三百二、三十万。朝廷财政，入不敷出，即拖欠军饷不发。1610年至1627年间，京运银饷积欠达九百多万两。1628年，陕西兵饷积欠三十多个月。崇祯二年（1629年），延绥、宁夏、固原三镇欠饷至三十六个月。朝廷长期欠饷，军官再从中贪扣，士兵每月仅得饷银五钱，而一斗米价银至六、七钱。崇祯十年（1637年），卢象升奏报说：山西的士兵饥寒迫体，"馁而病，僵而仆者，纷纷见告矣。"这样的军兵，当然无法战胜强敌。迫于饥寒的军兵，或四出劫掠扰民，或哗变反抗。崇祯一朝，到处发生。官员奏报说："今调官兵剿贼，本以为卫民也。乃官兵不能剿贼，反以殃民，以致民间有'贼兵如梳，官兵如栉'之谣。"崇祯十五年（1642年），左良玉部至武昌，向宗室楚王索要兵饷二十万。楚王不应，左良玉纵兵劫掠，火光照江中，宗室士民均逃奔山谷。官兵以"剿贼"为名，劫掠扰民。李自成针锋相对地提出"剿兵安民"的口号，被迫害的人民纷纷投向起义军。士兵大举哗变之事，自天启至崇祯时，前后有数十次。兵士哗变，明朝即重责官员，补发粮饷来平息。袁崇焕在崇祯二年的奏疏中即指出："凡请饷之疏，俱未蒙温谕。而索饷兵哗，则重处任事之臣。一番兵哗，一番给发，一番逮治。哗则得饷，不哗则不得饷。"他还指出，"哗不胜哗，诛不胜诛。外防虏讧，内防兵溃。""如秦之大盗，哗兵为倡，可鉴也。"士兵逃跑之事也不断发生。山西巡抚耿如杞率领五千士兵入援京师，抵抗金兵。兵士到良乡，三日不得粮饷。五千人一哄而散，逃回山西。延绥镇的士兵也因缺饷哗变，逃回陕西。明兵"剿贼"，李自成军"剿兵"，互剿的结果是农民军越战越强，明兵越来越弱了。

　　明军将领在对清作战和镇压农民起义中，稍有失误，即被崇祯帝免官下狱，以至处死。兵部尚书王洽颇负时望。清兵陷遵化，崇祯帝责王洽事先侦探不明，下狱，瘐死。领兵总督自袁崇焕以下，前后被处死八人。巡抚被处死十一人。《明史·流贼传序》说崇祯帝"败一方即戮一将，隳一城即杀一吏。责罚太明而至于不能罚，制驭过严而至于不能制。"明军作战屡败，军将或战死或被处死。增兵日多，而善战的将领日少。崇祯帝末年，文臣武

将杀逐殆尽。虚弱腐朽的统治集团已经完全无力维持自己的统治。

天启时，因辽东战事，屡次加派"辽饷"。每亩增税银至九厘，共加派五百二十万两。崇祯时，朝廷入不敷出，军饷不继，又多次加派税银。崇祯三年（1630年）辽东军兴，在原增亩税九厘外，又增辽饷三厘，共加派税银一百六十五万两。崇祯十年（1637年），明廷命熊文灿围剿农民起义军，因议增兵十二万，增饷二百八十万，称为"剿饷"。崇祯帝下谕说："不集兵无以平寇，不增赋无以饷兵，勉从廷议，暂累吾民一年。"一年之后，农民军更加壮大。明廷继续征收"剿饷"，只是饷额减半。崇祯十二年（1639年），廷议又以军兵虚弱，请练边兵。崇祯帝命杨嗣昌定议，边镇及畿辅、山东、河北四总督、十七总兵官，共抽练额兵七十三万余。郡县设练备、练总，训练民兵。练兵的费用，又加派到当地人民身上，称为"练饷"。每亩加税银一分，各地共增七百三十万两。崇祯十五年（1642年），兵部通计各镇额兵一百二十三万八千五百二十四人，缺额十六万五千二百二十一人。"辽饷""剿饷""练饷"每年共征二千三百余万两。户科题本指出添饷之后，"究境（竟）旧伍空虚，未闻清核。新兵募练，未见充强。小民卖儿贴妇，剥肤敲髓之脂膏，徒为行间歌舞行乐、结交窟穴之具而已。"明廷一再加征税银，并不能强兵，而只是增加对人民的敲剥。广大农民再也不能生活下去，明朝也再不能统治下去了。

崇祯时，中原有李自成领导的大规模农民起义，西南有张献忠和彝族起义，东北面临清军的严重威胁，东南沿海则有"海寇"出没。明王朝陷于四面受敌的危境之中。崇祯末年的形势是：

东北和北方——清国以辽东为基地，不断扩军。连年到山海关内掳掠人畜，深入到河北、山东。蒙古诸部也继续与明朝为敌。

西北和中原——李自成领导的农民军在西北建立大顺，控制陕甘。河南地区和湖北北部均为大顺军所占有。

西南——1627年，崇祯帝即位时，彝族首领奢崇明、安邦彦等再次起兵反明。九月，明廷任朱燮元总督军务，移镇贵阳。次年，奢崇明自号大梁王，安邦彦称四裔大长老，合兵十余万，据有鸭池，进兵永宁。明云南、四川驻军与贵阳军分路出兵夹击。八月，击败彝兵，奢崇明、安邦彦败死。安位降明。

崇祯十七年（1644年）初，张献忠农民军攻入四川。四月，在忠州击败明军。六月，攻下涪州，占领重庆。八月，攻占成都。四川州县均为大西军所占有。

东南沿海——福建、广东、浙江沿海自天启时，即有"海寇"在海上活动，阻截商船，并在沿岸登陆。所谓海寇多是无告的民众，纠聚在海上依恃抢劫谋生，发展成为职业。他们多来自福建，主要在广东海上往来，也有少数人北至浙江沿海。江西南部的山中，多有反抗的农民聚集。福建"海寇"登陆和他们保持联络。大股的"海寇"拥有大船，并有火器。明朝的兵船不敢接近，只能严守海门，防止登陆。

崇祯十七年（1644年）初，当李自成在西安建制练兵，准备灭明时,明王朝已处在四面包围之中,失去了对全国的控制能力。只有作为经济基地的江浙东南地区,还为明室藩王所统治。

李自成领导的大顺军在西安建制练兵,经过月余的准备,崇祯十七年(1644年)正月开始攻取北京。李自成派遣刘宗敏、李过领兵入山西。山西明兵多次哗变,军力空虚。刘、李军顺利攻占山西西南部的三十多个州县,为大军出师开辟了道路。二月初,李自成亲率几十万大军由韩城禹门渡黄河,入山西境,迅速占领太原。

大顺军在太原向山西、河南各地发出文告,揭露明朝:"公侯皆食肉纨绔,而倚为腹心;宦官悉龅糠犬豕,而借其耳目。狱囚累累,士无报礼之施;微敛重重,民有偕亡之恨。"并宣布农民军"五年不征,一民不杀","贵贱均田"。又派遣士兵扮作小商贩到各地揭露明朝恶政,宣传大顺农民军"不杀人、不爱财、不奸淫、不抢掠、平买平卖、蠲免钱粮,且将富家银钱分赈穷民。"山西人民纷纷支持大顺军。

大顺军兵分两路,攻取北京。李自成亲自统率主力军取道忻州、代州、大同、宣化,由北路经居庸关取北京。偏师由刘芳亮率领,东出固关,经真定(正定)、保定自南道北上进攻北京,与李自成会师。

李自成农民军到忻州,州民开门迎降。进至代州,明总兵周遇吉退守宁武关。农民军经过激战,擒斩周遇吉。大同总兵姜瓖、宣化总兵王承胤相继投降,巡抚朱之冯自杀。农民军经过阳和、柳沟,到达居庸关。居庸关守将总兵唐通、监军太监杜之秩开门迎降。

刘芳亮率领的偏师出固关后，真定知府邱茂华、游击谢素福出降，内阁大学士李建泰也在保定投降。三月十七日，南北两路大军先后到达北京城外，包围北京。

明朝守卫京城的三大营溃散。大顺军缴获明巨炮轰城。城内防守力量薄弱，士气不振。大顺军猛攻西直门、平则门（阜成门）、彰义门（广安门）等处。守城明军在城上避而不战，迁延时日。

十八日，农民军与城外的百姓填平壕沟，发动更加猛烈的进攻。明守军士兵拒不与农民军作战，只向城外放空炮，或挥手让农民军避开再行射击。

大顺军命令少年组成的"孩儿军"攻城，砍倒杨树作云梯，手持短刀爬城。守城明军狼狈奔逃，或脱下军服，丢弃武器投降。当时流传着这样的歌谣："孩儿军师孩儿兵，孩儿攻战管教赢；只消出个孩儿阵，孩儿夺取北京城。"

农民军首先攻下彰义门，占领外城，继续向内城发动猛攻。崇祯皇帝见末日来临，逼死皇后，亲手杀死几个嫔妃，砍伤自己的女儿，然后换上太监衣帽，企图与太监王承恩一同出逃。走到崇文门不能出城，又到朝阳门，声称太监奉命出城。城上守军疑为"奸细"，张弓下射。崇祯帝又走到安定门，也不得出去。只得返回宫中，换上皇帝袍服，敲钟召集百官议事。这时，官员们都已脱下官服，换上贫民服装四处躲藏，无一人再来上朝。崇祯帝见大势已去，同王承恩登上万岁山（煤山，即景山），在一棵

槐树下自缢而死（南明谥思宗，后改毅宗，清谥怀宗，后改庄烈帝）。明朝自太祖即位，凡277年，至此宣告了它的灭亡。

一心想振作的崇祯皇帝最终尝到了身死国灭的苦果，但是酿制这个苦果的却是明朝崇祯朝之前的各代皇帝。明朝最为显著的几大弊政如：文官党争、宦官专权、帝王怠政等均是由前期皇帝统治时期开始发端，至中期的帝王开始显露，而至晚期帝王已至恶化。而见诸于历朝历代的不治之症土地兼并，在有明一代非但未能遏制，反而被其特有的"皇庄"与"藩王分封"制度所进一步激发，加速走向恶化，使明朝的国祚进一步加速终结。明朝的君王多数都比较聪明，而且很多都很有想法，他们在施政时多数还是很想兼顾自身利益与江山社稷的平衡的，但是囿于自身的局限性，他们不但在设计自认为完美的体制之时未能察觉到隐伏的弊政，而且即便是察觉了也都基本上把改变弊政的责任留给了子孙后代，但是子孙后代却囿于祖制或者自身的局限，不但不能修正前代的弊政，反而在已有弊政的基础上，雪上加霜地又添新弊，这逐渐造成了明朝的弊政呈现滚雪球的节奏，年复一年的加剧，直至最终无法收拾。这是明朝帝王自己造成的一大悲剧。这也是它留给继任的清王朝的历史教训，清朝在汲取明朝教训的基础上进一步完善了制度的建设，这既使得中国古代王朝的制度建设走向完善，但同时也进一步造成中国传统社会的制度固化，向新的社会阶段转型的难度进一步加大，最终同样积重难返，遭遇"千年未有之变局"。

参考文献

1. 张宏儒主编,《文白对照廿五史纲鉴》,北京师范大学出版社,1993年5月版。

2.《中国大百科全书·中国历史》,上海人民出版社,1992年4月第1版。

3. 白寿彝主编,《中国通史》,1997年版。

4. 范文澜、蔡美彪主编,《中国通史》,1997年第1版。

5. 许大龄著,《明清史论集》,北京大学出版社,2000年11月第1版。